AF140157

Vorwort:

Hotel-Manager mit Hochsee Erfahrung im 5 Sterne Bereich,Ausbilder in Küche und Service.
Zweimal Welt Umrundung zur Zeit Vorbereitungen eines längeren Segeltörns mit einem 15 m Schoner acht Betten Richtung Südsee mit dem Ziel Sonne.und New Seeland.! Start ca.2018 /19 im Frühjahr von den Kanaren.

Jetzt helfe ich mir selbst

Planung und Vorbereitung
Leben an Bord
Abenteuer Segeln in die Freiheit

Segel-Handbuch

für Groß Segler

20- 30 Personen

Inhalt

Das Kochbuch

Der Reiseführer

Kleine Segelkunde

Vorwort

Liebes Segelteam,dieses Handbuch soll Euch helfen, Euren Segeltörn zu planen und durch zu führen.Aber es ersetzt nicht Eure kreativen Ideen, die eigenen Gedanken und Eure Erfahrung. Deshalb versteht die folgenden Seiten bitte nur als gut gemeinte Hilfestellung und nicht als der „Weisheit letzter Schluss".Ich habe auf eine sorgfältige Ausarbeitung geachtet Fehler kommen aber nun mal vor. Im voraus schon ein SORRY! Nun viel Vergnügen bei der Lektüre.

Kochen ist nicht nur Hacken und Rühren.

Beim gemeinsamen Kochen in einer großen Küche entstehen Gespräche, welche sich unterscheiden von denen, welche man später am Tisch führt -

handfestere Gespräche, Arbeitsgespräche halt. Bring dich nicht um dieses sinnliche Erlebnis "kochen", in dem du alles schnell selber machst; Kochen ist Programm und Programmpunkt. Unser Kochen auf Segelschiffen ist nicht ganz einfach. Du musst eine Menge Leute versorgen, welche alle einen eigenen Geschmack haben.Du hast Alles Esser, Vegetarier, Hartcore Vegetarier, Maggi Freunde,Hühnereiweiß-Allergiker, und welche die gegen alles allergisch sind. Die eine mag mehr Salz,der andere kein grünes Gemüse, zwei mögen keinen Blumenkohl und drei andere keinen Fisch. Eigentlich kannst Du es keinem recht machen - aber halt!

Du bist der Koch, du bist die Köchin.

Du bist derjenige der eingekauft hat, du kannst die Akzente setzen. Die Rezepte in diesem Buch sind immer ein Kompromiss. Ein Kompromiss in Sachen Geschmack, welcher Gruppen tauglich ist. Es sind einfache Rezepte ohne Experimente.Denke immer daran, dass möglichst viele dein Essen gerne mögen sollen, extravagantes teste nur mit guten Freunden.Aber Kreativität ist immer möglich.

Das Auge isst auch mit.

Auch einfache Gerichte leben davon, attraktiv präsentiert zu werden. Ein wenig Petersilie über die Kartoffeln, eine Scheibe Zitrone auf die Schnitzel, eine Erdbeere auf die Pudding Schüssel - das macht was her.

Das Segel-Kochbuch

(Kochen kann so einfach sein)

Kochen an Bord ist neben dem Segeln das A und O

einer Fahrt.Vielleicht denkst Du jetzt:„Kein Problem, ich koche gerne,los geht´s!"Doch halt !!! Auf einem Segelschiff ist so manches anders als an Land. Die Küche ist kleiner als gewohnt, die Gruppe größer als zu Hause, die Lagerhaltung ist anders und außerdem schwankt es manchmal.Um Dir ein wenig zur Seite zu stehen, habe ich dieses Kochbuch aufgrund langjähriger Erfahrungen als Ausbilder in der Sterne Gastronomie mit Hochsee Erfahrung geschrieben.Alle Rezepte sind von mir persönlich getestet und speziell für die Verhältnisse an Bord eines Segelschiffes angepasst worden.Trotzdem solltest Du spontan bei den Mengen sein und Dich nicht bis zum letzten an die Angaben halten.

ACHTUNG:
Die Personenangaben variieren und sind jeweils über den Rezepten angegeben.
Grundausstattung für die Küche:
Gewürze -(Salz, Pfeffer, Kräuter der Provence, Gemüsebrühe,Muskat, Curry, Paprika, Chilli Pulver, Basilikum,Rosmarin, Thymian, Petersilie, …) Essig Öl (Sonnenblumen- und Olivenöl) Ketchup,Senf, Zitronensaft,Speisestärke,Mayonnaise (Flasche), Reinigungsmittel - auch für den Sanitär Bereich (Spülmittel, Neutral Reiniger, Abwaschbürste, Lappen,Schwämme, Topfreiniger, Gummihandschuhe) Alufolie, Klarsichtfolie, Müllsäcke, Servietten,Kerzen, Streichhölzer, Kaffeefilter, Geschirrhandtücher, Toilettenpapier, Seife,Küchenrolle

Organisation: (Tipp vom Profi)
Eine Küche ist beim Kochen immer aufgeräumt, zwischendurch immer mal was abwaschen und wegräumen. Die Spüle ist immer frei zu halten.

Alles hat seinen Platz und wird nach Gebrauch **sofort** und ohne Zwischenstopp wieder dorthin zurückgestellt. Hinterlasse dem Küchendienst kein Chaos, das ist unprofessionell.

Was nehmen wir mit? (was man hat, das hat man!)

Wie viel im Einzelnen mitzunehmen ist, hängt auch stark von den Einkaufsmöglichkeiten vor Ort ab. Zu empfehlen ist immer, neben einem Grundvorrat mindestens alle Lebensmittel für den Ankunftstag und für das erste Frühstück mitzunehmen. Ebenso ist es ratsam, Deine Lieblingsgewürze und die Dinge, die Du vielleicht vor Ort nicht bekommen oder lange suchen musst, einzupacken. Grundsätzlich gilt an Bord eines Segelschiffes folgende Reihenfolge der **Mahlzeiten:**

Frühstück

Mittagsbüfett (Trampelessen)

Abends die Hauptmahlzeit

Salat gehört immer dazu, Obst steht für zwischendurch immer auf dem Tisch. Kuchen kann man mitbringen aber als Aktion auch selber backen. (Kuchenformen mitbringen!) Wer in der Küche Wert legt auf gutes „Werkzeug", der sollte sich das ein oder andere Utensil selber mitbringen.

Obst/Gemüse:

___ Obst nach Jahreszeit ___ Salatgurken

___ Tomaten ___ Salatköpfe

___ Eisbergsalat ___ Salatkräuter

Frühstück & Co:

___ schwarzer Tee ___ Kakaopulver

___ Früchtetee ___ Kaffee

___ Pfefferminz Tee ___ Nuss-Nougatcreme

___ Marmelade, gemischt ___ Honig
___ Müsli ___ Cornflakes & Co

Konserven:

___ Essiggurken ___ Fisch
___ Fruchtcocktail ___ Obst (Nachtisch)

Tiefkühlkost (wenn Eisschrank vorhanden):

___ Eis (Nachtisch)

Getränke:

___ Mineralwasser ___ Eistee
___ Saft ___ Sirup

Grundausstattung (sh. auch vorherige Seite):

___ Gewürze ___ Salz
___ Zucker ___ Speisestärke
___ Senf ___ Ketchup
___ Essig ___ Balsamico Essig
___ Sonnenblumenöl ___ Olivenöl
___ Mayonnaise ___ Instand Brühe
___ Salatdressing
___ Neutral Reiniger ___ Spülmittel
___ Lappen ___ Schwämme
___ Spülbürste ___ Topfreiniger
___ Gummihandschuhe ___ Toilettenpapier
___ Küchenrolle
___ Alufolie ___ Klarsichtfolie
___ Müllsäcke ___ Servietten
___ Kerzen ___ Streichhölzer
___ Kaffeefilter ___ Geschirrhandtücher

Einkaufsliste
(darf´s ein bisschen mehr sein?)

Die Einkaufsliste beinhaltet nicht die Lebensmittel
für die geplanten Hauptmahlzeiten, sondern gibt nur
Vorschläge für eine Grundausstattung an:Brot und

Backwaren:

___ Brot
___ Vollkornbrot
___ Brötchen
___ Brötchen zum Aufbacken
___ Weißbrot

___ Knäckebrot
___ Gebäck
___ Kuchen
Molkereiprodukte:
___ Butter
___ Margarine
___ H-Milch
___ Sahnequark (Nachtisch)
___ süße H-Sahne
___ Schmand
___ Jogurt
___ Eier (Frühstück, Mittags Rührei)
___ Kondensmilch
___ Schmelzkäse (für Reste Suppen)
___ Scheibenkäse (zum Überbacken)
___ Kartoffelsalat
Fleisch/Wurst:
___ Wurstaufschnitt
___ Bockwurst
(erster Abend oder Mittags

Für den Abend:
Auch ein paar Chips, Schokolade,
Kräcker, Dip's, … gehören zu
einer guten Verpflegung!

Speiseplan
(für Sonntagabend bis Freitag)

Frühstück
Auswahl
(frische Brötchen)
Auswahl
(Aufbackbrötchen)
Auswahl und gekochtes Ei
Auswahl
(frische Brötchen?)
Auswahl
Restliche Eier verbrauchen
Brötchen nur bei Bedarf, sonst
Brot verbrauchen

Abendessen

Bockwurst, Brot, Auflage
Spaghetti Bolognese
Vla (holländischer
Nationalnachtisch)
Curry-Huhn
Joghurt (Becher)
Kartoffel-und/oder Nudelsalat
Frikadellen
Quark mit Früchten
Käse-Porree-Suppe
Milchreis mit Kirschen
-

Die Hauptgänge sind
verbindlich, der Nachtisch kann
je nach Lust und Laune variiert
werden aber
es soll welchen geben.

Mittagessen

(zusätzlich zum Büfett)
-

Husaren Salate, andere Salate
für aufs Brot
Reste Bolognese als Auflauf
Fischkonserven
Reste Curry-Huhn als Suppe
(Sahne, Brühe, Schmelzkäse)
Reste Salate
Evtl. Rührei mit Speck
Reste Suppe und Milchreis
Brote für die Rückfahrt nicht
vergessen!
Reichen die Reste nicht, muss
improvisiert werden, z.B. mit
einer Tüten Suppe o.ä..
Bei Seegang gibt es belegte
Brote und das was möglich ist.
Essensreste vom Vortag nicht
mehr aufbewahren !!!
Ausführliche Vorschläge für ein Frühstück und ein Mittagessen
findest Du auf den Seiten 6 - 8

Tipps:

Wer zuerst aufsteht und in die Küche geht, setzt zunächst Teewasser auf (warmes Leitungswasser nehmen - geht schneller) und heizt bei geplanten Aufbackbrötchen den Backofen vor.Dann bitte die erste Runde Kaffee kochen.Gibt es gekochte Eier, auch noch Wasser aufsetzen. Jetzt ist kurz Zeit zum Anziehen, Zähneputzen, hübsch machen.Wurst und Käse kann man aus der Packung heraus auf Teller „klatschen" aber auch etwas netter gestalten. Ein Salatblatt, eine Scheibe Gurke oder Tomate hilft dabei.Nicht jede/r isst Cornflakes oder Müsli.Es reicht deshalb, eine Anzahl Suppenschüsseln,Esslöffel und Milch je nach Schiff auf die Bar,einen Extratisch, in die Küche zu stellen.An Geschirr benötigt man: Frühstücksteller, Messer, Teelöffel, Becher.In Harlingen kann man Brötchen für den ersten Morgen vorbestellen:Kluft Echte Bakkerij

Zuiderhaven 48861 XB Harlingen 0031 517 431957 Für Schiffsgruppen gibt es 10% Rabatt.

Frühstück
(guten Morgen liebe Sorgen ...)

Zutaten:

Kaffee

Tee

Milch

Kakaopulver

Saft

Butter

Margarine

Brot

Brötchen
Nusspli
Marmelade
Honig
Wurstplatten
Käseplatten
Cornflakes
Smacks
Müsli
Eventuell:
Frischkäse
Eier
Salate (Eier, Geflügel,…)
Zubereitungszeit: Mit ein wenig Übung 45 Min.

Auf die Tische (oder Büfett) gehören:

Becher
Zuckerstreuer
Milchkännchen
Besteck
Kleine Teller
Suppenschüsseln
Kaffee
Tee
Milch
Kakaopulver
Saft
Butter
Margarine
Brot
Brötchen
Nusspli
Marmelade
Honig
Wurstplatte (mittelgroß)

Käseplatte (mittelgroß)
Cornflakes
Smacks
Müsli
Eventuell:
Frischkäse
Eier
Salate

Frühstück
(ganz entspannt)

Für den Küchendienst hänge ich die nebenstehende Liste auf, damit jeder auf Anhieb sehen kann, was aufzudecken ist.Das verhindert lästiges Nachfragen und fördert langfristig die Eigenverantwortlichkeit. 30 min braucht es schon...

Tipps:

Wurst und Käse kann man aus der Packung heraus auf Teller „klatschen" aber auch etwas netter gestalten. Ein Salatblatt, eine Scheibe Gurke oder Tomate hilft dabei.An Geschirr benötigt man i.d.R.:Frühstücksteller, Messer, Gabeln.

Vorschläge für die Verwendung von Resten:

Spaghetti Bolognese: Nudeln und Soße in eine Auflaufform, Käse darüber geben und ab in den Backofen.

Reis Curry: Mit Brühe oder Sahne und vielleicht Schmelzkäse eine Suppe herstellen (auch mit Reis).

Labskaus: Mit Öl in der Pfanne anbraten.

Mögliche Extras:

Rührei (mit und ohne Speck)
Obstsalat
Frikadellen

Bockwurst
Bei Seegang werden deftige belegte Brote serviert. Davon braucht man aber eine ganze Menge, denn sie werden einem quasi aus der Hand gerissen.

Mittagessen
(Trampel fressen)

Zutaten (z.T. wechselnd):
Getränke sowieso
Butter
Margarine
Brot
Brötchen
Wurstplatten
Käseplatten
Frischkäse
Salate (Eier, Geflügel,…)
Frische Salate (Gurke, Tomate, Eisberg & Co.)
Dressing
Reste vom Vortag
Extras
Zubereitungszeit:Mit ein wenig Übung 45 Min.
Zubereitung:

Nudeln:
Warmes Wasser aus der Leitung in einem großen Topf mit Öl und Salz zum Kochen bringen.Nudeln hinzufügen, sofort umrühren und kochen lassen bis sie gar sind (zwischendurch umrühren). Das dauert ca. 10—15 Minuten.Durch ein Sieb abgießen und mit kaltem Wasser kurz abschrecken.

Bolognese:
Öl oder Margarine (ca. 400 g) schmelzen, das

Hackfleisch kräftig anbraten .Ca. 5 l warmes Wasser dazugießen und die Fertigmischung einrühren (erst mit weniger Wasser versuchen und dann nach und nach mehr zufügen, bis die richtige Konsistenz erreicht ist.

Unter Rühren aufkochen und bei schwacher Hitze ca. 10 Min. kochen.

Spaghetti Bolognese
(sehr einfach)

Zutaten:

3,5 kg Spaghetti

15 l Wasser

12 EL Öl

12 EL Salz

Öl oder Margarine

ca. 5 l Wasser

12 Pk Maggi-Fix für

Spaghetti Bolognese

(kann auch ein anderer Hersteller sein)

3 kg Hackfleisch gemischt

Service Tipp:

Parmesankäse

Salat

Für ca.30 Personen

Zubereitungszeit:

1 Std.

Zubereitung:

Nudeln:

Warmes Wasser aus der Leitung in einem großen Topf mit Öl und Salz zum Kochen bringen.Nudeln hinzu fügen, sofort umrühren und kochen lassen bis sie gar sind (zwischendurch umrühren).Das dauert ca. 10—15 Minuten.Durch ein Sieb abgießen und mit kaltem Wasser kurz abschrecken.

Bolognese:

Öl oder Margarine (ca. 400 g) schmelzen, das Hackfleisch kräftig anbraten. Zwiebeln schälen, Kleinwürfeln, Knoblauch durchpressen, zum Hackfleisch geben. Tomatenmark und Mehl dazugeben und alles gut umrühren, dann mit Wasser ablöschen.

Gewürze dazugeben, aufkochen lassen,Schmand einrühren und abschmecken.

Spaghetti Bolognese
(Einfach)

Zutaten:

3,5 kg Spaghetti

15 l Wasser

12 EL Öl

12 EL Salz

Öl oder Margarine

3 kg Hackfleisch gemischt

4 große Zwiebeln

8 Knoblauchzehen

3 Tb Tomatenmark

450 g Mehl

ca. 5 l warmes Wasser

4 EL Salz

2 TL Pfeffer

8 TL Brühe (Pulver)

3 EL Worcestersoße

6 EL Ketchup

3 Spr. Tabasco

3 B Schmand, á 200 g

Service Tipp:

Parmesankäse
Salat
Zubereitungszeit:1,5 Std.
Zubereitung:

Nudeln:
Warmes Wasser aus der Leitung in einem großen
Topf mit Öl und Salz zum Kochen bringen. Nudeln
hinzu fügen, sofort umrühren und kochen lassen bis
sie gar sind (zwischendurch umrühren).Das dauert
ca. 10—15 Minuten.Durch ein Sieb abgießen und
mit kaltem Wasser kurz abschrecken.

Bolognese:
Öl oder Margarine (ca. 400 g) schmelzen, das
Hackfleisch kräftig anbraten.Zwiebeln schälen,
Kleinwürfeln, Knoblauch durchpressen, zum
Hackfleisch geben.Möhren und Staudensellerie
raspeln, mit Tomatenmark und den passierten
Tomaten dazugeben.Alles gut mit dem Pürierstab zu
einer sämigen Soße bringen.Gewürze dazugeben,
aufkochen lassen,abschmecken.Laut Bootsmann ist
die Bolognese am besten, wenn sie einen Tag vorher
hergestellt wird.

Spaghetti Bolognese
(Bootsmann schwieriger, aber lecker)

Benötigte Geräte:
Pürierstab
Gemüseraspel
Zutaten:
3,5 kg Spaghetti
15 l Wasser
12 EL Öl

12 EL Salz
Öl oder Margarine
3 kg Hackfleisch gemischt
Weitere Zutaten nach belieben:
große Zwiebeln
Möhren
Staudensellerie
passierte Tomaten
Tomatenmark
Knoblauch
Gewürze

Service Tipp:

Parmesankäse
Salat

Für ca. 30 Personen

Zubereitungszeit:2 Std.

Zubereitung:

Reis:

Warmes Wasser aus der Leitung in einem großen Topf zum Kochen bringen, Salz hinzufügen, den Reis einfüllen und umrühren.Einmal aufkochen lassen, bei niedriger Hitzezufuhr abgedeckt garen lassen, von Zeit zu Zeit umrühren.Das dauert ca. 20 —25 Minuten.

Gar Probe durchführen und das Wasser abgießen.Die Zwiebeln schälen und würfeln, Paprika entkernen, waschen und in kleine Stücke schneiden. Die Tomaten mit kochendem Wasser über brühen, häuten, entkernen und würfeln.Das Fleisch in mundgerechte Stücke schneiden.Öl in einer Pfanne erhitzen, die Hähnchen Stücke dazugeben und 5 Min. anbraten. Das Fleisch mit Salz, Pfeffer und Paprikapulver würzen,

Knoblauchzehen schälen und durchpressen, dazu geben, umrühren und dann aus der Pfanne nehmen. (wegen der Menge, muss dieser Vorgang vielleicht wiederholt werden).Öl in einem großen, breiten Topf erhitzen,Zwiebeln und Paprika zugeben und 5 Min.

andünsten.Den Reis und die Tomatenwürfel zufügen und alles miteinander mischen.Das Fleisch zugeben, abdecken und bei milder Hitze ca. 20 Min. garen, dann mit reichlich Curry und evtl. ein wenig Brühe abschmecken.

Curry-Huhn
(oder auch: Reis mit Schrimps)

Zutaten:

2,5 kg Reis im Kochbeutel

6-7 l Wasser

5 EL Salz

Öl

4 kg Hähnchenbrustfilets

(Filet), 30 Stück

7 mittelgroße. Zwiebeln

7 Fleischtomaten

(gesamt ca. 1400 g)

12 rote Paprikaschoten

2 TL Pfeffer

7 TL Salz

5 Knoblauchzehen

3 TL Paprikapulver

Currypulver

(nach belieben)

Evtl. Brühe (flüssig)

Tipp:

Das Anbraten vom Fleisch bzw.

Gemüse muss eventuell wegen der großen Menge in mehreren Schritten erfolgen
Service Tipp:
Salat

Für ca. 30 Personen

Zubereitungszeit: 2 Std.

Zubereitung:

Kartoffeln 25-30 Min. kochen, pellen und abkühlen lassen (ca. 1,5 Std.). Dann in Scheiben schneiden. Die Zwiebeln schälen und in kleine Würfel schneiden. Brühe herstellen, die Zwiebeln kurz darin erhitzen und weich werden lassen (2 Min.).Gewürzgurken in kleine Stücke schneiden.Salz, Pfeffer, Zucker und die Brühe über die Kartoffeln geben, Gewürzgurken zugeben.

Öl, Essig, Senf und Mayonnaise drüber gießen und alles VORSICHTIG miteinander mischen und abschmecken.Den Salat ca. 1,5 Std. durchziehen lassen.NICHT in den Kühlschrank stellen, sonst wird
er zu fest.

Kartoffelsalat (vegetarisch)

Zutaten:

5 kg Kartoffeln

5 mittelgroße Zwiebeln

8 Gewürzgurken aus dem Glas

2 TL Salz

1 l Gemüsebrühe

0,5 TL Pfeffer

2-3 TL Zucker
10 EL Öl
4-6 EL Essig
1 EL Senf
1 Gl Miracle - Whip
oder Mayonnaise, 500 g
Service Tipp:
Holländische Frikadellen
(2 Stück p.P.)
Gibt es tiefgefroren im Supermarkt.In Öl anbraten,
im Backofen warm halten, mit Ketchup, Mayonnaise
oder Fritten Sauce und gewürfelten rohen Zwiebeln
servieren.

Für ca.20 Personen

Zubereitungszeit:
Pellkartoffeln 1 Std.
+ Ab kühl Zeit 1,5 Std.
+ Durchziehen 1,5 Std.
Zubereitung:
Kartoffeln 25-30 Min. kochen, pellen und
abkühlen lassen (ca. 1,5 Std.). Dann in
Scheiben schneiden.
Die Zwiebeln schälen und wie die
Gewürzgurken und die Fleischwurst in kleine
Stücke schneiden.
Mit dem Fleischsalat zu den Kartoffeln geben,
alles VORSICHTIG miteinander mischen und
abschmecken.
Nach Bedarf Mayonnaise und Gurkenwasser
(Essig) unterrühren.
Den Salat ca. 1,5 Std. durchziehen lassen.
NICHT in den Kühlschrank stellen, sonst wird
er zu fest.

Kartoffelsalat
(Kapitän - sehr einfach)

Zutaten:
5 kg Kartoffeln
5 mittelgroße Zwiebeln
8 Gewürzgurken
aus dem Glas
(mit Gurkenwasser)
1 Ring Fleischwurst
(Gekochte)
4 Pk Fleischsalat, á 200 g
Salz
Pfeffer
1 Gl Miracle-Whip
od. Mayonnaise, 500 g
Service Tipp:
Holländische Frikadellen
(2 Stück p.P.)
Gibt es tiefgefroren im Supermarkt.
In Öl anbraten, im Backofen warm
halten, mit Ketchup, Mayonnaise
oder Fritten Sauce und gewürfelten
rohen Zwiebeln servieren.

Für ca.20 Personen

Zubereitungszeit:
Pellkartoffeln 1 Std.
+ Abkühlzeit 1,5 Std.
+ Durchziehen 1,5 Std.
Zubereitung:
Nudeln:

Warmes Wasser aus der Leitung in einem großen Topf mit Öl und Salz zum Kochen bringen.Nudeln hinzu fügen, sofort umrühren und kochen lassen bis sie gar sind (zwischendurch umrühren).Das dauert ca. 10—15 Minuten.Durch ein Sieb abgießen und mit kaltem Wasser kurz abschrecken.Nudeln in einen Topf/eine Schüssel geben und mit dem Öl vermischen.Erbsen und Karotten und 1 Ds Mandarinen abtropfen lassen und dazu geben.Fleischwurst in Würfel schneiden und mit der zweiten Dose Mandarinen samt Saft hinzu fügen.Aus der Mayonnaise und den Gewürzen eine Marinade bereiten und alles gut miteinander vermischen.Den Salat ca. 1 Std. durchziehen lassen und vor dem Servieren nochmals abschmecken.

Nudelsalat
(mit Fleischwurst)

Zutaten:

1,5 kg Hörnchen Nudeln

5-6 l Wasser

5 EL Salz

5 EL Öl

3 EL Öl

2 Ds Erbsen und Karotten, á 530 g

2 Ds Mandarinen, á 175 g

800 g Fleischwurst (Gekochte)

1 Gl Mayonnaise oder Miracle-Whip, 500g

1TL Salz

0,5 TL Pfeffer

2 EL Essig
Service Tipp:
Holländische Frikadellen
(2 Stück p.P.)
Gibt es tiefgefroren im Supermarkt.In Öl anbraten,
im Backofen warm halten, mit Ketchup, Mayonnaise
oder Fritten Sauce und gewürfelten rohen Zwiebeln
servieren.

Für ca. 20 Personen
Zubereitungszeit:1 Std. + 1 Std. durchziehen
Zubereitung:
Speck und Hackfleisch in Öl anbraten. Zwiebel,
Knoblauch und Porree klein schneiden und dazu
geben. Salzen und pfeffern. Champignonsuppe mit
Wasser anrühren und zur Suppe geben. Sahne und
Schmelzkäse dazu und 10 Minuten kochen lassen.

Käse-Porree-Suppe
(Bugys - Suppe)
Zutaten:
15 EL Öl
8 mittelgroße Zwiebeln
250 g durchwachsenen Speck
2 kg Hackfleisch gemischt
8 Stangen Porree
6 Knoblauchzehen
Salz
Pfeffer
Ca. 6 l warmes Wasser
(evtl. etwas mehr)
1,6 l Sahne
5 Pk Champignonsuppe
(Instand)

500 g Schmelzkäse
Service Tipp:
Mit reichlich Baguette servieren
(4 Personen pro Stange)

Für ca. 30 Personen

Zubereitungszeit:1,5 Std.

Zubereitung:

Zwiebeln schälen, klein schneiden und in einem
großen Topf mit Öl anbraten.Porree klein schneiden
und dazu geben.Salzen und pfeffern.Die
Gemüsebrühe mit dem Wasser anrühren und in den
Topf geben, zum kochen bringen.Warten, bis der
Porree biss fest ist.Sahne, Schinken und Schmelzkäse
dazu und 10 Minuten kochen lassen.Abschmecken
nach Geschmack.Kurz vor Ende der Garzeit den
Weißwein
beigeben.

Käse-Porree-Suppe
(einfacher)

Zutaten:

15 EL Öl

8 mittelgroße Zwiebeln

2 kg Kochschinken

8 Stangen Porree (groß)

6 Knoblauchzehen

Salz ,Pfeffer

Gewürze nach

Geschmack

ca. 5 l warmes Wasser

(evtl. etwas mehr)

1,6 l Sahne

Gemüsebrühe

(Instand)
500 g Schmelzkäse
2 l trockenen Weißwein
Service Tipp:
Mit reichlich Baguette servieren
(4 Personen pro Stange)

Für ca.30 Personen

Zubereitungszeit:1,5 Std.
Zubereitung:
Milchreis:
Einen Topf mit Wasser benetzen (feucht auswischen) und die Milch darin zum Kochen bringen (Achtung, Milch kocht schnell über!)Den Reis in die Milch geben und ca. 35 Min bei geschlossenem Deckel auf kleinster Stufe quellen lassen.Dabei gelegentlich umrühren (wichtig!) und anschließend nach Wunsch süßen.Kirschen:Kirchen mit dem Saft in einem Topf zum kochen bringen.4 EL Speisestärke in etwas KALTEM Wasserauflösen und nach und nach zu den Kirschen geben, bis sie ausreichend angedickt sind.Diesen Vorgang muss man eventuell wiederholen.

Milchreis mit Kirschen
(als Nachtisch,
2. Gang oder nur mal so)

Zutaten:
2 kg Milchreis
7 l Vollmilch
Zucker
5 Gl Kirschen ohne Stein
Speisestärke
Tipp:

Im Kühlschrank aufbewahrt, ist
Milchreis ein idealer Zwischensnack
am nächsten Tag.

Für ca.30 Personen

Zubereitungszeit:
1,5 Std.
Zubereitung:
Die Kartoffeln schälen, in mittelgroße Stücke
schneiden (werden eh gestampft), waschen und mit
warmen Leitungswasser und Salz gar
kochen (Salzkartoffeln). Abgießen.Achtung: Das
Erhitzen der Wassermenge bis zum eigentlichen
Kochen dauert ungefähr eine halbe Stunde.Zwiebeln
schälen und in sehr feine Stücke schneiden.Öl in
einer Pfanne erhitzen und Zwiebeln mit dem
Cornedbeef nach und nach anbraten.Dabei mit Salz
und Pfeffer würzen. Bei ein oder zwei Pfannen muss
man die Menge aufteilen.Heiße Kartoffeln stampfen
und dabei nach und nach das Cornedbeef und die in
Stücke geschnittenen Gurken zugeben und mit
stampfen.Nach Gefühl und Geschmack
Gurkenwasser zugeben, bis die gewünschte
Konsistenz erreicht ist. Mit Muskatnuss, Salz und
Pfeffer abschmecken. Das Labskaus braucht
eigentlich nicht mehr aufgewärmt werden. Mit Roter
Beete, Gewürzgurken und Spiegeleiern servieren.

Labskaus
(á la Bugy)

Zutaten:
10 kg Kartoffeln
10 l Wasser
3 EL Salz

10 Ds Cornedbeef
6-8 mittelgroße Zwiebeln
1 Gl Gewürzgurken
(mit Gurkenwasser)
Öl
Salz + Pfeffer
Muskatnuss Pulver
60 Eier
Öl
Salz + Pfeffer
8 kl Gl Rote Beete
6 Gl Gewürzgurken
Tipps:
Achtung, die Cornedbeef-Dosen haben sehr scharfe
Kanten -Verletzungsgefahr!´Die Spiegeleier nach
und nach Braten und im Backofen warm stellen. Für
60 Eier braucht man ungefähr eine halbe Stunde.

Für ca.30 Personen

Zubereitungszeit:
Mit Kartoffeln schälen und Kochen sowie Eier
braten
3 Std.
Zubereitung:
Nudeln: Warmes Wasser aus der Leitung in einem
großen Topf mit Öl und Salz zum Kochen bringen.
Nudeln hinzufügen, sofort umrühren und kochen
lassen bis sie gar sind (zwischendurch umrühren).
Das dauert ca. 10—15 Minuten. Durch ein Sieb
abgießen und sofort mit der Soße verrühren. Soße:
Die Champignons putzen und in Scheiben
schneiden. Das Öl in einem großen Topf (es
kommen später die Nudeln dazu) erhitzen und die
Champignons darin goldbraun braten.Pesto und

saure Sahne oder Schmand dazugeben und vermischen.Die Nudeln in den Topf geben, gut verrühren, nochmals erhitzen und abschmecken. Bei Bedarf noch etwas Olivenöl zugeben, bis die richtige Konsistenz erreicht ist. Mit Tomatenscheiben verzieren.

Pesto-Nudeln
(so was von vegetarisch)

Zutaten:
2,5 kg Penne-Nudeln
8 l Wasser
8 EL Öl
8 EL Salz
1,5 kg frische Champignons
12 EL Olivenöl
1 kg Pesto Genovese
(Fertigprodukt)
6 B Saure Sahne oder
Schmand, á 200 g
1 TL Pfeffer
8 frische Tomaten

Service Tipp:
Dazu passt Eisbergsalat und Baguette mit Kräuterbutter. Wer sowohl den Finanz– und Arbeitsaufwand nicht scheut, der serviert typisch italienische Vorspeisen (eingelegte Tomaten, Paprika und Champignons, Oliven aller Art , Schinken und Honigmelone, Salami,…)

Für 20 Personen

Zubereitungszeit:
Ohne Vorspeisen 1 Std.
Zubereitung:

Mit etwas Öl das Hackfleisch krümelig anbraten und mit Salz und Paprikapulver würzen. Zwiebeln schälen und würfeln,Paprikaschoten, Chilischoten und Knoblauchzehen zerkleinern und ebenfalls in ´Öl andünsten. Die Brühe und die geschälten Tomaten dazugeben und ca. 15 Min. kochen. Die Kidney- Bohnen abtropfen lassen und abspülen. Chili-Bohnen mit der Flüssigkeit verwenden. Hackfleisch, Bohnen, Tomatenpüree und das Gemüse mischen und nochmals mit den Gewürzen abschmecken.

Rezeptvariante:

Etwas einfacher geht es mit Maggi-Fix. Dann einfach nach Packung Anleitung kochen, aber bitte mit einigen Zutaten aus diesem Rezept nach Geschmack „anreichern".

Chili con carne

Zutaten:
3 kg Rinderhackfleisch
Öl
3 TL Chilipulver
3 TL Salz
3 TL Paprikapulver
3 TL Zucker
4-5 gr. Zwiebeln (1 kg)
6 grüne Paprikaschoten
6 frische Chilischoten
10 Knoblauchzehen
2,5 l Brühe (Instand)
4 Ds Kidney- Bohnen,
á 255 g
2 Ds Chili-Bohnen, á 400 g
5 Ds geschälte Tomaten,

á 240 g

2 P Tomatenpüree (Mark),

á 500 g

Service Tipp:

Mit Reis oder Baguette (mit 4 B
Schmand) und grünem Salat
servieren.

Außerdem viel Flüssigkeit!

Für 20 Personen

Zubereitungszeit: 1,5 Std.

Zubereitung:

Die Zwiebeln und Knoblauchzehen schälen und
klein schneiden.Öl in einem Topf erhitzen. Das
Fleisch hineingeben und anbraten.Zwiebeln und
Knoblauch zufügen und goldgelb werden lassen.
Alles gut mischen und weiter braten,bis die Zwiebeln
zerfallen.Salz und Pfeffer dazugeben und mit
Tomatenpüree mischen, die Brühe angießen.
Paprikapulver in etwas Wasser einrühren und zum
Fleisch geben. Weitere 1—1,5 Std. schmoren. Fleisch
probieren, ob es gar ist.Die saure Sahne dazugeben.
Speisestärke mit etwas kaltem Wasser anrühren, die
Soße damit binden und das Gulasch abschmecken.

Ungarisches Gulasch

(deftige Puszta)

Zutaten:

2 kg Zwiebeln

5 Knoblauchzehen

Öl

3,5 kg Gulasch gemischt

2 EL Salz

2 TL Pfeffer

3 P Tomatenpüree (Mark),

á 500 g

1,5 l Brühe (Instand)

4 EL Paprika edel süß

6 B saure Sahne

Speisestärke

Service Tipp:

Dazu passen Kartoffelklöße (nach Packung Hinweis zubereiten) und Rotkohl (aus dem Glas), oder Spätzle und grüner Salat

Für 20 Personen

Zubereitungszeit: 1,5 Std. + 1,5 Std. kochen

Zubereitung:

Die Schnitzel mit Salz und Pfeffer würzen, von beiden Seiten kurz anbraten. Die Fleischstücke beiseite stellen und den durchwachsenen Speck und die Zwiebeln würfeln und leicht anbraten. Champignons abtropfen, dazugeben und durch dünsten. Alles über die Schnitzel gießen (Auflaufform). Die Bratensoße mit der Sahne verrühren und

auch zum Fleisch geben. Die Auflaufform zudecken und mindestens 8

Std. (z.B. über Nacht) kühl stellen.Backofen vorheizen (180 Grad) und ca. 1 Std. garen. Ggf. die Speisestärke mit etwas kaltem Wasser anrühren und die Soße damit binden.

Tipp:

Es geht auch ohne Fleisch anbraten, einlegen und kühl stellen. Es wird aber nicht ganz so lecker und die Garzeit verlängert sich.

Rahm Schnitzel

(Schlemmer Topf für Genießer)

Zutaten:
35-40 dünne Schweineschnitzel
3 TL Salz
2 TL Pfeffer
Öl
750 g durchwachsener Speck
10 mittelgroße Zwiebeln
4 Ds Champignons, á 460 g
10 Pk Rahm Braten Soße
12 B süße Sahne, á 200 g
Speisestärke

Service Tipp:
Brot, Salzkartoffeln (5 –6 kg) oder Reis und Salat
dazu reichen. Auch ein wenig Gemüse kommt dazu
in Frage (grüne Bohnen, Erbsen und Wurzeln,
Broccoli).

Für 20 Personen

Zubereitungszeit: 1 Std. + 8 Std. marinieren + 1 Std.
garen

Zubereitung:
Das frische Gemüse vorbereiten, Paprika entkernen,
in Streifen schneiden, ebenso Auberginen, Zucchini
und Tomaten
1. Öl in der Pfanne erhitzen, das feingeschnittene
Fleisch anbraten, dann auf einem Teller beiseite
stellen.
2. dann den Reis, die Zwiebeln und den Knoblauch
kurz anrösten, dann das Paella Gewürz dazu, das
Fleisch auf dem Reis verteilen, mit der Instant-
Brühe aufgießen, nicht alle Flüssigkeit auf einmal, da
die
verschiedenen Reissorten nicht die gleiche

Flüssigkeitsmenge benötigen, der Original-- Paella Reis braucht mehr Flüssigkeit wie der normale Reis.

3. Dann das vorbereitete Gemüse darauf verteilen und ca. 20 - 30 Minuten in der´Pfanne garen die Flüssigkeit ab und zu kontrollieren und evtl. Etwas zugießen.

4. Zum Schluss mit Zitronen schnitzen garnieren.Zum Angießen kann auch etwas Weißwein (trocken) genommen werden. Das Rezept liest sich zwar kompliziert ist aber sehr einfach im Grunde ich nutze es auch zur Resteverwertung. Wer einen Gastro - Gasgrill mit Pfanne (Bräter) zur Verfügung hat, kann auch draußen kochen und ein echtes Event daraus machen.

Spanische Reis Pfanne
(Paella - geht auch vegetarisch)

Zutaten:

2 kg Pealla – Reis oder Oryza Risotto Reis Paella Gewürz Cucuma

4 große Zwiebeln

5 Knoblauchzehen

4 kg Hähnchen - oder Putenfleisch, Kalbs- oder Schweine Geschnetzeltes, eine Fleischsorte allein oder gemischt

8 Paprikaschoten (rot, gelb, grün gemischt), 5 Tomaten,

8 Auberginen, 8 Zucchini (oder auch Erbsen, Bohnen, Mais, Brokkoli, Zucker Schoten - je nach Saison) Tiefgefroren oder frisch

4 l Instant - Fleischbrühe oder Gemüsebrühe, evtl. Pfeffer, Salz

(oder einen Teil ersetzen durch ca.1

l Weißwein) Olivenöl

Für 30 Personen

Zubereitungszeit:
1 Std. Schnippeln und Vorbereiten + 1 Std. garen
Beilagen:(dazu und nicht daneben)
· Brokkoli-Blumenkohl-Gemüse
· Butterbohnen (mit und ohne Speck)
· Rotkohl
· Apfel-Wurzel-Rohkost
· Kräuterquark
· Kartoffelgratin
· Kartoffelpüree
(zum anrühren aus der Packung)
· Pellkartoffeln
· Paprikareis

Hauptgerichte:
(nicht nur für Profis)
· Schinken-Sahne-Tortellini
· Moussaka
· Irish - Stew (mit Hackfleisch)
· Hawaiianischer Feuertopf
(mit Kartoffeln und Früchten)
· Minestrone
· Gyros Pfanne
· Schweinegeschnetzeltes
· Hackbraten
· Schnitzel & Co

Nicht geeignet an Bord eines Schiffes:
(wegen langer Wartezeiten)
· Pizza
· Pfannkuchen
· Hähnchenschenkel
· Fischstäbchen

· „Tellergerichte"

Noch mehr Ideen
(Entdecke die Möglichkeiten)

Gute Maggi-Knorr-Fix-Gerichte:

(die kann man nehmen, dass ist keine Schande - aber bitte mit etwas Fantasie anreichern)

· Würstchen Gulasch

· Lasagne

· Ratatouille

· Lachs – Sahne - Gratin

· Bauerntopf

· div. Suppen

  Nachtisch:

(denn der passt immer noch)

· Obstsalat

· Quark mit Früchten

· Vla

· Fruchtsuppe

· Banane mit Schokoladensoße

· Rote-Grütze mit Vanillesoße

· Eis & Co

Grillabend:

Einige Schiffe haben Kohlegrills an Bord.Am besten aber billige Grills aus dem Baumarkt kaufen (3 Stück für 20 Personen) oder einen großen
Gasgrill mitbringen (Gas ist an Bord) und ein leckeres Barbecue an
Land organisieren. Marinierte Steaks, Hamburger,Gemüsespieße, Fischspieße, ...Baguette, Salate, Kräuterbutter,Tsatziki, ...

Tipps:

EcoMare

Naturhistorisches Museum mit Seehundestation.

Besucherhit: die Fütterungszeiten mit Erklärungen (11und 15 Uhr).
Entwicklungsgeschichte der Insel und ihre Bedrohungen.Außerdem Modell eines Wals, Dünenpark und Vogelpflegestelle. Tgl. 9-17 Uhr, Eintritt Erw. ca. € 9,-, Jgdl. ca. € 6,25 Im Sommer kommt man direkt mit dem Bus von Oudeschild zum EcoMare (De Koog).
Infos : www.ecomare.nl, Tel: 0031 222 317741

Den Burg

Die größte Ortschaft der Insel lädt ein zum Shopping und bietet vielfältige Restaurationen.Hier ist auch am Abend immer etwas los. Sehr beliebt ist die Disco „Question".Schöner sind aber die Dörfer der Insel. Diese sollte man mit dem Fahrrad erkunden. Lekker Essen (Fischgerichte) kann man im traditionsreichen Restaurant „Havenzicht" in Oudeschild.

Texel

Allgemein:
Die größte der westfriesischen Inseln, Länge 25 km, Breite 9 km, 13000 Einwohner. Hauptort Den Burg Weitere Dörfer sind De Koog,
Den Hoorn, De Waal, Oudeschild und Oosterend. Hafen: Oudeschild,
(z.T. Fischereihafen) Sanitäreinrichtung: *
Fahrradverleih in 5
Gehminuten erreichbar. Sehr kleiner Supermarkt (nur fürs Nötigste).
Bushaltestelle´Insidertipp: Frischen Fisch kaufen bei „Albert Blom" in Oudeschild (im Ort links). Vor allem Matjes mit vielen Zwiebeln… Lekker!

Insel / Nord-Holland

Tipps:

Vliehors Die größte Sandfläche Europas wird auch Sahara
genannt. Vliehors wird leider als Übungsgebiet für
das Militär genutzt, am Wochenende ist dort aber
Ruhe. Am besten lässt man sich fahren mit dem
Vliehors- Express Für Gruppen kommt ein
umgebauter Militär-LKW mit Sitzplätzen bis zu 80
Personen und fährt über den
Strand zum Vliehors. Die Exkursion wird durch eine
kleine Wanderung, einen Besuch des „ Strandgut
Museums", Lagerfeuer und warmen Kakao,
besonders für Jugendliche zu einem Erlebnis. Auch
kurzfristig und am Abend buchbar.
www.vliehorsexpress.nl, Tel.: 0562/451971
Reiten Vlieland ist vor allem bei Reitern beliebt.
Direkt am Hafen gibt es die Möglichkeit,
Islandpferde zu mieten, bzw. an einer organisierten
Gruppentour mitzumachen. Fahrrad Ein 26 km
langer Rundweg führt um die Insel und zu den
schönsten Plätzen. Infos beim Fahrradverleih
(Fietsenverhuur) am Hafen. Leuchtturm Auf einer
40 m hohen Düne wurde 1910 der nur 18 m hohe
Leuchtturm errichtet, der noch heute in Betrieb ist.
Der Aufstieg lohnt sich und man wird mit einer
fantastischen Aussicht belohnt.

Vlieland

Allgemein:

Länge 20 km, Breite 2 km, 1150 Einwohner.
Einziger Ort: West-Vlieland (Denkmalschutz)
Hafen:Idyllisch am Südstrand und in
den Dünen gelegen Achtung: Starke Strömungen

Sanitäreinrichtung: **** Fahrradverleih direkt am
Hafen.Im 2008 neugestalteten Hafen gibt es nun
einen kleinen Supermarkt. Hier kann man das
Nötigste
einkaufen, vor allem aber gibt es dort morgens
frische Brötchen (am besten am Tag vorher
bestellen). Ein weiterer Supermarkt ist im Ort (15
Gehminuten).Einkäufe werden an Bord geliefert.
Insidertipp:„Poffertjes essen" im Pfannkuchen
Haus direkt am
Ortseingang hinter dem Deichschart rechts (tolle
Terrasse).

Insel / Friesland

Tipps:

Brandaris

Der Brandaris ist mit einer Höhe von 54 m der
älteste Leuchtturm des Landes (1594). Das
Inselwahrzeichen kann man nur von außen
besichtigen. Im wuchtigen Turm ist heute eine der
modernsten Verkehrszentralen der
Küstenüberwachung untergebracht (hört man beim
Skipper immer im Schiffsfunk). Die Leuchtsignale
sind rund 40 km weit zu sehen. Schwimmbad Bei
schlechtem Wetter lohnt sich ein Besuch im
Schwimmbad „De Dobe". Es liegt etwas außerhalb
und
ist zu Fuß in ca. 20 Minuten zu erreichen. Freitags ist
von 19-21 Uhr Disco Schwimmen—Eintritt 3,50 p.P.
Ansonsten Gruppen ab 10 Personen: € 4,70
(Sportlaan 1, 0031562/442257, www.dobe.nl
Wanderung „Noordvaarder"
Das Naturschutzgebiet, das sich im Westen der Insel
befindet,bietet Wald, Dünen, Wattenmeer, Brutplatz

für
Vögel. Auskunft beim VVV (gegenüber des
Fähranlegers
oder www.vvv-terschelling.org).
Stadtgeländespiel
Bitte nicht machen! Durch die Lage des Hafens in
unmittelbarer Stadtnähe kommen viele Gruppen auf
diese Idee. Die Geschäftsinhaber sind
dementsprechend
davon genervt.
Lieber ab zum Strand und einen
Sandburgenbauwettbewerb machen—
das macht mehr Spaß.

Terschelling

Allgemein:
Länge 28 km Größe 11000 ha 5000 Einwohner
Hauptort West-Terschelling Weitere Dörfer sind
Midsland, Lanserum, Hoorn, Oosterend Hafen:
West-Terschelling Hier ist immer etwas los, die
Liegeplätze liegen vis-a-vis des Ortes.
Sanitäreinrichtung: ** Fahrradverleih: Gegenüber des
Fähranlegers am Anfang der Fußgängerzone Ein
Supermarkt liegt 5 Gehminuten in der
Fußgängerzone.Bei der Bäckerei „Spaanjer"kann
man schon Vortags
bestellen. Wer dann bezahlt, kann die Ware auch
morgens am Hintereingang in der Backstube
abholen. Insidertipp: Einen „Sundowner" auf der
Terasse des Strandpavillons „De Walvis" trinken.
(oder auch zwei?!)

Insel / Friesland
Nes

Zahlreiche Restaurants und Geschäfte verleihen dem Dorf einen kleinstädtischen Charakter. Alte Kommandeurs Häuser wurden restauriert, Tante-Emma verwandelten sich in Boutiquen. Einfach mal Bummeln gehen!

Naturcentrum

Gezeigt wird die geologische Entwicklungsgeschichte, außerdem gibt es Informationen zum Wattenmeer. Im Meerwasseraquarium schwimmen Nordseefische (Eintritt Schüler ca. € 4,25, Nes, Strandweg 28) www.amelandermusea.nl

Leuchtturm

Wer die 235 Stufen bis zur 58m hohen Plattform des weithin sichtbaren Leuchtturms (erbaut 1880) erreicht hat, wird mit einer herrlichen Aussicht belohnt.Baden Am Nordseestrand von Nes gibt es einen bewachten Abschnitt.Ungefähr 30 Gehminuten vom Hafen entfernt.

Schwimmbad

Das subtropische Schwimmbad „Aqua Plaza" hat u.a. eine 120m lange Wasserrutsche (Nes, Molenweg 18, wechselnde Öffnungszeiten, Tel. 0031519/542900— man spricht deutsch)

Nescafé

Typisch holländisches eetcafé, immer gut besucht.Mitten im Ort Nes

Pannekoekhuis

Das Pfannkuchen Haus beim Leuchtturm ist eine Institution. Sage und schreibe 250 Variationen gibt es dort.

Ameland

Allgemein
Größe 6000ha 3200 Einwohner Hauptort Nes
Weitere Dörfer sind Hollum, Buren, Ballum Hafen
Etwas außerhalb von Nes gelegen—
gemeinschaftlicher Yacht-, Fähr– und Seglerhafen
Sanitäreinrichtung: **** Fahrradverleih direkt am
Hafengebäude Ein großer Supermarkt liegt in
unmittelbarer Nähe zum Hafen (5 Minuten) am
Ortseingang von Nes Hier empfiehlt es sich,
ausreichend Proviant zu bunkern, vor allem, wenn
die weitere Route Richtung Schiermonnikoog führt.

Insidertipp:
Auf den riesigen Abenteuerspielplatz in der Nähe
des Schwimmbades
gehen. Hier toben sich auch Jugendliche aus.
Achtung, bei der Seilbahn, hier gibt es oft nasse
Füße.

Insel / Friesland

Schiermonnikoog ist autofrei und eine einzige
Überraschung. Ein buntes Disco– und Kulturleben
sucht man vergeblich. Viel Natur, sauberes Wasser,
einsame Sandstrände, freundliche Menschen und
Ruhe—das zeichnet diese Insel aus. Die Dünen sind
hoch und alt, die Landschaft mit ihren Wäldern und
Wiesen ist abwechslungsreich, ihre Strände gehören
zu den breitesten Europas. Rad– und Wanderwege
durchkreuzen das Eiland, auf dem praktisch alles
unter Naturschutz steht. Spätestens auf dieser Insel
beginnt der Urlaub—auch für Jugendliche, die
oftmals sehr erstaunt über die Ruhe, Einsamkeit und
Gelassenheit sind. Besonders nach einer Nacht auf

dem Watt („ Trockenfallen") erscheint Schiermonnikoog wie eine andere Welt.Baden Der Strand und das Wasser zeichnen sich durch besondere Sauberkeit aus. Baden ist überall erlaubt, ein bewachter Abschnitt befindet sich am Ende des Prins-Bernhard-Weges. Strand-Express Ein Trecker mit Personenanhänger tuckert am Nordseestrand entlang zur Ostspitze Balg. Wer will, kann bei schönem Wetter den kilometerlangen Weg am Strand zu Fuß wieder zum Ort zurückgehen. Karten gibt es beim VVV. (www.vvvschiermonnikoog.nl)

Schiermonnikoog

Allgemein

Größe 40 km² 1000 Einwohner Einziger Ort: Schiermonnikoog

Hafen Letzter Tide Hafen der Niederlande, d.h. er fällt bei

Ebbe trocken. Klein und idyllisch, zusammen mit dem Yachthafen.

Sanitäreinrichtung: ** (Absolut kultig: Die Duschen und Toiletten sind in Bauwagen untergebracht) Ein kleiner Supermarkt ist im Ort (15 Gehminuten). ´Einkäufe werden an Bord geliefert.Fahrradverleih Am Ortseingang beim VVV rechts abbiegen, nach 50 m

links Insidertipp Erlebe Ruhe und Gelassenheit zu Fuß oder per Rad.

Insel / Friesland
DAS IJSSELMEER

Allgemein

Habt Ihr z.B. vor, vom Wattenmeer ausgehend über das Ijsselmeer nach Enkhuizen zu segeln, solltet Ihr mit den Jugendlichen einen Tag im Zuiderzee

Museum verbringen; es wird sich sicherlich lohnen.
Für mehrtechnisch orientierte Menschen ist dann
wahrscheinlich das Stoommachine - Museum
(Dampfmaschinen) in Medemblik eine interessante
Anlaufstelle. Auf dem Weg dorthin fährt man beim
Verlassen des Wattenmeers durch die Schleuse bei
Cornwerderzand,
was sicherlich für den einen oder anderen eine neue
Erfahrung sein wird.

Naturgebiete

Das Wasser des Ijsselmeers, früher ebenfalls
Salzwasser, wurde durch den Bau des Abschluss
Deiches 1932 langsam aber sicher zum Süßwasser.
Im Gegensatz zur offenen Nordsee, gibt es im
Ijsselmeer
keine Gezeiten, der Wasserspiegel verändert sich also
beinahe überhaupt nicht. So konnten auch
interessante Naturgebiete entstehen wie zum Beispiel
De Oostvaardersplassen. Dieses morastige Gebiet,
gelegen zwischen Muiden und Lelystad, hat sich
ohne großes Einmischen des Menschen zu einem
der wichtigsten Naturgebiete der Niederlande
entwickeln können. Im trockeneren Teil dieses
Gebietes werden Edelhirsche, Urrinder und Pferde
gehalten. Vogelfreunde können in der Makkumer
Gegend das Vogelreservat 'Greid Hoek' besuchen.
Wanderungen oder Ausflüge sind möglich, allerdings
nur mit
Begleitung.

Ijsselmeer

Insidertipp: Schwimmen im Ijsselmeer ist ziemlich
ungefährlich, da
wenig Strömung vorhanden.Leider gibt es bei großer

Hitze viele Fliegen.

Friesland/Overijssel/ Flevoland

Makkum

Ein Supermarkt, ein Bäcker, langer Holzsteg, idealer Hafen für den letzten Abend, wenn Endziel der Reise Harlingen ist.

Workum

Gemütlicher, sehr kleiner Hafen am Ende eines langen Kanals. Liegeplätze sehr begrenzt. Der Ort liegt 10 Gehminuten entfernt (Supermarkt).

Stavoren

Einer der großen Abfahrtshäfen der niederländischen
Segelflotte. Viel Platz für Schiffe, Bäcker und (sehr kleiner) Supermarkt in Sichtnähe.

Lemmer

Durch die Lage in der Ost Bucht schlechter zu erreichen.Aber:Hier tobt das Leben entlang des Stadtkanals. Kneipen, Boutiquen und Geschäfte laden zum Bummeln ein.Große Supermärkte (u.a. Aldi) fast direkt am Anleger. Viele Deutsche Urlauber.

Lelystad

Stadt im neugeschaffenen Flevoland und am „Reißbrett"geplant (5m unter dem Meeresspiegel). Keine Einkaufsmöglichkeiten, aber am Hafen ein großes Outlet - Einkaufszentrum—doch bitte nicht zu viel
erwarten, es ist immer noch teuer. Ein Muss in Lelystad (und der einzige Grund dort hinzusegeln)

ist die BATAVIA-WERFT. Die fast 60m lange Batavia, die während ihrer ersten Reise vor der Küste Westaustraliens sank, wurde rekonstruiert.Zur Zeit wird an dem Admiralitäts Schiff „Zeven Provincien" aus dem Jahr 1665 gearbeitet.

Auf der Batavia Werft eine Führung für die eigene Gruppe bestellen. Ehrenamtliche Mitarbeiter machen das ganz toll

(Tgl. 10-17 Uhr, Eintritt ca. 8,-, www.bataviawerf.nl)
Tel.: 0031 320 261409

Städte am Ijsselmeer (Ost)

Sanitäreinrichtungen
Makkum: * (m), *** (w) Workum: - Stavoren: ****
Lemmer: ?
Lelystad: -

Insidertipp:
Bei Museen, Schwimmbädern und der Batavia-Werft immer behaupten, man sei mit einer Schulklasse unterwegs. Sonst gibt es keine guten (manchmal auch gar keine) Vergünstigungen und Rabatte

Friesland/Overijssel/ Flevoland

Medemblik

Der älteste Ort Westfrieslands (aus dem 10. Jh.) begrüßt von
See her mit dem Schloss Radboud (1288). Die Burg wurde
im 18. Jh. restauriert und ist heute ein Kulturzentrum.
Ein kleiner Supermarkt liegt in der Hauptstraße, ein

größerer
ist sehr weit entfernt. Die Bäckerei befindet sich direkt am
Anfang der Einkaufsstraße (links).
Frühstücksbrötchen am
besten bestellen.
In etwas 25 Gehminuten Entfernung liegt der
„Bungalowpark
Zuiderzee". Hier gibt es ein Schwimmbad mit 50m Rutsche,
das nach vorheriger Anmeldung i.d.R. auch mit einer Gruppe
zu besuchen ist.
(0031227/542345; www.zuiderzee-recreatie.nl)

Enkuizen

Enkhuizen besitzt viele monumentale Gebäude, wie z.B.: der
Drommedaris, das Waag-Gebäude und das Rathaus.
Aus den damaligen goldenen Zeiten sind noch einige wichtige
Lagerhäuser der Ost-Indischen Kompanie erhalten geblieben.
Enkhuizen besaß einst eine große Fischereiflotte und auch
heute noch wird täglich frischer Fisch gefangen. Momentan
hat Enkhuizen den lebhaftesten Hafen des Ijsselmeers.
Der Hafen für große Segelschiffe ist neu und liegt leider
etwas entfernt von der Stadt. Einkäufe können im Ort
getätigt werden (auch bei Aldi), ansonsten lädt die

Stadt
einfach zum Shoppen ein.

Zuiderzeemuseum, Enkhuizen

Das Museum besteht aus 134 Wohnungen,
Geschäften und
Arbeitsplätzen, die ursprünglich aus Orten rundum
die
Zuiderzee stammen. Man kann hier
Demonstrationen
beiwohnen, die zeigen, wie Segel gemacht wurden
oder wie
Fisch geräuchert wurde. In den Innenräumen
können
verschiedene Ausstellungen besichtigt werden. Selbst
ansonsten eher uninteressierte Jugendliche sind
immer
wieder begeistert
Direkt am Anleger kann man auf die Fähre steigen
und wird
erst zur Kasse und anschließend in das Museum
gefahren.
Achtung auch hier: Immer als Schulklasse Karten
kaufen!
(ab € 7,00 p.P.; www.zuiderzeemuseum.nl,
0031228/35111)

Städte am Ijsselmeer (West)

Sanitäreinrichtungen Medemblik: Enkhuizen: -
Insidertipp
Im Fischimbiss gegenüber des alten Bahnhofs (direkt
am Hafen) gebackenen Kibbeling und Patat Spezial
essen.Im Zuiderzeemuseum ist das Freilichtmuseum

für Jugendliche ausreichend (das Innenmuseum ist für Erwachsene interessanter)

Noord– und Zuid Holland
Hoorn

Stattliche Kaufmannshäuser, Lagerhäuser und die Haupttürme erinnern noch an die Periode des 16. und 17.Jahrhunderts, als Schiffe aus Hoorn über die Weltmeere segelten und Handel trieben mit Völkern von Kap Hoorn bis zum Kap der guten Hoffnung. Man kann den Geist dieser
Zeit vor allen Dingen noch im alten Hafenteil deutlich spüren. Wagt man einen Blick über die Schultern der scheepjongens van Bontekoe', schaut man über den Hafen hinweg Richtung Ijsselmeer. Hoorn hat die größte Fußgängerzone in der Gegend, das Shoppen ist hier verpflichtend. Auch einen Supermarkt gibt es hier, man muss die Einkäufe allerdings ein ganzes Stück schleppen.

Edam

Edam ist eines der besterhaltenen Dörfchen der ehemaligen
Zuiderzee. Die wunderschönen Giebel, Plätze, Brücken und
Grachten bestätigen diese Aussage.Der Kaasmarkt (Käsemarkt)
In Edam wird eine alte Tradition, nämlich die des kaasmarktes', ehrenhaft aufrecht erhalten. In der Hauptsaison kann man hier noch wöchentlich die alte Prozedur bestaunen, wie der Käse mit Schiff oder
Pferdewagen zum Marktplatz gebracht wurde. Die hier ausgestellten Käsesorten werden dann von den

Händlern begutachtet. Die Käseträger, erkennbar an ihrer weißen Kleidung und den Strohhüten, transportieren die Käseräder auf einer Trage zur Waagschale. Jetzt beginnt das Bieten, und zwar immer noch mit dem alten Ritual 'handje klap'. Nach dem Kauf werden die Käse verladen und zu den jeweiligen Lagerhäusern gebracht.

Volendam

Mit Stolz tragen in diesem kleinen Ort die Fischer noch ihre Pluder- Hosen und die Frauen ihre gestreiften Schürzen. Sehr
romantisch und—typisch holländisch.

Markermeer

Durch einen Damm kommt man bei Lelystadt oder Enkhuizen in den südlichen Teil der alten Zuiderzee, dem Markermeer. Hier liegen vor allem am westlichen Ufer wunderschöne alte Hafenstädte.

Holland

Marken

In Marken war man wegen Überschwemmungsgefahr gezwungen, viele Häuser auf Pfählen oder Anhöhen zu bauen. Nachdem die Zuiderzee 1932 eingedeicht worden war, war die Bedrohung vorbei und man
verband 1957 die ehemalige Insel durch einen Deich mit dem Festland. Allerdings bedeutete die Eindeichung zugleich auch das Ende der Fischerei, die bis zu diesem Zeitpunkt der wichtigste Einkommenszweig für die Bewohner von Marken gewesen war.
Heute ist es ein Museumsdorf mit hübschen Holzhäusern in grün. Hier sieht man, wie die

Holländer in vergangener Zeit gelebt haben.
Segelschiffe können anlegen, aber leider nicht
übernachten.

Marker Museum

Das Museum wurde in einem Räucherhaus
gegründet. Eines der verschiedenen Häuser ist so
eingerichtet, wie es einst eine Marker Fischerfamilie
bis 1932 bewohnt hatte. In den anderen Häuschen
werden Geschichte, Trachten und Malereien
Markens ausgestellt.
Adresse: Kerkbuurt 44, Tel.: 0229-561904.
Öffnungszeiten: Von Ostern bis zum 31. Okt. ,
Mo bis Sa von 10.00-17.00 Uhr

Monnickendam

Die Innenstadt von Monnickendam besitzt viele
monumentale Bauten aus dem 17. und
18.Jahrhundert. Oben auf dem Rathausgiebel
befindet sich das Symbol der Stadt, ein Mönch. Auch
wenn das Städtchen nie einen echten Fischereihafen
besessen hat, fanden trotzdem Fischversteigerungen
statt und auch Fischverarbeitungsbetriebe, wo z.B.
Anchovis gesalzen werden, haben sich hier
angesiedelt.Momentan sind noch einige
Aalräuchereien gratis zu besichtigen.

Markermeer

Insidertipp
Von Voldendam aus kann man auch mit der Fähre
nach Marken fahren.

Holland

Muiden

Muiderslot
Vor langer Zeit war Muiden der Vorhafen von

Utrecht gewesen. In dem Städtchen findet man heute noch überall alte Kasematten (Bunker), die einst ein Teil der 'Stelling van Amsterdam' waren. Die Festungsinsel Pampus gehörte übrigens auch dazu. Vor mehr als 700 Jahren ließ Graf Floris de V das Muiderschloß bauen. In diesem gut erhaltenen Schoß mit seinen Ecktürmen, dem Wassergraben und der Zugbrücke, kehrte einst der berühmte Dichter P.C. Hooft ein. Das Schlösschen ist heute noch mit Möbeln, Gemälden und Waffen ausgestattet, die aus längst vergangenen Zeiten stammen.

Adresse: Herengracht 1, 1398 AA Muiden,
Tel.: 0294-261325.
Geöffnet: 1. April bis 30. Sept., von Mo. bis Fr 10.17 Uhr.

Pampus

Pampus war ursprünglich eine Untiefe in der Zuiderzee auf der Höhe Muidens, die den Zugang nach Amsterdam mehr oder weniger blockierte. Viele Schiffe liefen hier vor Pampus bei Ebbe auf Grund. Ende des 19. Jahrhunderts baute man die Festung Pampus auf diese Untiefe; sie war dann Teil der Stellung von Amsterdam. Es entstand ein Ring von 38 Festungen, nur zum Schutz für die Hauptstadt. Die Insel
Pampus ist 200m lang und 125m breit und kann bei voller Besetzung 200 Mann beherbergen. Das Fort schien allerdings schnell zu altern und wurde deshalb auch bald seinem Schicksal überlassen. 1990 dann, kaufte die Stiftung Pampus die Insel und machte sie für die
interessierte Öffentlichkeit zugänglich.

Informationen: VVV, Muiden, Tel.: 0294-261389 oder Stichting Pampus, Tel.: 0294-262326

Öffnungszeiten :täglich von 10-17 Uhr.
Führungen nach Absprache,
Besuch kann aber auch ohne Führung stattfinden.

Markermeer

Insidertipp
Anschließend geschützt unter
Land eine Nacht vor Anker
verbringen.

Holland

Über Amsterdam gibt es viel zu sagen.
Diese tolle Stadt ist vielfältig, bunt und voller Leben.
Allerdings sei an dieser Stelle gewarnt:
Es empfiehlt sich genau darüber nachzudenken, mit
einer Jugendgruppe nach Amsterdam zu fahren.
Þ es dauert sehr lange (Schleusen und Brücken) und
man muss den selben Weg zurück
Þ Die Liegeplätze befinden sich überhaupt nicht
idyllisch hinter dem Hauptbahnhof
Þ Einer verantwortungsvollen Aufsichtspflicht kann
nicht in jedem Fall entsprochen werden
Aber damit hier kein falscher Eindruck entsteht:
Amsterdam ist eine Reise wert—und zwar eine
Eigene
mit viel Zeit vor Ort. Das aber geht nicht, außer man
nutzt sein Segelschiff ein paar Tage als reines
Wohnschiff.
Aber das wäre doch schade, oder?

Theorie

Segelbegriffe

Steuerbord rechts, wenn man mit dem Rücken zum
Skipper des Schiffes steht Backbord links, Luv die
Wind zugewandte Seite

Lee die windabgewandte Seite Abfallen das Schiff
aus dem Wind drehen An luven das Schiff zum
Wind drehen
Im Wind der Wind kommt genau von vorne
Halber Wind der Wind bläst quer zum Schiff
Raumer Wind der Wind kommt schräg von hinten
Vor dem Wind der Wind kommt genau von hinten
Ablandiger Wind der Wind bläst vom Land aufs
Wasser
Auflandiger Wind der Wind bläst vom Wasser aufs
Land
Klüver erstes Segel von vorne (manchmal Innen–
und Außen Klüver)
Fock erstes Segel (von vorn) an Deck Schoner Segel
vor allem bei einem Dreimaster vorhanden—am
ersten Mast Großsegel größtes Segel Besan am
zweiten oder dritten Mast Mast kennt wohl jeder
Baum Holzbalken, an dem das Segel unten befestigt
ist Gaffel Holzbalken, an dem das Segel oben
befestigt ist Fall an diesen Seilen werden die Segel
hochgezogen Nieder holer an diesen Seilen zieht
man die Segel runter (Fock und Klüver) Kranlijn
daran hängt der Baum, wenn das Segel nicht gesetzt
ist (auf deutsch: Bull Ständer)

Theorie

Segel setzen

Während des Segelsetzens, kann das `Flappen der
Segel` vermieden werden, indem jemand die Schot
festhält. Abhilfe kann auch geschaffen werden, wenn
der Steuermann das Schiff so manövriert, dass das
Segel auf einer Seite bleibt.Beim Setzen der Fock ist
eine gute Zusammen Arbeit zwischen den Matrosen
und dem Steuermann nötig. Sobald die Fock gesetzt

und das Fall belegt ist, wird die Fock Schot so angezogen, dass hin und her schlagen des Segels vermieden wird. Auch hier muss das Segel mit der Fock fall am Wind flach gezogen werden. Es ist sehr wichtig, dass die Fallen stets an einem festen Platz belegt werden.

Der Klüver

Der Klüver ist ein wichtiges Beisegel. Es ist dreieckig und wird vor der Fock, am Klüver Baum oder Bugspriet gesetzt. Das Setzen und Streichen geschieht vorzugsweise an der Leeseite der Fock. Hierdurch wird verhindert, dass der Klüver womöglich im Wasser landet. Vor allem mit raumen Wind ist der Klüver sehr effektiv, weil so die aufgetretene Luv Neigung korrigiert wird. Außerdem kann mehr Segeloberfläche auf einem Raumkurs vertragen werden.

Segel einholen

Genau wie beim Setzen wird auch beim Einholen der Segel das Schiff mit dem Bug in den Wind gelegt. Die Fallen werden i.d.R. vom Matrosen vorbereitet und so hingelegt, dass sie, nachdem sie losgemacht wurden, leicht auslaufen können. Nachdem die Kraan Leine (holländisch) des Großsegels durchgesetzt ist, kann man die Segel aufs Deck fallen lassen. Die Beisegel werden direkt zusammengefaltet, sodass der Steuermann weiterhin gute Sicht hat. Die Vorsegel werden am Klüver Baum oder Bugspriet mit einem Schlupfknoten befestigt, um schließlich das Großsegel in großen Falten zusammenzulegen. Falls nötig werden die Segel abgedeckt und nochmals kontrolliert.

Theorie

Das Wenden

Wenn ein Plattbodenschiff wendet, müssen auch die Schwerter bedient werden. Geht das eine an der Leeseite nach unten, muss es an der Luvseite nach oben gehen. Beim Kreuzen gegen den Wind muss beim Wenden darauf geachtet werden, dass man nicht
zu viel Höhe verliert. Die Reihenfolge der Handlungen:

Þ Um gut wenden zu können, muss man hoch am Wind und mit genug
Geschwindigkeit fahren.

Þ Gleichzeitig mit dem Auf fieren der Fock Schot wird die Ruderpinne nach luv
gedrückt, sodass das Schiff in den Wind kommt.

Þ Liegt der Bug des Schiffes beinahe gerade im Wind wird die Fock Schot wieder
fest/ stramm. Anschließend liegt die Fock *bak* und sorgt dafür, dass der Bug
noch mehr umgestellt wird. Zur gleichen Zeit werden die Bakstagen (holländisch)
an der Luvseite fest und an der Leeseite los gemacht. Die Bakstaag auf der
Luvseite muss dann schon straff sein, da der Wind ins Segel kommt.

Þ Die Fock darf nicht länger als nötig *bak* gehalten werden, da dies dann bremsend
wirkt. Bevor das Schiff zu weit drehen kann, wird die Fock Schot auf der Luvseite
losgemacht und auf der anderen Seite an geholt und festgemacht.

Þ Erst wenn es nach lee gefallen ist und die

Großschot zur anderen Seite gleitet,
wird es nach luv hin hochgezogen.

Manöver

Wenden mit dem Bug durch den Wind
Halsen mit dem Heck durch den Wind
Kreuzen gegen den Wind fahren (Zickzack-Kurs)

Theorie

Taue und Knoten

Das Handhaben und Pflegen des Taus will gut
gelernt sein und ist deshalb auch eines der ersten
Dinge, die ein Segler beherrschen muss. Die Leinen
sind ein vitaler Bestandteil eines Schiffes und müssen
daher gut in Ordnung gehalten werden. Sorge darum
immer dafür, dass Taue und Leinen nicht an scharfen
Gegenständen oder Kanten entlang schaben. Wenn
sie nämlich zerfransen oder sogar reißen, ist es gut
zu
wissen, wie man solche Schäden reparieren kann.
Die beiden Enden kann man verbinden, indem man
sie ineinander dreht, oder aber indem man eine
Takelage anbringt, um Aufribbeln vorzubeugen. Es
ist also wichtig zu wissen, wie man Knoten macht,
die gut halten und einfach und schnell wieder zu
lösen sind.

Tauwerk

Taue auf einem Boot werden hauptsächlich für die
Takelagen und Halteleinen gebraucht. Sorte und
Dicke des Taus hängen ganz von seiner Verwendung
ab. Früher machte man Taue aus Hanf, Manilahanf
oder Baumwolle, heutzutage sind eher die
synthetischen Fasern, die immer stärker im Kommen
sind. Kunstfaser Taue sind sehr langlebig, haben
jedoch den Nachteil, dass traditionelle Knoten und

Steke wegen der glatten Oberfläche schneller aufgehen als bei natürlichen Fasern. Jedes Tau ist aus langen Fasern gefertigt, die dann zu Fäden gesponnen und zum Schluss zu Strängen gedreht werden. Diese Stränge können auf verschiedene Weise und mit unterschiedlichen Dicken hergestellt werden, sodass man am Ende allerlei Sorten Tau zur Verfügung hat. Die meist verbreitete Form ist das geflochtene und auch das geschlagene Tau. Geflochtene Taue sind sehr strapazierfähig; sie können deshalb gut für z.B. Schoten benutzt werden. Geschlagene Taue bestehen aus drei Strängen und werden oft als Halteleinen gebraucht.

Theorie

BORDREGELN

Þ An Bord trägt der Skipper und seine Begleiter die Verantwortung für seine Gäste.Bei dem Kommando 'alle Mann an Deck' müssen daher auch alle Leute an Bord Folge leisten und weitere `Befehle´ des Skippers ausführen; das gilt auch für die jenigen, die sich im Aufenthaltsraum befinden.

Þ Die Hafenruhe beginnt um 22.30 Uhr. Danach ist Lärm an Deck nicht mehr gestattet.

Þ Die Kajüte des Skippers befindet sich meistens hinten im Schiff.

Þ Das Von - und An Bordgehen findet über das Vordeck statt, sodass die Privatsphäre des Skippers nicht gestört wird.

Þ Nicht vom Land aus auf das Schiff springen sondern steigen, so dass die Gäste nicht ständig aufgeschreckt werden, die sich unter Deck aufhalten.

Þ Probiere mit Wasser sparsam umzugehen, da nicht überall Wasser aufgefüllt werden kann. Und jeder kann sich vorstellen, wie unangenehm ein leerer Wassertank ist.

Þ Indem man auch sparsam mit dem Licht ist, braucht der Generator nicht so lange eingeschaltet zu sein, wodurch automatisch auch weniger Geräuschbelastung entsteht.

Þ Achte darauf, behilflich zu sein und respektiere jedermanns Eigentum.

Þ Denke und handele umweltbewusst, sowohl an Bord als auch an Land.

Þ Gönne jedem die nötige Nachtruhe und nehme sie selbst auch.

Þ Lasse Dich nie auf provozierendes Geschwätz ein. Solches einfach nicht beachten und ganz ruhig an Bord gehen.

Þ In den Schlafräumen herrscht Rauchverbot.

Praktisches an Bord
Packliste fürs Mitsegeln
meine Ausrüstung

Nachdem bei meiner letzten Packliste die Ausrüstungs-Basics dran waren, geht es jetzt mit meiner Packliste für das Mitsegeln weiter. Auch hier habe ich wieder das Problem: Es macht einen großen Unterschied, ob ich im April auf dem Ijsselmeer segeln möchte oder im August auf den Kanaren eine Mitsegelgelegenheit gefunden habe.Deshalb unterteile ich meine

Segel-Packliste in zwei Teile: Es gibt eine Ausrüstungsliste für eher kalte Reviere und eine Packliste für die warmen bis heißen Reviere im Hochsommer oder in den Tropen.Noch ein Hinweis zur Benutzung dieser Liste: Hier führe ich nur Dinge auf, die man speziell zum Segeln braucht. Alles, was man eigentlich auf jeder Reise dabei haben sollte, findet ihr in meiner Basics-Packliste.Ich fange an mit den warmen bis heißen Segelrevieren. Das ergibt insofern Sinn, dass man (fast) alle Ausrüstungsgegenstände, die in diese Liste gehören, auch in kälteren Revieren dabei haben sollte – deshalb ist die Liste auch deutlich länger.Weiter unten gibt es dann noch die Ausrüstung, die man in kälteren Revieren dabei haben sollte.

Wichtig: Die Grundregeln für das Packen Ganz nach oben gehört allerdings die

Grundregel Nummer 1: Wenn man sich gleich zu Beginn bei Skipper und Crew unbeliebt machen will, dann bringt man einen großen Hartschalenkoffer mit an Bord. Für den findet man nämlich auf keinem Boot einen geeigneten Platz und er wird nur im Weg herum liegen – und tierisch stören.

Deutlich besser zu verstauen sind Reisetaschen oder Rucksäcke wie der, den ich bislang immer dabei hatte. Die allerbeste Lösung ist natürlich ein richtiger Seesack – wasserfest und knautschbar findet er überall einen Platz.Das führt mich direkt zur

Grundregel Nummer 2 für das Gepäck beim Segeln: Auch wenn man auf Segelbooten sein Gepäck nicht selber tragen muss: Der Stauraum ist extrem knapp bemessen auf Segelbooten! Deswegen gilt auch hier: Nur einpacken, was wirklich nötig ist!

Mitsegel-Packliste für Mittelmeer und Karibik

und andere heiße Reviere wie die Kanaren und Kapverden, pazifische Südsee usw. Packliste Barfuß segeln Auf der Barfuß-Route fühle ich mich wohl.Klamotten Segelschuhe braucht man für die Trittfestigkeit – es gibt an Deck eine Menge Beschläge, an denen man hängen bleiben kann. Außerdem wird an Bord auch ganz gerne mal gearbeitet. Wichtig ist vor allem, dass die Schuhe nicht abfärben, die meisten Skipper stehe nicht auf Streifen auf dem Deck. Es reichen aber auch Turnschuhe mit heller Sohle, wie zum Beispiel der Adidas Samba, der ja bei fast jedem irgendwo herumfliegt.Segel- oder Fahrradhandschuhe für die Warm duscher unter uns. Handschuhe verhindern Brandverletzungen an den Schoten. Cappy – für den perfekten Segler-Style, außerdem gegen die Sonne. Badehose-Sonnenbrille-Handwaschmittel zum Wäsche waschen. Waschmaschinen gibt es an Bord von Segelbooten nicht. Reisehandtuch – schnell trocknend.Wäscheklammern – Klamotten werden auf See schnell nass, dank dem Wind auch schnell trocken – aber sie wehen auch schnell weg.

Ausrüstung für Segeln und Wassersport

Schnorchel – Taucherbrille, Lycra Surf Shirt – gut gegen zu viel Sonne über und unter Wasser ggf. Neoprenanzug,Rettungsweste – falls ihr eine habt. Auf den meisten Booten sind genug vorhanden – wenn ihr häufiger segeln gehen wollt und eine kaufen wollt: Achtet darauf, eine vollautomatische Rettungsweste zu kaufen. Alles andere ist Spielzeug und auf See nicht zu gebrauchen.Segelschein(e) – falls vorhanden. Meilen Buch

Unterhaltung & Technik

Auf längeren Törns über mehrere Tage muss man für Unterhaltung sorgen – davon hat man oft nicht viel an Bord! Stirnlampe – Wichtig: Sollte für die Nachtwachen einen roten Filter haben – ich nutze die SEO 7R von Ledlenser (vorher: Tacticca von Petzl).USB-Ladegeräte – für Handy, Kamera, Tablet etc. Zusatz Akku – ich nutze die Icy Box Powerbank Ersatzakkus – für Kamera und Handy,Ebook-Reader – mit ausreichend Büchern. Ich habe einen Kindle. Hörbücher – kann man nicht genug haben! Perfekt für einsame Wachschichten.Sturmfeuerzeug – Nicht nur für Raucher, sondern auch für den Gaskocher und für 1000 andere Gelegenheiten, mit denen man nicht rechnet.Unterwassergehäuse – für die Kamera – für Unterwasserfotos, oder wenn es stark spritzt.

Mitsegler-Apotheke

Anti-Mücken-Spray – In den Häfen sind die Biester im Sommer überall. Zum Beispiel Anti-Brumm. Fenistil – Wenn die Mücken schneller waren.Sonnenmilch – wasserfest, mindestens Lichtschutz Fakter 30. Kein Öl – macht das Deck rutschig.Wundsalbe – die auch gegen Sonnenbrand hilft, zum Beispiel Panthenol. Wund Desinfektionsmittel – zum Beispiel Octenisept. Reise Kaugummis – sollen auch gegen Seekrankheit helfen. Ich glaube, Superpep ist der Klassiker.Vitamin C – hilft wohl auch gegen Seekrankheit. Entweder in Pillen Form oder natürlich – viele schwören auf Ingwer.Durchfall Mittel – zum Beispiel Imodium akut.PflasterAuf einer gut ausgerüsteten Segelyacht gibt es noch eine Menge anderer Medikamente – starke Schmerzmittel für echte Notfälle, Verbandszeug und so weiter. Auch ein Großteil der Mittelchen, die hier aufgeführt sind, sollten vorhanden sein.Allerdings könnt ihr nicht von eurem Skipper erwarten, dass er für jedes Wehwehchen seiner Crew sorgt – wenn ihr die Medikamente aus dieser Liste dabei habt, macht ihr euch mit Sicherheit nicht unbeliebt.

Schlafen

Man kann nicht voraus setzen, dass der Skipper genügend Decken etc. für alle Mitsegler dabei hat, deshalb:Schlafsack – Ich habe einen

Kunstfaserschlafsack, der bis -10 °C warm hält.
Vorsicht mit Daunen, die sehr
feuchtigkeitsempfindlich sind Hängematte – war
schon im Mittelalter der Geheim Tipp unter
Seefahrern. Heutzutage gibt es Ultra leichte
Reisehängematten. Ohropax Schlafmaske

Mitsegel-Packliste für Ostsee und Nordsee

… und wettertechnisch vergleichbare
Segelreviere: Packliste Ausrüstung Segeln
Ostsee.Es gibt kein schlechtes Wetter, es gibt
nur die falschen Klamotten!Hier kommen jetzt
noch dicke Klamotten dazu. Unterschätzt das
nicht: Auch, wenn es an Land ein schöner
Sommertag ist, wird es in unseren Breiten
eigentlich immer kalt auf See. Als ich zum
ersten Mal auf der Ostsee segeln war, habe ich
ganz schön gefroren – auch wenn ich an Land in
Shorts, T Shirt und Sportschuh unterwegs war.
Deswegen packt auf jeden Fall ausreichend
dicke Klamotten ein!Wollsocken - Wollmütze –
Handschuhe - Schal – Regenhose - Regenjacke-
Skihose – mit Skiklamotten fühlte ich mich
bislang an den deutschen Küsten am wohlsten!-
Skijacke – natürlich kann man sich auch richtiges
Ölzeug kaufen, wenn man sehr viel in unseren
Breiten segelt.Segelstiefel – wasserfest-
wasserfeste Socken

Packliste Skipper

und eine Menge weiterer Listen und Dokumente
für Segler.Die Basics: Meine Packliste für
Abenteuerreisen.Ich werde oft nach meiner

Packliste für Abenteuerreisen gefragt. Lange habe ich mich davor gedrückt, aber jetzt will ich mir mal die Mühe machen, einfach mal alles aufzuschreiben, was ich bei meinen Abenteuern so im Rucksack dabei habe. Zunächst aber ein paar Worte vorweg: Es gibt einen einzigen, klassischen Fehler beim Packen, den JEDER macht. Auch ich begehe diesen Fehler immer wieder und ärgere mich darüber, wenn ich unterwegs bin: Man nimmt immer zu viel mit! Die Frage beim Rucksack packen sollte also nicht lauten: „Was habe ich vergessen?", sondern: „Was kann ich weglassen?" Bei der Vorbereitung auf eine Reise vergisst man das immer wieder. Spätestens, wenn man bei dreißig Grad im Schatten seinen Rucksack einen Berg hoch schleppt, beginnt dann die große Zeit des Bereuens: Brauche ich das wirklich alles? Nein. Die echte Freiheit, die ich auf Reisen suche, entsteht erst dadurch, dass ich Equipment weglasse. Übrigens habe ich mich vor dieser Packlisten-Aufgabe gedrückt, weil es ungemein schwierig ist, eine allgemein gültige Liste zu verfassen. Schließlich hängt es davon ab, was genau ich machen möchte: Geht es zum Backpacken nach Thailand, sieht die Packliste für mein Abenteuer natürlich ganz anders aus, als wenn ich in den Norden zum Wandern nach Norwegen fahre. Deshalb habe ich mir überlegt, dass ich euch hier nacheinander mehrere Listen an die Hand geben werde. Ich starte mit den

Basics: Die Dinge, die man auf jeder Reise auf jeden Fall braucht – egal, ob Städtetrip oder Atlantiküberquerung. Diese Dinge passen alle in mein Handgepäck, und das ist auch sehr gut so: So habe ich das allerwichtigste auf jeden Fall IMMER dabei – auch dann, wenn zum Beispiel mein Gepäck im Flieger verloren geht. Demnächst folgen dann noch weitere Packlisten: Eine für das Mitsegeln, eine Packliste für Abenteuerreisen per Anhalter, eine für Camping-Reisen und vielleicht fällt mir auch noch mehr ein (Nachtrag: Mir ist noch was eingefallen).

Packliste für Abenteuerreisen

1.Der Rucksack :– Existenziell, hier kommt alles rein. Ich benutze im Moment den Black Diamond Mercury 55. Ich bin mit dem Ding sehr glücklich, will mich aber demnächst weiter verkleinern werde mir bei nächster Gelegenheit einen Neuen zulegen. Wahrscheinlich wird es der Shield 38 von Bach – da passt alles rein und: Er passt ins Handgepäck!Daypack – Einen kleinen Tagesrucksack braucht man auf jeden Fall auf jeder Reise – für Tagesausflüge, zum Einkaufen und so weiter. Netzbeutel Mein Geheimtipp für Ordnung im Rucksack. Ich habe fünf oder sechs in verschiedenen Größen. Zu kaufen zum Beispiel hier.Wasserdichte Beutel. – um die allerwichtigsten Sachen wie Technik oder Dokumente trocken zu verstauen. Auch wichtig für Flüssigkeiten im Handgepäck. Zum Beispiel von Zahlenschloss – zum Einschließen von Wertgegenständen in Hostels und bei vielen anderen Gelegenheiten. Am besten von Abus. Laptop - Schutzhülle – ich stehe hier auf Neopren.

2. Klamotten: Schuhe – Longsleeve- T-Shirts – Unterhosen - Socken - Board Shorts - Shorts (Mehr als ein Paar braucht man nicht!) Lange Hose/ Jeans (Eine!) Softshell - Jacke -Flip-Flops

3. Körperpflege

Reise-Zahnbürste - Zahnpasta (kleine Tube oder Probepackung – für das Handgepäck!) Ohropax (Nicht vergessen und immer am Mann haben!) Kondome (auch wenn es nicht geplant ist – wäre schön blöd, wenn es daran scheitert) Reise-Shampoo (wie Zahnpaste: eine oder mehrere kleine Flaschen sollten es sein)Paracetamol

4. Technik und Zubehör:

Laptop – für einen Blogger ist der natürlich wichtig. Würde ich nicht bloggen, würde ich ihn allerdings zu Hause lassen. Ich mag Apple nicht, deshalb reise ich mit dem ThinkPad Edge E130 von Lenovo. Übrigens mag auch Windows nicht und bei mir läuft Ubuntu – diese Kombination ergibt einen echten Power-Computer! Smartphone – Auch für Leute, die nicht so Internet süchtig sind wie ich, wäre es schön doof, auf Reisen darauf zu verzichten. Wann fährt der Bus, wo ist das nächste Hostel, wo gibt es billiges Essen, wie spät ist es… Ich benutze das Samsung Galaxy S3 Mini – ein schönes, kleines Mittelklasse-Smartphone, das seinen Zweck erfüllt. Aber es wäre auch keine Katastrophe, wenn ich mein Bier drauf auskippe oder es irgendwo liegen lasse. Wichtig beim Kaufen: SIM-lock- frei sollte es sein, damit du lokale SIM - Karten reinstecken kannst.Kamera Keinen Meter ohne meine Kamera. Ich benutze die Panasonic Lumix TZ 31. Die ist vor allem kompakt und handlich, passt sogar in die Hosentasche meiner Jeans – das ist sehr wichtig für mich. Man kann aber auch Blende und Verschlusszeiten ändern und sie macht gute Bilder. Schon jetzt steht fest: Wenn ich eine Neue brauche, wird es der Nachfolger. Ebook-Reader – gerade, wenn ich auf Reisen bin, lese ich für mein Leben gern. Wieso die ganzen Bücher mit schleppen? Mit meinem Kindle kann ich Tausende von Büchern einpacken und unterwegs auch noch nachkaufen. Zusatz Akku – für die Stromversorgung von Handy, Kamera und Kindle unterwegs ein Muss. Ich habe die Icy Box Powerbank. USB Sticks – mehrere.Speicherkarten – mehrere, für die Kamera Externe Festplatte – Ich habe eine dabei, muss aber nicht unbedingt, wenn man nicht Computer süchtig ist oder von unterwegs arbeitet.In-Ear-Kopfhörer – sind klein und handlich und schirmen gegen Außengeräusche ab. Ich verliere die Dinger ständig und kaufe mir deshalb nur noch sehr billige.

GorillaPod – für Nachtaufnahmen, Filme oder Fotos mit Selbstauslöser ein Stativ für jede Situation.Schweizer Taschenmesser – Allround-Tool, das ich am liebsten immer dabei habe. Geht aber leider nur bei Reisen über Land/ See oder wenn ich mein Gepäck am Flughafen einchecke – darf nicht im Handgepäck mitfliegen!

5. Unterlagen und Dokumente

Perso – Pass – EC - Karte - Kreditkarte (zum Beispiel die von der DKB) Krankenkassenkarte (bzw. die Unterlagen für die Auslandskrankenversicherung) Flugtickets Wichtig: Alle wichtigen Dokumente scanne ich vor dem Abenteuer ein und lade sie in meine Dropbox!

Praktische Bordrezepte für jeden Skipper

Skipper – Omelett

Paprika vierteln entkernen und würfeln. Tomaten vierteln und in Stücke schneiden Schinken in Streifen schneiden. Oliven und Zwiebeln in Scheiben schneiden.

Tipp:wenn kein Schinken da ist,gehen auch Rauchwürste, Landjäger oder Salami.Olivenöl in 2 beschichteten Pfannen erhitzen, Paprika und Zwiebeln bei mittlerer Hitze an schwitzen, Schinken dazugeben weitere 2-3 Minuten an schwitzen. Tomaten und Oliven dazu und unterrühren. Eier mit einem Schneebesen verquirlen, ca. 1/3 davon zurück halten auch von Gemüse, weil eine 3 Pfanne angerichtet werden muss. Eier jetzt zum Gemüse in die Pfanne geben und bei mittlerer Hitze stocken lasen, mit Salz und Pfeffer abschmecken.

Beilage : Brot oder ein Salat.

Einkaufen : 2 rote Paprika, 3 rote Zwiebeln, 4 feste Tomaten, ca. 100 gr. Oliven, 20 Eier, 350 gr. Schinken, Salz, Pfeffer, Olivenöl.

Tomatensauce für 6-7 Portionen

Olivenöl in einem Topf erhitzen, Tomatenmark an schwitzen, Dosentomaten dazugeben 10 Minuten köcheln lassen, mit Salz, Pfeffer und etwas Zucker abschmecken. Nach Bedarf mit Wasser etwas verdünnen, wenn sie zu dünn ist mit Parmesankäse binden. Wenn an Bord, noch etwas Kräuter dazu, getrocknete gehen auch.

Einkaufsliste : 1,5 Liter Tomatenstücke, 3 EL Olivenöl Salz, Pfeffer, Zucker, 2 EL Kräuter

Hähnchenkeulen mal anders für 6-7 Portionen

Für dieses Gericht sollte eine große Auflaufform in Bord sein

1. Hähnchenkeulen waschen, am Gelenk teilen, mit Salz, Pfeffer und Paprika würzen.

2. In einem kleinen Topf 1 Liter Brühe (Brühwürfel) aufkochen und zur Seite stellen.

3. Hähnchen Teile in 2 Pfannen anbraten, in der zwischen-zeit die Kartoffeln waschen und in Spalten schneiden. Orange, Zitrone und Zwiebeln vierteln.

4. Die Hähnchen Teile in die Auflaufform geben die Brühe dazu und 10 min. auf 200 Grad in den vorgeheizten Backofen geben.

5. Die Auflaufform mit den Hähnchen Teilen aus dem Backofen nehmen, Kartoffeln,Zwiebeln, Orangen, Zitronen und Knoblauch in der Form verteilen. Rotwein und Tomatenstücke darüber geben. Mit Salz und Pfeffer würzen.

6. Die Form in den Ofen zurück stellen und ca. 1 Stunde garen lassen. Kartoffeln und Keulen mit einer Gabel testen ob sie gar sind. 10 min. vor Gar Ende Kräuter auf der Form verteilen.

Einkaufsliste : 10 große frische Hähnchenkeulen, 14 mittlere festkochende Kartoffeln, 4 rote Zwiebeln, 1 Orange, 1 Zitrone, ¼ Liter Rotwein, 1 Liter Brühe (3 Brühwürfel), 2 Knoblauchzehen, 2 Dosen Tomatenstücke ca. 800 gr., Salz, Pfeffer, Kräuter (Basilikum, Oregano, Petersilie).

Schweinefilet mit Kartoffeln-Gemüsepfanne für 6-7 Portionen

1. Kartoffeln schälen und in 1,5 cm Würfel schneiden.

2. Zwiebeln und Paprika klein schneiden.

3. Peperoni, Knoblauch und Zucchini klein schneiden.

4. Zwiebeln und Paprika in einer Pfanne mit

Olivenöl ca. 10 min. aus der Pfanne herausnehmen und zur Seite stellen. Wieder in die gleiche Pfanne etwas Olivenöl geben und die Zucchini, Paprika mit dem Knoblauch an schwitzen bis dieses etwas braun ist, dann aus der Pfanne nehmen und zu den Paprika und Zwiebeln geben.

5. Olivenöl in 2 Pfannen erhitzen und die Kartoffelwürfel anbraten bis sie gar sind. Kartoffeln in Backofen warm stellen.

6. Pfannen mit Küchenpapier und Öl reinigen (aus reiben).

7. Schweinefilet in ca. 2 cm dicke Scheiben schneiden, etwas breit drücken, Salzen und würzen. Etwas Olivenöl in einer Pfanne erhitzen und die Filets ca. 2-3 Min von jeder Seite anbraten.

8. Die Kartoffeln mit dem Gemüse mischen und in eine große Pfanne oder Auflaufform geben, kurz anwärmen. Wenn man will noch ein paar Kräuter darüber streuen.

Tipp : Filet nicht warm halten, am besten ganz am Schluss braten und auf die Kartoffeln-Gemüsepfanne legen. Mann kann auch andere Fleischsorten verwenden.

Einkaufsliste : 1,5 kg Frische Schweinefilet, 1,5 kg Kartoffeln, 3 rote Zwiebeln,3 Zucchini, 3 Knoblauchzehen, 3 rote Paprika, 2 Peperoni, Olivenöl, Salz,Pfeffer.

Pasta mit Tagliatelle Nudeln für 6-7 Portionen

1. Zwiebeln, Karotten, Staudensellerie und Knoblauch in feine Würfel schneiden.
2. In einem Topf ca. ½ Liter Brühe anrühren und zur Seite stellen.
3. Hackfleisch mit Salz, Pfeffer und den Zitronenabrieb vermischen und zur Seite stellen.
4. Olivenöl in einer großen Pfanne oder Topf erhitzen, das Gemüse ca. 4-5 Minuten an schwitzen,Tomatenmark dazu und weitere 2 Minuten anrösten, Achtung immer rühren. Mit Rotwein ablöschen kurz aufkochen, Hackfleisch dazu und mit dem Gemüse vermischen, ca. 5 Minuten anbraten.
5. Tomatenstücke dazugeben, mit der Brühe aufgießen bis das Fleisch bedeckt ist, gut durchmischen und ca. 1Stunde leicht köcheln lassen, würzen nach Bedarf.
6. 20 Minuten vor Gar Zeitende die Nudeln in ausreichend Salzwasser kochen. Ca. 5 Minuten Nudeln ab gießen in den Topf zurück geben, ein Stück Butter dazu und umrühren.
7. Kräuter kleinhacken, 5 Minuten vor Gar Zeitende dazu geben. Zum Schluss noch etwas Parmesankäse darüber, fertig.

Tipp : Ich verwende gerne Tagliatelle Nudeln, natürlich gehen auch andere,
Spiralen, Rigate oder Spaghetti.

Einkaufsliste : 1 kg grobes Rinderhack, 2 rote Zwiebeln, 4 mittlere Karotten, 4 St Staudensellerie, 2 Dosen Tomatenstücke ca. 800 gr., 1 Glas Rotwein,1 Zitrone, 2 Eßl. Kräuter, 1 kg. Nudeln, Olivenöl.

Salatschüssel für 6-7 Personen

Tomaten vierteln und in Stücke schneiden
Gurken schälen halbieren und mit einem Löffel
entkernen. Mozzarella oder Feta würfeln
Zwiebeln vierteln und in Scheiben schneiden.
Oliven mit dem Salat und den Mozzarella in eine
große Schüssel geben. Salz, Pfeffer, Zucker, Öl
und Essig dazu, Kräuter nicht vergessen und gut
mischen.

Tipp : Sind noch Nudeln übrig können auch
diese untergemischt werden. Salat immer oben
im Kühlschrank lagern da sie sonst anfrieren.
Blattsalate immer zuerst verarbeiten.

Einkaufsliste : 7 feste Tomaten, 2 rote
Zwiebeln, 2 mittlere Gurken, 1 kleine Dose
Oliven ohne Steine, 2 EL Kräuter Oregano,
Basilikum, Petersilie, 4EL Olivenöl, 4 EL
Balsamico, Salz, Pfeffer, eine Prise Zucker.

Proviant-Liste für 6-7 Personen (ca. 6 Tage) ohne Landgang Getränke

Mineral-Stilles Wasser 2-3 Liter pro Tag und
Person, Wasser zum Kochen Kaffee und Tee
mit eingerechnet ,72 Flaschen ,Div. Säfte zum
mischen 2x10 Liter ,Bier, Wein, Cola nach
Bedarf (Anlegerbier) Kaffeepulver + Filter nach
Bedarf

Nudeln-Reis-Kartoffeln

Nudeln trocken 150 gr. pro Person und Mahlzeit
Kartoffeln 250 gr. pro Person und Mahlzeit
Reis 100 gr. pro Person und Mahlzeit

Milchprodukte-Eier-Brot

Butter oder Margarine 2 Kg ‚Milch im Tetra - Pack (für Müsli) 6 Liter,Sahne 200 ml, Menge den Rezepten anpassen

Eier zum Frühstück und kochen 60 Stück,Joghurt und Quark nach Bedarf,Käseaufschnitt 200 gr im Pack oder Käse am

Stück, hart & weich,2 Kg Streichkäse 200 gr im Pack 1 Kg

Parmesankäse am Stück auch zum Kochen 1 Kg,Käse am Stück div. Sorten 1-2 Kg,Brot oder Brötchen,Pro Person und Tag ca. 300 gr.,12-14 Kg,In den ersten Tagen frisches Brot, danach,Brötchen im Beutel zum aufbacken – Vollkorn Brot im Frische Pack

Fisch-Fleisch-Wurst-Schinken

Fleisch 250 gr. pro Person und Mahlzeit ,Thunfisch aus der Dose 2 Dosen

Immer am Anfang vom Törn Verarbeiten

Hackfleisch+Geflügel ,Rind +Schweinefleisch halten länger.

Fleischwaren immer unten im Kühlschrank,lagern, gut einpacken.,Schinken roh oder gekocht im Frische Pack ca. 150-200 gr. im Pack,10 Pack Div. Würze zum heiß machen, oder kalt bei längeren Schlängen.40 Stück Salami am Stück, luftgetrocknete 1.5 Kg

Div. Lebensmittel

Obst pro Person und Tag 2 Stück Bananen,

Äpfel, Birnen, Orangen,lassen sich am besten lagern 80-90 Stück

Marmelade, Honig, Nutella(für den Skipper) 5-6 Gläser

Eier 20, Menge den Wünschen anpassen

Margarine, ev. auch Butter 2 Pakete Müsli, diverse Sorten 1,5-2,0 Kg

Schokolade, Gebäck, Zwieback, salzige Kekse wenn es mal jemandem schlecht geht 5-6 Pack Trockenfrüchte

Salate: Tomaten, Gurken, Oliven, Paprika ... Menge siehe Rezept,Mais aus der Dose 2,Champions aus der Dose 3

Erbsen aus der Dose 2,Bohnen aus der Dose 3

Cocktail Früchte aus der Dose, Dessert 5,Essig, Öl, Kräuter Nach Bedarf,Senf, Ketchup, Remoulade Nach Bedarf

Kümmel Nach Bedarf,Fisch-/Pizza Gewürz Nach Bedarf

Sonstiges

Küchenpapier, Toilettenpapier Je 8 Rollen

Geschirrtücher Nach Bedarf

Putz- und Spüllappen Nach Bedarf

Spülbürste Nach Bedarf

Spülmittel Nach Bedarf

Allzweckreiniger Nach Bedarf

Müllbeutel Nach Bedarf

Feuerzeug Nach Bedarf

Haushaltskerzen, Teelichter Nach Bedarf

Frischhaltebeutel Nach Bedarf

Schwerwetterproviant
Fertigsuppe oder Fertigmahlzeit für zwei
Mahlzeiten , Müsliriegel 32 Riegel Ingwer haltige
Süßigkeiten

WINDSTÄRKE

SEGELFÜHRUNG

0 Kein Steuer im Schiff
1 Eben Steuer im Schiff
2 Alle Segel, Fahrt bis 2 Knoten
3 Alle Segel, Fahrt bis 4 Knoten
4 Alle Segel, Fahrt bis 6 Knoten
5 Alle Segel, Fahrt bis 8 Knoten
6 Alle Segel außer Royal, Ober Bramsegel
7 Alle Segel außer Royal, Ober Bramsegel und
Bramsegel
8 Alle Segel außer Royal, Ober Bram Segel und
Bram
    Segel, Obermar Segel gereeft
9 Nur Unermar Segel und Untersegel gereeft oder
nur Groß
    Untermar Segel
10 Beiliegend, Schiff treibt ohne Fahrt, nur
Untermar Segel
11 Beiliegend, Schiff treibt ohne Fahrt, nur Sturm
Stag Segel
12 Beiliegend, Schiff treibt vor Topp und Takel

Beaufort – Äquivalent Skala
Seegang ist mit der Windstärke verknüpft

WIND -BFT	WIND-KN	BEZEICHNUNG
0	0	Stille

SEEGANG	BESCHREIBUNG
Spiegelglatt	Spiegelglatte See

…...

WIND -BFT	WIND-KN	BEZEICHNUNG
1	1-3	leichter Zug

SEEGANG	BESCHREIBUNG
gekräuselt	kleine, schuppenförmig aussehende Kräusel Wellen ohne Schaum Kämmen

…...

WIND -BFT	WIND-KN	BEZEICHNUNG
2	4-6	leichte Brise

SEEGANG	BESCHREIBUNG
schwach bewegt	kleine Wellen, noch kurz, aber ausgeprägt, Kämme sehen glasig aus, brechen sich nicht

…...

WIND -BFT	WIND-KN	BEZEICHNUNG
3	7-10	schwache Brise

SEEGANG	BESCHREIBUNG
schwach bewegt	kleine Wellen, noch kurz, aber ausgeprägt, Kämme beginnen sich zu brechen, Schaum

überwiegend glasig, ganz
vereinzelt können kleine
weiße Schaumköpfe auftreten

. . . .

WIND -BFT	WIND-KN	BEZEICHNUNG
4	11 – 15	mäßige Brise

SEEGANG   **BESCHREIBUNG**
leicht bewegt   Wellen noch klein aber länger,
weiße Schaumköpfe treten
schon ziemlich verbreitet auf

. . . .

WIND -BFT	WIND-KN	BEZEICHNUNG
5	16-21	frische Brise

SEEGANG   **BESCHREIBUNG**
mäßig bewegt   mäßige Wellen, die eine
ausgeprägte lange Form
annehmen,
überall weiße Schaum Kämme,
ganz vereinzelt kann schon
Gischt vorkommen

. . . .

WIND -BFT	WIND-KN	BEZEICHNUNG
6	22-27	starker Wind

SEEGANG   **BESCHREIBUNG**
grob   Bildung großer Wellen beginnt.
Kämme brechen sich und
hinterlassen größere weiße
Schaumflächen, etwas Gischt

. . . .

WIND -BFT	WIND-KN	BEZEICHNUNG

7	28-33	steifer Wind

SEEGANG   BESCHREIBUNG

sehr grob   See türmt sich, der beim Brechen entstehende weiße Schaum beginnt sich in Streifen in Windrichtung zu legen

. . . .

WIND -BFT	WIND-KN	BEZEICHNUNG
8	34-40	stürmischer Wind

SEEGANG   BESCHREIBUNG

hoch   mäßig hohe Wellenberge mit Kämmen von beträchtlicher Länge. Von den Kanten der Kämme beginnt Gischt ab zu wehen.Schaum legt sich in gut ausgeprägten Streifen in die Windrichtung.

. . . .

WIND -BFT	WIND-KN	BEZEICHNUNG
9	41-47	Sturm

SEEGANG   BESCHREIBUNG

hoch   Hohe Wellenberge, dichte Schaumstreifen in Windrichtung, "Rollen" der See beginnt, Gischt kann die Sicht schon beeinträchtigen.

. . . .

WIND -BFT	WIND-KN	BEZEICHNUNG
10	48-55	schwerer Sturm

SEEGANG **BESCHREIBUNG**

sehr hoch Sehr hohe Wellenberge mit langen
über brechenden Kämmen.
Schweres stoßartiges "Rollen" der
See. Sicht durch
Gischt beeinträchtigt.

.. ..

WIND -BFT	WIND-KN	BEZEICHNUNG
11	56-63	orkanartiger Sturm

SEEGANG **BESCHREIBUNG**

Außer - gewöhnlich Außergewöhnlich hohe
schwere See
Wellenberge, Kanten
der Wellenkämme
werden zu Gischt
verblasen, Sicht
herabgesetzt

.. ..

WIND -BFT	WIND-KN	BEZEICHNUNG
12	64 +	Orkan

SEEGANG **BESCHREIBUNG**

Außer - gewöhnlich Außergewöhnlich
hohe schwere See
Wellenberge Luft mit
Schaum und Gischt
angefüllt, See
vollständig weiß, Sicht
stark herabgesetzt, jede
Fernsicht hört auf.

EINE IDEALE BLAUWASSERYACHT

Empfohlene Unterlage Sicherheit und See gängigkeit werden in zwei interessanten Büchern genauer beleuchtet:„Seetauglichkeit - Der vergessene Faktor" von C. A. Marchaj ist leider nur noch gebraucht zu finden,„Schwerwettersegeln" von Peter Bruce und Adlard Coles wird alle paar Jahre mit neuen Entwicklungen ergänzt. Ein Thema, das immer wieder zu angeregten Diskussionen in einschlägigen Foren und Internetseiten führt. Und das ist auch nicht weiter verwunderlich, ist doch die Auswahl des Bootes eine der wichtigsten Grundlagen für den Start zu einer gelungenen Reise oder dem großen Abenteuer. Doch was heißt schon ideal und gibt es das ideale Schiff den überhaupt? Worauf kann man bei der Auswahl einer geeignete Yacht für die eigenen Reisepläne eigentlich achten? Gelten die alten, tausendmal nacherzählten Anschauungen noch? Welcher Bootstyp passt, welche Konstruktionen machen Sinn und worauf kann man achten?Gleichmal vorweg: Ja, ich denke, das ideale Schiff gibt es tatsächlich, allerdings mit der Einschränkung, dass es nicht ideal für jedermann und überall sein kann. Doch es kann ideal für den einzelnen sein und muss dabei auch gar nicht lange den Normen der allgemeinen

Anschauungen entsprechen. Vor allem muss die gewählte Fahrtenyacht zu den Plänen und Segel Einstellungen seiner Besitzer passen, kombiniert mit einigen Grundlagen, die jedes Boot erfüllen muss, dass Menschen über Ozeane bringen sollte.Jede Hochseeyacht muss seegängig sein und seiner Crew ein Maximum an Sicherheit bieten. Das heißt, dass die Yacht durch ihre fachmännische Konstruktion und Bauweise sowie durch ihren Zustand und ihrer Wartung sicheres Reisen über Meere überhaupt ermöglicht. Das sind Grundlagen, denen die Alte Erfahrungswerte oder nach geplapperte Meinungen?Es ist schwierig, den feinen Unterschied zwischen echten Erfahrungswerten und überholten Meinungen zu erkennen und manches „Wissen" hält sich so lange, bis kaum noch jemand sagen kann, wo es eigentlich her kommt. So hat sich zum Beispiel eingebürgert, dass Yachten, die in die hohen breiten Fahren meist mit geringen Tiefgang und auf hol barem Kiel ausgestattet sind. Eine Anschauung, die aus der Zeit der Walfänger und Robben Schlächter kommt und vor allem von dem Expeditionsschiff FRAM, die für eine Eisdrift über den Nordpol gebaut wurde, herrührt. So sollten Yachten ohne Kiel im Eis nach oben gedrückt werden. Außerdem sollten die Ankerplätze zu seicht für tief reichende Yachten sein.Doch ist es heute wirklich noch nötig, eine Segelyacht für extremes Packeis zu konstruieren, nur weil sich die Yacht in den Hohen Breiten bewegen will?Wir haben die Erfahrung gemacht, dass der zwei Meter tiefe Langkiel unserer Yacht während unserer Jahre im Hohen Norden kein einziges Mal ein Problem darstellte. Durch heutige Eiskarten und Wetterberichte besteht kaum noch Gefahr, dass die Yacht vom schweren Packeis zerdrückt wird, solange die Crew mit vorsichtig und vorausschauend navigiert. In der Arktis fanden wir die Ankerplätze eher als zu tief als zu seicht. Es ist bemerkenswert, dass beide Kiellosen Yachten, die unseren Weg durch die Nordwest Passage 2013 teilten, kein einziges mal im seichteren Wasser ankerten oder navigierten als wir. Diese Notwendigkeit bestand ganz einfach nicht.Einzig und alleine das Argument, dass in Cambridge Bay und in Nome eine Kiellose Yacht leichter für den Winter an Land gestellt werden kann, da sie nicht aufgebockt werden muss, kann geltend gemacht werden.

unterschiedlichsten Yachten entsprechen, egal, ob es sich um klassische Yachten mit traditionellen Linien oder um schnittige Regatta Yachten mit extensiven Segelmöglichkeiten handelt. Egal, ob die Yacht ein komfortabler Motorsegler mit maximalen Innenlebensraum oder ein schnittiger Hochsee Kat mit gewaltiger Decks Fläche für Sonnenhungrige ist. Es mag verwundern, aber jeder dieser oben genannten Schiffstypen kann die ideale Blauwasseryacht darstellen, allerdings kommt es darauf an, wer die Yacht wohin segeln will.Die eigenen Pläne Deshalb muss man sich vorerst über seine eigenen Pläne in Klaren werden. Sollte die Reise in bestimmte Reviere gehen oder wird die Yacht über einen längeren Zeitraum in verschiedensten Revieren genutzt? Ausgedehnten Fahrtensegeln im Mittelmeer oder eine Reise über den Atlantik? Entlang der Barfuß-Route in den Tropen um die Welt oder reizen kalte Reviere in den Hohen Breiten? Lockt das Abenteuer Kap Horn oder sollte die Yacht hauptsächlich die Flüsse und Wasserstraßen Europas oder Nordamerikas bereisen?Der zweite große Auswahlpunkt liegt in der Tatsache, wer mit der zukünftigen Blauwasseryachten Leben unter Segel Blauwasseryacht reisen wird. Handelt es sich um einen abenteuerlichen Einhandsegler oder bevorzugt man ohnehin, immer mit großer Crew unterwegs zu sein? Wird die Yacht das fröhliche Heim einer Familie oder sucht ein gesetzteres Paar ein geräumiges Gefährt für ruhige Überfahrten? Lieben die zukünftigen Eigner eher Anstrengung und körperliche Herausforderung oder sucht es im Boot Schutz vor den Elementen? So verschieden die individuellen Segelcrews unterwegs sind, so verschieden sind auch ihre Traumyachten. Hat man sich über Revier und Segelcrew erst einmal einen Kopf gemacht, können die verschiedenen Bootstypen und Konstruktionen betrachtet werden. Mehrrumpfyachten Ohne eigene Erfahrungen mit Mehrrumpfyachten zu haben, konnte ich bisher beobachten, dass mindestens zwei grundlegend verschiedene Eigner Typen heute mit Mehrrumpfbooten unterwegs sind: Zum einen handelt es sich um Crews, die Spaß am sportlichen Segeln in warmen Revieren haben. So haben wir zum Beispiel eine Familiencrew kennengelernt, die mit ihrem selbstgebauten Katamaran ausgedehnte Mittelmeer reisen und zwei lange Flussreisen unternommen haben. Für die vierköpfige Familie vereinte der Kat sportliches Segeln mit minimaler Technik und maximaler Sonnenfläche und garantierte so für viel Saß entlang der Segelroute. Auch haben wir flüchtig eine Familie kennengelernt, die an Bord ihres Trimaran eine Weltumsegelung unternommen haben. Sie lobten vor allem die schnellen Überfahrten über Ozeane, da sie zusätzliche Sicherheit darin sahen, möglichst kurze Zeit auf dem offenen Ozean verbringen zu müssen. Weniger Platz und geringe Zuladung störte sie kaum.Weniger mit Hinblick auf Sportlichkeit und mehr als geräumiges Wohnschiff für die Tropen sieht die zweite Variante Eigner großer Kats ihr Idealboot in Mehrrumpfyachten. Wir konnten beobachten, dass die Reise dieser meist älteren und finanziell unabhängigeren Eigner ihre Höhepunkte in langsamen Reisen und Leben an Bord in tropischen Destinationen sehen. Zwischen flotten Überfahrten werden lange Liegezeiten eingeplant, ihre ideale Blauwasseryacht sollte maximalen Platz bei geringer Bewegung bieten. Der fein säuberlich gedeckte Tisch zum Kerzenlicht-Dinner sollte auch bei gemütlichen Überfahrten nicht durch Lage zunichte gemacht werden und schöne, sonnen durchflutete Räume sind der reine Genuss. Eigner großer, moderner Katamarane erklärten uns, dass sie gerne Platz für Freunde und Gäste an Bord haben, Überführungen ins nächste Reiserevier werden oft mit Crew unternommen.Sosehr sich die Ansprüche dieser Fahrtensegler unterscheiden, sosehr unterscheiden sich nach unserer Beobachtung auch ihre Yachten: Zum einen sportliche Mehrrumpfyachten mit geduckten Linien für geringe Windangriffsfläche und oft genug hohe Riggs mit moderner Segelausstattung einerseits; große Fahrtenkatamarane mit hohen Aufbauten für große Deckkajüten und luxuriösen Kojen andererseits. Beide Varianten können ideal sein, jedoch nur, solange sie zu Crew und Revier passen.So lernten wir zum Beispiel auch die Crew eines offenen Katamarans kennen, die ihre Reise entlang der kalten und nassen Küste Neufundlands und Mains als „Horrortrip" beschrieben. Oder wir konnten uns ein Bild darüber machen, welche extreme Gefahr das Packeis der Nordwest Passage für einen großen Kat aus Serienproduktion darstellt, der von einer

Schweizer Familie mit Hilfe einer professionellen Crew 2013 durch die Arktis gesteuert wurde. Packeis zwischen den Rümpfen hätte an Bord dieser Yacht unmittelbare Lebensgefahr bedeutet. Einrumpfyachten Bevorzugt der zukünftige Fahrtensegler eine Einrumpfyacht, gibt es auch hier verschiedenste Boote für verschiedenste Charaktere. So kann für den einen Segler eine leichtfüßige Ozean-Regatta Yacht das Nonplusultra sein, während der andere Segler auf eine stabile Yacht mit schwerem Displacement und verkürzten Segelmasten schwört. Bekannte Beispiele gibt es im deutsch sprachigen Raum genug: Zum Beispiel die Yacht FANFAN, die sicherlich ihre Fähigkeiten bei den Einhand-Fahrten bis in die Hohen Breiten gezeigt hat. Oder MAMA, die wir in Alaska getroffen haben. Die sportliche Aluyacht ist seit vielen Jahren das Heim einer sechsköpfigen Bergsteiger und Extremsegler Familie aus der Schweiz, die mit ihr den Globus umrundeten und durch die härtesten Segelreviere der Welt reisten. Neben Reisen durch die schreienden Fünfziger des Pazifiks und in die Antarktis nahm MAMA auch bei der Sidney Hobert Regatta teil (allerdings mit Crew) und ist dennoch hübsches Zuhause der aufgeweckten Familie, die sich wohl am Schiff fühlt. Allerdings verschwieg uns Dario auch nicht, dass die Familie bevorzugt mit gerefften Segeln unterwegs ist und gerne auf etwas

Geschwindigkeit für besseren Komfort verzichtet. Auch sind die Kosten einer derartigen Yacht wohl kaum ohne Sponsoren tragbar. Wir haben allerdings auch Fahrtensegler getroffen, die lieber auf Komfort als auf Sportlichkeit setzen und lieber den Motor starten, als sich mit riesigen Leichtwindsegel herumzuschlagen, oder im Hafen so lange auf ein Wetterfenster warten, bis die Vorhersagen praktisch nur noch eine leichte Brise melden und ohnehin die Dieselvorräte angezapft werden müssen. Deshalb ist für viele Fahrtensegler die Variante eines hochseetauglichen Motorseglers eine gute Wahl. Für viele Fahrtensegler, die wir bisher unterwegs getroffen haben, liegt die ideale Blauwasseryacht allerdings zwischen diesen beiden Extremen. Dennoch ist die Auswahl der Rumpfformen, Rigg Arten und Bauweisen riesig. So zum Beispiel hat die weitgereiste Yacht ISATIS unserer Freunde nichts mit einem Regatta Segler gemein, ihr flacher Boden und ihr Schwenkkiel heben sie allerdings dennoch hervor. ISATIS ist bereits die dritte Blauwasseryacht unserer Freunde, die Verfechter von Schwenkkiel-Yachten sind und neben einer Weltumsegelung bereits viele Reisen in extreme Gebiete unternommen haben. Besonders interessant fanden wir deshalb den Vergleich zu unserer eigenen traditionellen Langkielyacht Pearl das die beiden Yachten zur gleichen Zeit im selben Revier segelte und ihre beiden Crews - unsere Freunde und wir selbst - durchaus vergleichbare Vorstellungen vom Segeln hegen. Beide Crews lieben es, ihre Yachten laufen zu sehen und zupfen gerne an den Segeln herum.Eine weitere, sehr interessante Hochseeyacht konnten wir in Grönland genauer betrachten: LA LOUISE vom Segelprofi Thierry Dubois. Der doppelte Vandee Globe Teilnehmer hat in LA LOUISE seine Erfahrungen und Ideen einer idealen Blauwasseryacht fließen lassen und so eine sehr gelungene Mischung aus Tradition und Moderne erschaffen. Die aus Holz und Kevlar - Karbon gebaute Yacht überrascht mit ihrem traditionellen Langkiel in Kombination mit einem Schwenkkiel. Er zeigte sich sehr positiv bestätigt von seiner Wahl und erklärte, dass LA LOUISE durch dieses Design sowohl schnell als auch ausgesprochen Kurs stabil segelt, außerdem zeigt sich ein sehr bequemes und sicheres Seeverhalten, da auf Hochsee der tief reichende Schwenkkiel zusätzliche Sicherheit bietet. Er zeigte sich überzeugt, dass für ihn ein kurzer Flossen Kiel nicht für seine Fahrtenyacht in Frage kam, obwohl er die Schnelligkeit von Blauwasseryachten für sehr wichtig sah. In dem Zusammenhang sprach er allerdings davon, dass zufrieden stellende Törns seiner Erfahrung nach nur mit großen Yachten gefahren werden können: Länge läuft eben.Andere Skipper sehen in Langkielyachten den Nachteil, dass sie behäbiger zu manövrieren sind und mehr Platz für eine Wende brauchen, beziehungsweise sich rückwärts kaum steuern lassen. Mit etwas Übung ist dieses Argument jedoch kaum noch gewichtig. Dennoch hat sich für viele Fahrtensegler der Flossen Kiel durchgesetzt. Eine Yacht mit Flossen Kiel ist leichter zu manövrieren und reagiert agiler auf das Ruder. Allerdings bietet diese Kielform dem Ruder keinen Schutz mehr. Deshalb kann für eine Blauwasseryacht ein Flossen Kiel nur in Verbindung mit einem Ruder Skeg gewählt werden. Ein Spaten Ruder ist zu verwundbar und kann zu ernsthaften Problemen führen. Im Vergleich mit Langkielyachten können Yachten mit Flossen Kiel schlechter beidrehen, da sie beigedreht weniger Schleppwasser erzeugen. Für große Fahrt über Ozeane sollte die Crew lernen, wie die ausgewählte Yacht am stabilsten bei zu drehen ist, da diese Taktik bei Schwerwetter zur Notwendigkeit für kleine Crews werden kann. Vorwiegend unter deutschsprachigen Seglern ist außerdem die Kim Kiel Yacht für ausgedehnte Fahrten beliebt. Ihre Vorteile sind allerdings hauptsächlich in Tiden Revieren zu finden, da diese Yachten in der Regel leicht trocken fallen können. Als Nachteil ist zu erwähnen, dass diese Rumpfform schlechtere Am Wind Eigenschaften zeigt. Zu erwähnen ist auch, dass von einem der beliebtesten deutschen Designs vom Konstrukteur niemals die Stabilität s Kurve veröffentlicht wurden. Baumaterial GFK, Metall (Aluminium und Stahl), Holz, Sperrholz überzogen mit Fieberglas und Ferrozement sind seit langer Zeit übliche Baumaterialien für Yachten. Alle Materialien haben Vor- und Nachteile und benötigen Pflege und Wartung. Unter Blauwasserseglern haben sich heute überwiegend die ersten beiden Materialien durchgesetzt: Fieberglas oder Metall (Stahl oder Aluminium). Je nach Fahrgebiet, Einsatz, technisches Verständnis und finanziellen Möglichkeiten der Eigner haben beide Materialien Vor- und Nachteile. GFK - Glasfaserverstärkter Kunststoff Glasfaserverstärkter Kunststoff löste in den sechziger Jahren den Baustoff Holz ab und revolutionierte den Bootsmarkt. So konnten durch den Einsatz von Negativformen plötzlich Yacht Serien erzeugt und die Produktionskosten konnten verringert werden. Anfänglich wurden GFK - Rümpfe durchaus ihren hölzernen Vorgängerinnen nachgeahmt: Schwere Displacement Yachten mit traditionellen Linien, dicken Laminat und zahlreichen hölzernen Schoten zur Aussteifung. Nach und nach experimentierten Yacht Konstrukteure und Werften mit neuen Formen und Designs. Dieser Entwicklung lagen mindestens zwei Überlegungen zu Grunde: Einerseits der Versuch, schnellere und Manövrier fähigere Yachten zu erzeugen, andererseits die

Möglichkeit, Produktionskosten einzusparen. Im Großen und Ganzen sind so unzählige Yachten für die verschiedensten Einsatzzwecke entstanden, wenn auch mit der Einschränkung, dass manche Versuche und Produktionen das Augenmerk zu sehr auf Einsparungen gelegt haben und die daraus entstandenen Endprodukte kaum noch als Hochseetüchtig beschrieben werden können. Deshalb muss bei der Wahl einer Blauwasseryacht aus GFK ebenso wie bei Yachten aus allen anderen Baustoffen auf einige Details geachtet werden. Einige wichtige Grundlagen für den Einsatz auf Hochsee:

-

Der Rumpf muss aus einer Form erzeugt worden sein. Es gibt einige Produktionen, bei denen der Rumpf aus zwei Seiten gefertigt und verklebt wurden, dabei können Sicherheits-relevante Schwachstellen entstanden sein.

-

Keine Sandwich-Bauweise: Der Rumpf muss solide aus Matten gefertigt sein, Schaum, Balsaholz oder gesprayte Fasern vermindern die Festigkeit und sollten maximal im Decks Bereich Einsatz finden.

-

Stark ausgeführte Decks-Rumpf-Verbindung, auch bei starken Belastungen muss diese Verbindung dicht bleiben (Probesegeln bei stärkerem Wind hart am Wind kann Probleme zeigen).

•

Starke Verstrebungen im Bereich der Kielaufnahme, starke und „gesunde" Kielbolzen.

•

Die Püttinge müssen zugänglich und massiv gefertigt und unter gebolzt sein. Ist Deck und Rumpf zu schwach für das Rigg, kann keine ausreichende Rigg Spannung eingestellt werden. Bei gebrauchten Yachten kann ein einfacher Test gemacht werden: bleibt aufgespritztes Wasser um die Püttinge und den Mastfuß stehen, hat sich das (zu schwache) Deck bereits verformt und die Yacht ist „weich gesegelt".

•

Solide gefertigte Schoten, da sich GFK - Yachten sonst stark verwinden.

•

Solide gefertigte Bord Durchbrüche Meist wird der geringe Wartungsaufwand von GFK Yachten als wichtigster Vorteil des Baumaterials beschrieben. Diese Tatsache stimmt allerdings nur zum Teil, da GFK wie die meisten anderen Baumaterialien auch Probleme beim Kontakt mit Wasser erzeugt: Osmose passiert, wenn Wasser ins Material eindringt und beginnt, das Laminat zu lösen. Deshalb muss bei der Wahl von GKF darauf geachtet werden, dass der Gel Coat und speziell der Unterwasseranstrich (unter dem Antifouling) Intakt sind. Viele Besitzer von

GFK Yachten schützten ihren Rumpf mit einer nachträglich angebrachten Epoxy Beschichtung. Sollte die Yacht auf Grund laufen und Schäden in der Beschichtung erfahren, muss auch eine GFK Yacht gepflegt und ihre Lackschicht ausgebessert werden. Alte GFK Yachten zeigen auf Deck gerne unzählige Haarrisse im Gel Coat, auch sie sollten ausgebessert werden. Leider entstehen manche Probleme da die Eigner der Yachten die Tatsache von „geringen Wartungsanspruch" mit „keiner Wartung s Notwendigkeit" verwechseln.Ein weiterer Vorteil liegt darin, dass sich GFK reparieren lässt. Altes GFK verbindet sich in der Regel gut mit neuem Material und auch nach Bruch kann die alte Festigkeit wieder hergestellt werden, sollte es die beschädigte Yacht auch in den nächsten Hafen schaffen. In dem Zusammen hang ist zu erwähnen, dass GFK ein sprödes Material ist, bei Überbelastung kommt es nicht zur Verformung, sondern zu Bruch.Ein Nachteil von GFK - Yachten liegt darin, dass die meisten Yachten mit einer Unzahl an Löcher im Deck überseht sind, da sämtliches Decks Zubehör durch das Material verschraubt wird. Während der hohen Beanspruchung durch Fahrtensegeln können diese Verschraubungen undicht werden und müssen laufend neu gedichtet werden.Metall: Stahl und Aluminium Im Vergleich zu GKF ist eine weitaus kleinere Flotte an Metallbooten auf allen Weltmeeren unterwegs. Die Ausnahme bilden Extremreviere, wo Metallyachten auch heute noch die Mehrheit bilden. Generell haben sich zwei Baustoffe durchgesetzt: Stahl und Aluminium. Heute ist der Bau von Stahlyachten zurückgegangen und Aluminium erfreut sich immer höherer Beliebtheit, da der Wartungsaufwand von Stahlyachten ungleich höher ist und gebrauchte Stahlyachten für Amateure schnell zum Unerwarteten Arbeitsaufwand werden. Generell sind Aluminium-Yachten teurer in ihrer Anschaffung, doch auch solide, gefertigte Stahlyachten sind in der Regel hochpreisig, sollte es sich nicht um einen Notverkauf oder um eine stark verwahrloste Yacht handeln. Neben Werft Bauten sind am Markt auch viele Metallyachten aus Eigenbau zu finden. Dies kann sowohl Vor- als auch Nachteile haben. Je nach Erfahrung und Verstand der Bauherren kann eine Yacht aus Eigenbau Einzelheiten in der Konstruktion verbessert oder verschlechtert haben. Natürlich gibt es auch genug Yachten aus Eigenbau, die genau den Konstruktionsplänen der Designer entsprechen oder bei denen Abänderungen vom Konstrukteur berechnet und zugestimmt wurden.Einige Grundlagen für Metallyachten:

•

Das Design der Yacht muss dem Baumaterial entsprechen, Leicht displacement - Designs können kaum aus schwerem Stahl gefertigt werden. Sollte der zukünftige Eigner keine

Erfahrung mit Yachten haben, ist es leichter, einen Yacht Typ zu wählen, der anhand eines Konstruktionsplans gefertigt wurde.

•

Die Schweißnähte unterhalb der Wasserlinie sollten nicht abgeschliffen sein

•

Metallrümpfe müssen ausreichend mit Opferanoden gegen Elektrolyse geschützt werden

•

Borddurchbrüche sollten solide sein, eingeschweißte Rohre haben sich sehr gut bewährt.

•

Stahlyachten rosten in der Regel von Innen nach Außen, die Bilgen müssen gut gewartet und gesund sein. Überall, wo Wasser stehen kann, werden Stahlschiffe früher oder später zu rosten beginnen, bereits in Konstruktion und Bau können hier Schwachstellen vermieden werden.

•

Löcher im Deck können leicht vermieden werden, indem Decks Ausrüstung verschweißt (Klampen, Reling,...) oder mit verschweißten Stehbolzen verschraubt werden. Aluminium und Stahl müssen voneinander isoliert werden.

•

Holz auf Stahl kann zu ungesehenen Rostproblemen führen.

•

Die Elektrik an Bord von Metallyachten muss einwandfrei verlegt und gewartet sein, um elektrische Korrosion zu vermeiden. Aluminiumyachten müssen elektrisch isoliert sein, das heißt, auch Motor und Generatoren müssen Masse frei verbaut werden. Gut gewartete Metallyachten bieten die größte Sicherheit bei Kollision, wobei vor allem Stahl ein hohes E-Modul auf weist. Das heißt, dass sich Stahl verformt und lange nicht bricht oder reißt. Auch schwere Kollisionen oder Grundberührungen gehen meist mit einer Delle aus, während Yachten aus anderen Materialien längst Leck geschlagen wären. Als weiterer Vorteil sind Metallyachten in der Regel sehr stabil gebaut, sie verwinden und verformen sich auch im Alter nicht.Dagegen spricht allerdings der höhere Wartungsaufwand von Stahlyachten. Stahl rostet und muss mit diversen Lack schichten vor Salzwasser und Luft geschützt werden. Vor allem für Amateure ist es schwierig, alte Stahlyachten richtig zu beurteilen und beim Kauf zu wissen, welchen Arbeitsaufwand die Yacht nötig hat. Ein großer Vorteil von Metallyachten liegt auch darin, dass Reparaturen und Abänderungen einfach zu bewerkstelligen sind, da sie geschweißt werden können. Ein rostiger Bereich im Rumpf kann am Trockendock ohne große Schwierigkeiten herausgetrennt und geschweißt werden. Kann der Eigner die Schweißarbeiten nicht selber vornehmen, sind in der Regel weltweit Fachkräfte für diverse Arbeiten zu finden.

Der oft gehörte Nachteil, dass Metallyachten schwer sind und schlecht segeln, ist eigentlich nicht richtig. Schwer Displacement Yachten sind schon alleine aufgrund ihres Designs schwer und vergleichbare Yachten aus anderen Materialien haben in der Regel ähnliche Tonnen. Passt das Rigg und die Segelfläche zum Yacht Design, können auch schwere Blauwasser Yachten gute Mailen segeln. Da viele Blauwasser Segler mit ihren Yachten mit schwerem Displacement sehr zufrieden sind, zählen sie bis heute zu gängigen Blauwasseryachten. Holz: Vollholz und Sperrholz Einst war Holz das gängige Baumaterial für Yachten und erste Weltumsegelungen wurden in ihnen gemeistert. Jedoch wechselten viele Werften zum Baustoff GFK und so wurden Vollholzyachten seltener. Damit verschwand leider auch zu nehmend das Wissen um ihre Pflege und Wartung und Preise von alten Blauwasseryachten aus Holz brachen zusammen. Es gibt verschiedene Bauweisen von Holzyachten und sie können kaum miteinander verglichen werden. Die traditionelle Bauweise besteht aus Planken, die über Spanten gebogen werden. Diese Yachten wurden früher kalfatert und mussten vor dem Aus trocknen geschützt werden. Heutige Vollholzyachten mit Planken werden mit modernen Dichtmittel vergossen. Die Geister streiten sich über die Vor- und

Nachteile der Möglichkeit, Vollholzyachten mit GFK zu überziehen. Überzogene Holzyachten bringen den Vorteil, nicht mehr undicht durch schlechtes kalfatern zu werden, jedoch kann sich das GFK vom Holz lösen und der GFK Überzug kann Trocken Rott im Holz beschleunigen. Gut gebaute und gepflegte Vollholzyachten können bis heute starke und schöne Blauwasseryachten sein und ihre Eigner sicher durch alle Seereviere der Welt bringen. Eine weitere Bauvariante ist aus wasserfest verleimten Sperrholz. Diese Möglichkeit wird heute für den Eigenbau und für Mehrrumpf Yachten genutzt. Sie werden in der Regel mit GFK überzogen. Da sich Sperrholz nicht wie Vollholz je nach Feuchtigkeit ausdehnt oder zusammenzieht, entstehen an diesen Rümpfen nur selten Probleme mit Delaminierung. Sperrholz Yachten werden in der Regel leichter gebaut als Vollholzyachten, ihre Widerstandsfähigkeit bei Kollision ist dann geringer Eine interessante Bauvariante von Holzyachten ist die Diagonal Bauweise. Sowohl Vollholz als auch Sperrholz kann auf diese Weise gebaut werden. Vollholzyachten in Diagonal Bau weise sind in der Regel sehr widerstandsfähige und stark und können auch in extreme Gebiete in Einsatz kommen. Wir konnten bisher selbst keine Erfahrung mit Holzyachten sammeln, haben aber unterwegs hin und wieder sehr interessante

Blauwasseryachten aus Holz getroffen. Die bereits oben erwähnte Yacht LA LOUISE (Holzyacht mit Karbon über laminiert) zeigt deutlich, dass auch heute Holzyachten sehr fähige Blauwasseryachten für alle Reviere darstellen können. Ferrozement - Stahlbeton Hin und wieder trifft man unterwegs auf Yachten aus Stahlbeton. Sie erfreuten sich in den siebziger Jahren in einigen Revieren der Welt an großer Beliebtheit. Zum Teil lässt sich diese Beliebtheit darin erklären, dass der Bau eines Stahlbeton-Rumpfs eine der einfachsten Herstellungen von einer Yacht im Eigenbau darstellte. Da das Baumaterial schwer ist, können Ferrozement Yachten generell nur als schere Displacement Yachten gefertigt werden, was jedoch ohnehin ein bevorzugtes Yacht Design für viele Fahrtensegler darstellt. Heute sind Ferrozement Yachten meist günstig am Markt zu finden, was allerdings den Nachteil birgt, dass mit einem sehr niedrigen Wiederverkaufspreis gerechnet werden muss. Das größte Problem bei Yachten aus Stahlbeton besteht darin, dass man beim Kauf einer Yacht ihren Zustand nicht ausreichend beurteilen kann. Die Festigkeit des Rumpfs hängt vom Zustand des Stahlgeflechts im Beton ab, doch gibt es keine Möglichkeit, diesen Zustand zu beurteilen. Deshalb raten erfahrene Liebhaber von Stahlbetonyachten zur zum Kauf, wenn durch eine ausreichende Dokumentation des

Baues die Qualität des Stahlgerüst beurteilt werden kann. Auch wird abgeraten, Ferrozement Yachten mit neuem Farbanstrich zu kaufen, da frische Farbe hervortretenden Rost des Stahlgeflechts verdecken könnte. Ein weiterer, massiver Nachteil von Stahlbeton Yachten ist, dass sie praktisch nicht reparierbar sind. In den meisten Fällen verbindet sich neuer Beton nicht richtig mit altem Beton und sollte eine Leckage am Rumpf ausgebessert werden, kann die alte Festigkeit nicht mehr hergestellt werden. Viele Stahlbeton Yachten haben Decks aus Holz, da Betondecks zu schwer ausfallen könnten.

Die ideale Größe einer Blauwasseryacht

Die ideale Größe einer Blauwasseryacht hängt natürlich nicht nur von den eigenen Plänen und Vorlieben, der Größe der Crew und dem Reiserevier ab, sondern auch von den finanziellen Mitteln. Doch auch wenn größere Yachten teurer als kleine sind, kann extra Platz und vor allem Zuladung entscheidend für eine schöne Reise sein. Während früher Blauwasser Yachten meist um die zehn Meter lang waren, trifft man heute überwiegend Blauwasser Yachten mit dreizehn bis fünfzehn Meter. Wenn auch durchaus kleinere und größere Yachten unterwegs sind. So zum Beispiel segeln die amerikanischen Langfahrtensegler seit vielen Jahren zufrieden auf kleinen Holzyachten, während andere Blauwassersegler wie zum

Beispiel die deutsche Familien auf eine größere Yacht gewechselt haben. Je nach Reisepläne, Revier und Crew sollte die Yacht in einer Größe gewählt werden, die komfortable Kojen und Sitzplätze für jedes Crewmitglied erlaubt, genug Zuladung für Proviant, Segelausrüstung und persönliche Ausrüstung vorweist und dennoch bei Ausfall von Einzelnen durch die restliche Crew sicher gesegelt werden kann.

Rigg und Segel

In allen Segelrevieren der Welt gilt: die Blauwasseryacht sollte bei allen Bedingungen bestmöglichen Vortrieb bringen. Die Art der Takelung hängt dabei eher von den Vorlieben der Crew ab. Grundlegend muss die Segeltechnik so beschaffen sein, dass das schwächste Crewmitglied die Segel bedienen kann. Das Rigg muss so konstruiert sein, dass es auch schwere Bedingungen standhält, manche Standardriggs entsprechen nicht diesen Voraussetzungen.Zuhause auf einer Fahrtenyacht

Zuhause auf einer Fahrtenyacht

Die Blauwasseryacht ist mehr als nur ein Transportmittel: Sie ist ein Zuhause. Deshalb ist es wichtig, die Yacht so zu gestalten, dass sich die Crew auf ihr wohl fühlt. Das heißt allerdings nicht, dass Komfort auf Kosten der Sicherheit gehen darf. Ganz im Gegenteil: Die See Gängigkeit und Sicherheit der Yacht bleibt immer an erster Stelle. Nur dann kann sich die

Crew auch wohl und geborgen fühlen. Erst unterwegs wird die Crew merken, wie wenig nötig ist, um ein schönes Zuhause zu haben. Unzählige elektrische Annehmlichkeiten, Schubladen voll Weg werf Güter, fließendes Wasser, Designerstücke oder Kästen voll Kleidung und Schuhe werden an Bord eher als Belastung und nicht als Luxus empfunden.Um sich wohl zu fühlen, sollte jedes Crewmitglied die Möglichkeit erhalten, das Innere des Boots mit zu gestalten: Schöne Vorhänge, hübsche Bettwäsche anstelle von Schlafsäcken, ausgewählte Bilder, gemütliche Leseecken, eine gut sortierte Werkstätte für den Tüftler, eine luxuriöse Pantry für den Küchenchef. Musik Instrumente, Modellbauausrüstung, Funkrigg, Zeichenunterlagen. Die Liste ist endlos und warum auch nicht. Wir Blauwassersegler sind Zuhause an Bord und genießen unser Dasein. Die Größe der Blauwasseryacht wird in vieler Weise das Leben an Bord und das Reisen beeinflussen und es macht Sinn, sich erst ein paar Gedanken zur Größe zu machen, bevor man sich für eine Yacht entscheidet. Wir können beobachten, dass die letzten Jahre die durchschnittliche Größe von Blauwasseryachten immer wieder gewachsen ist Während zu Anfangszeiten von Fahrten Seglern noch Yachten mit 30-33 Fuß,also 9-10 Meter als Ideal galten,schienen zu unseren Segelanfängen Ende der 90'er Jahre Yachten mit 40 Fuß-12 Meter-die

Weltmeere zu besiedeln Mit unserer 34 Fuß (10m) Yacht gehörten wir dazumal eigentlich zu den kleineren Fahrtenyachten, während unsere kanadischen Freunde mit ihrer 50 Fuß (15m) langen Yacht zu den Großen zählten.Knapp 20 Jahre später können wir erneut einen Wuchs in den Yachten auf Langfahrt sehen. Die meisten Yachten, die wir nun unterwegs treffen, sind zwischen 43 und 55 Fuß lang - zwischen 13 und 17 Meter. Wobei man eventuell dazusagen kann, dass die größeren Yachten meist aus Nordamerika, Südafrika, Australien oder Neu Seeland kommen, während viele Europäer eher Schiffe um die 40 bis 45 Fuß fahren. Natürlich bestätigen Ausnahmen die Regel und wir treffen ebenso winzige Yachten mit wenigen Metern wie große Yachten jenseits der 20 Meter (von denen viele unter Charter laufen).Weshalb der Zuwachs an Größe?Zum einen hängt der Zuwachs der Bootsgröße sicherlich mit dem Zuwachs vom Wohlstand und dem Trend des „Aussteigen auf Zeit" zusammen. Immer noch hängt die Größe der Yacht von den finanziellen Mitteln der Eigner ab. Einige jüngere Paare ohne konstanten Einkommen und manche Crews ohne zeitlicher Begrenzung auch heute mit Yachten bis 38 Fuß unterwegs, um ihre Budgets nicht zu übersteigen. Nicht nur der Bootserwerb selbst ist entscheidend, sondern auch die laufenden Kosten einer Yacht. Yachthäfen, Werften und Kanäle staffeln ihre Preise nach

Bootsgröße. Zum Beispiel ist der Transit durch den Panama Kanal mit einer Yacht mit Gesamtlänge (die Boote werden vermessen) ab 50 Fuß empfindlich teurer als kleinere Boote. Viele Yachthäfen und Werften lassen ihre Preise ab einer Größe von 60 Fuß proportional ansteigen. Dabei muss jeder angehende Schiffsbesitzer sich im Klaren sein, dass hier immer die Gesamtlänge mit allen Überhängen und Anbauten ausschlaggebend ist, nicht die Länge über Deck. Auch verlangt eine größere Yacht größere Ausrüstung, die wiederum empfindlich teurer ist (Segel, Winden, Ankergeschirr,...). Wobei viele gut proportionierte Ausrüstungsteile nur einmal gekauft werden und unterwegs im Idealfall nur verschlissene Ausrüstung (Segel, Ankerkette, Trossen, Fallen, Schoten,...) erneuert werden müssen. Je nach körperlicher Fähigkeit und Bequemlichkeit der Eigner verlangen größere Yachten auch mehr Ausrüstung (Rollanlagen der Segel, elektrische/hydraulische Ankerwinden, Dingi Lift,...). Dazu kommt, dass größere Yachten mehr Diesel schlucken und in der Regel öfter unter Maschine laufen.Zum anderen bietet eine größere Yacht mehr Platz für Lebensraum und Ausrüstung und vor allem mehr Zuladung. Vom Leben an Land sind Menschen an Platz und Komfort gewöhnt und das Leben auf engen Yachten kann für manche zum Gefühl von Camping werden, was nicht jedermanns Sache ist. Das Angebot an Lebensraum hängt nicht nur mit der Schiffslänge zusammen, sondern mit dem Design. Da sich viele Menschen nicht vorstellen können, auf engem Raum zu leben und viele Yachten für Charter und große Crews ausgebaut werden, wird heute bei vielen Designs besonders auf viel Lebensraum geachtet. Am ersten Blick wirken diese Yachten mit viel Innenraum als eine bevorzugte Wahl. Man kann sich das Leben in ihnen leichter vorstellen und ist ihre Platzaufteilung von diversen Messebesuchen und Charterurlauben gewöhnt. Gute Blauwasseryachten sind allerdings nicht daran zu erkennen, dass sie „Raumwunder" sind, sonder an ihrer Seetüchtigkeit. Obwohl mir bis heute Segler erklären, dass Blauwasseryachten bis zu 80% ihrer Reisezeit vor Anker liegen, ist die Annahme „mehr Innenraum ist gleich mehr Komfort" eigentlich falsch. Auf Langfahrt fühlen sich die meisten Crew nur dann in ihrer Yacht wohl, wenn sie während der 20 Prozent unterwegs auf Passage angenehmes Seeverhalten, vertrauenswürdige Sicherheit und gute Geschwindigkeit bietet. Da Passagen für viele Reisende unter Segel zu den weniger beliebten Seiten des Blauwassersegeln gehören, ist die Fähigkeit der Yacht während dieser Zeit ausschlaggebend. Nicht selten trifft man Crews, die aufgrund der vielen langen Passagen das Blauwassersegeln satt sind. Große Yachten können diese Passagen erleichtern. Sie sind schneller (Länge läuft!) und arbeiten angenehmer im Wellengang(Gewicht). Unterwegs macht es einen massiven Unterschied, ob man mit 4 Knoten oder mit 6 Knoten Durchschnittsgeschwindigkeit rechnen darf und ob sich die Yacht von jeder Welle stoppen lässt und in der See wie verrückt herum hüpft.Viele angehende Langfahrtensegler vermuten, dass Komfort an Bord auch mit der zusätzlichen Ausrüstung zu tun hat. Große Yachten haben Platz für extra Ausrüstung und vertragen mehr Zuladung. Größere Tanks, Solaranlage, Wassermacher, Kühlschrank, Generator, Fahrräder, ein größeres Dingi, Kajaks, Taucherausrüstung, Waschmaschine... Diese Vermutung stimmt allerdings für viele Fahrtensegler nur bis zu einem gewissen Punkt. So zum Beispiel bringen größere Tank und mehr Stauraum mehr Unabhängigkeit. Mehr Zuladung von Lebensmittel, Wasser, Diesel, (Heizmittel) und ähnlichen erlauben einen größeren Radius und längere Aufenthalte an einsamen Plätzen. Doch gilt, desto mehr Ausrüstung an Bord ist, desto mehr Ausrüstung bricht, desto mehr sind die handwerklichen Fähigkeiten der Crew gefragt und desto mehr Nerven wird die Crew brauchen beim Versuch, Fachpersonal in fremden Ländern zu finden. Immer wieder hört man „Wir reparieren uns um die Welt". Eine bittere Wahrheit für viele Blauwassersegler mit endlosen Ausrüstungslisten und ohne handwerklichen Fähigkeiten. Auch diese Frustration gehört zu den größten Brocken, warum Blauwassercrews das Segeln auf den Nagel hängen. Segelt man mit weniger Ausrüstung auf einer Yacht, die durchaus etwas Platz für Extras bietet, los, findet man am besten heraus, welche Ausrüstung man vermisst. Diese Ausrüstung kann unterwegs gekauft und eingebaut werden. Man wird sich über die Neuerung freuen und sie zu schätzen wissen, anstelle mit viel zu viel „unverzichtbaren Komfort" los zu starten und beim Reparieren zu verzweifeln.Zusammenfassend spricht für große Yachten die Möglichkeit für extra Zuladung, sie sind schneller und im Seegang angenehmer. Bis zu einem gewissen Grad bieten sie länger Sicherheit bei Schwerwetter, da das Verhältnis der Höhe von brechender See zur Schiffslänge im Zusammenhang mit Kenterungen gebracht wird.Große Yachten bieten Platz für Lebensraum als auch für Besuch und Gesellschaft und können mit mehr Ausrüstung ausgestattet werden.Die zusätzlichen Kosten von großen Yachten hängen viel mit den Fähigkeiten und Vorzügen der Crew zusammen. Wird an Bord alles selber repariert und gewartet und lebt die Crew am liebsten vor Anker, können die Kosten unterwegs ebenfalls überschaubar bleiben. Werftaufenthalte fallen allerdings alle paar Jahre an und es finden sich nicht immer Plätze, welche auch für große Yachten kostengünstig bleiben.Ein Nachteil von großen Yachten, der hier noch nicht erwähnt wurde, ist das Handling. Große Yachten machen mehr Arbeit und die Lust an kurzen Segelschlägen ist unter vielen Seglern an Bord von großen Blauwasseryachten erloschen. Man wird zu faul, die schweren Segel für eine Strecke von fünf, sechs Seemeilen auszupacken oder in einer kleinen Bucht aufzukreuzen, um unter Segel vor Anker zu gehen. An Treffpunkten von Fahrtencrews wie hier auf Tonga ist es normal, zwischen den Ankerplätzen kleinere Blauwasseryachten unter Segel zu erspähen, während man die großen unter Motor oder mit nur einem Segel gehisst sieht. Auch das An - und Ablegen in betriebsamen Häfen will mit großen Yachten gut geübt werden. Bei einem verpatzten Anlegemanöver kann eine große Yacht nicht per Hand abgehalten werden.Desto größer eine Yacht, desto abhängiger wird sie auch von ihrer Ausrüstung. Zum Beispiel kann das Ankergeschirr unserer 43 Fuß Yacht ohne Ankerwinde nicht mehr an Bord geholt werden. Bricht die elektrische Ankerwinde einer großen Yacht, muss sie zumindest manuell bedienbar bleiben. Eine Empfehlung von der Ferne zu machen, ist immer schwierig, da die Umstände und Pläne nicht bekannt sind. Wie viele Personen werden auf der Yacht reisen (sind Kinder mit dabei), welche Ziele werden angestrebt, welcher Zeitraum ist ins Auge gefasst, welcher finanzielle Hintergrund ist vorhanden?Wir haben unterschiedliche Blauwassersegler um uns gefragt und es scheint, dass die Crews mit Yachten von 12 bis 15 Meter sehr zufrieden sind. Vielleicht kann man eine einfache Empfehlung machen: die Größe, die man sich leisten kann, soll -nichts gegen groß.Welche Größe bevorzugen wir selbst? Unsere erste Segelyacht Hanter war zehn Meter. Da wir uns die meiste Zeit in gemäßigten und warmen Klimazonen bewegten und kaum persönliche Ausrüstung besaßen, passte die Große der Yacht zu uns und unseren Finanzen. Unsere derzeitige Yacht ist dreizehn Meter über Deck und sowohl unsere Reise Geschwindigkeit wie auch unsere Möglichkeiten der Zuladung haben sich verbessert. Wir leben generell vor Anker und achten darauf, für Arbeiten am Unterwasserschiff preiswerte Platze zu wählen. Die Große der Yacht ist somit für uns nicht maßgeblich an unseren Ausgaben verantwortlich. Die warmen Tropen gehören nicht unbedingt zu unseren bevorzugten Gebieten, wir lieben extreme und heraus fordernde Reviere. Welche Größe bevorzugen wir selbst?Unsere erste Segelyacht war zehn Meter. Da wir uns die meiste Zeit in gemäßigten und warmen Klimazonen bewegten und kaum persönliche Ausrüstung besaßen, passte die Große der Yacht zu uns und unseren Finanzen.

Unsere derzeitige Yacht ist dreizehn Meter über Deck und sowohl unsere Reisegeschwindigkeit wie auch unsere Möglichkeiten der Zuladung haben sich verbessert. Wir leben generell vor Anker und achten darauf, für Arbeiten am Unterwasserschiff preiswerte Platze zu wählen. Die Große der Yacht ist somit für uns nicht maßgeblich an unseren Ausgaben verantwortlich. Die warmen Tropen gehören nicht unbedingt zu unseren bevorzugten Gebieten, wir lieben extreme und heraus fordernde Reviere. Deshalb überwiegen für uns die Vorteile von großen Yachten. Für unsere bisherigen Reisen über den Nordatlantik und durch die Arktis wurden wir keine kleinere Yacht als unsere Pearl wählen und einige Meter mehr bevorzugen. Das liegt einerseits darin, dass große Yachten schneller sind und daher Übersetzer durch gefährliche Seegebiete besser geplant werden können. Andererseits würde die zusätzliche Zuladung einer größeren Yacht interessante Möglichkeiten eröffnen, vor allem, wenn es um Reisen und Überwinterungen in extremen Revieren geht (von zusätzlichen Diesel- und Heizölreserven bis zu spezieller Winter Ausrüstung wie Touren Ski und Camp Ausrüstung für Extrembedingungen...).

YACHT AUSRÜSTUNG FÜR EINE WELTREISE

Oder: Muss man sich als Langfahrtensegler wirklich „um die Welt reparieren"?Befindet sich eine Yacht auf längerer Reise, sind die Belastungen, denen sie im Vergleich zu herkömmlichen Freizeityachten standhalten muss, ungleich hoch. Während Freizeityachten meist nur während diverser Segel Saison am Wochenende und in Urlaubszeiten genützt werden und in vielen Fällen für die restliche Zeit im Jahr überprüft und gewartet eingemottet werden, gibt es für die Blauwasseryacht keine Off - Saison. Sie ziehen meist rechtzeitig vor Hurrikan - Saison, vor Wintermonaten oder vor Regenzeiten weiter. Ein Weiterziehen , das in der Regel mit langen Passagen verbunden ist . Passagen, während denen der Autopilot 24 Stunden am Tag am Ruder dreht und die Segel an den Wanten scheuern und am Rigg reißen. Liegen Blauwasseryachten still, tun sie das meist vor Anker, wo wiederum der Zustand und die Stärke der Ausrüstung - des Ankergeschirrs und der Decks Ausrüstung - für die Sicherheit der Yacht sorgt. Auch die Ausrüstung im Boot - Stromversorgung, Kühlschrank, Wassermacher, Kochherd, Wasserpumpen und ähnliches - werden das ganze Jahr über verwendet. Hin und wieder muss die Yacht in fremden Revieren sogar kleine Notfälle standhalten: eine ungewollte Grundberührung, Schlecht Wetter, welches durchzieht und die Crew um die Yacht vor Anker bangen lässt.

Technik und Ausrüstung

Dazu kommen, je nach Reviere, stärkere Umwelteinflüsse: extreme UV-Belastung und erhöhte Schimmelpilz-Probleme in den Tropen, Kälte und erhöhte Windbelastungen in den Hohen Breiten.Segelt man entlang der bevorzugten Routen der Blauwassersegler, gewöhnt man sich ohne Verwunderung schnell daran, in allen größeren Häfen Crews an zu treffen, die auf Ersatzteile für ihre Yacht warten. In vielen Fällen ist die Ausrüstung oder auch Teile der Yacht selbst nicht den hohen Dauerbelastungen der Blauwasserreise gewachsen, außerdem kann zu wenig Wartung und falscher Einsatz zu Fehlfunktion oder zu Bruch führen. Doch gerade in fremden Häfen ist es manchmal nicht leicht, Fachpersonal für professionelle Reparaturen zu finden oder nötige Ersatzteile aus dem Ausland zu empfangen. Von betroffenen Seglern wird über Sprachprobleme, lange Wartezeiten und Zollschwierigkeiten, teure Werft Kosten und Unzufriedenheit mit der Arbeitsqualität beziehungsweise Zuverlässigkeit geklagt.Die Misere an Bruch und die Schwierigkeit, die Yacht auch in fremden Häfen wieder in Schuss zu bringen geht soweit, dass sogar einige Crews deshalb ihren Segeltraum an den Nagel hängen. Nur die wenigsten Yacht Eigner und Langfahrtensegler gestehen sich ein, dass vielleicht eine bessere Planung, mehr Wissen bei der Entscheidung zur Yacht und ihrer

Ausrüstung, beziehungsweise die eigenen technischen Fähigkeiten und Einhaltung der Wartung und Überprüfung der Ausrüstung den feinen Unterschied zwischen einer entspannten Reise über die

Weltmeere
und
„um die Welt reparieren"

gemacht hätten. Die eine oder andere Reparatur wird allerdings der Bestens geplanten Weltumsegelung nicht aus bleiben!

Häufige Gebrechen

Folgende sehr gefährliche Gebrechen der Yachten selbst sind
wir während den letzten Jahren begegnet:
•

Rigg

insgesamt fünf Mastbrüche, zwei gebrochene Bäume,
drei defekte Roll Groß, zwei Yachten mit Problemen an der
Rollgenua, eine Yacht mit verbogenem Mastfundament
•

Rumpf, Kiel, Ruder:

eine Yacht mit verbogenen Ruderschaft nach einer Kollision mit Treibgut, einer Yacht mit Schaden am Kiel und Ruder nach einer Kollision mit einem schlafenden Wal, eine Seenotsituation mit Bootsaufgabe durch Ruderbruch, zwei Yachten mit Bruch an der Aufnahme der

Ruderhydraulik, ein Skeg- Bruch, einen Totalverlust mit Loch im Rumpf durch eine Strandung nach Bruch des Ankergeschirrs (der Antrieb der Yacht war zu schwach um sie von den Felsen zu halten); vier weitere Yachten mit Bruch am Ankergeschirr (ein verbogener Ankerschaft, zwei gerissene Edelstahlketten, eine ausgerissene Ankerwinde), drei abgebrannten Yachten, zwei gebrochene Seeventile

-

Segel:
generell hohe Abnützung durch starken Einsatz und
hohe UV-Belastung an Bord aller Blauwasseryachten, erhöhte
Schamfil- Probleme bei gerefftem Groß an Bord einiger Yachten
mit Rollreff Bäumen, zwei gebrochene Spinnaker Bäume, eine
Yacht mit zerfetzter Rollgenua durch Sturm

-

Motor und Antrieb:
drei Yachten mit gebrochenen Motor Fundamenten, zwei Yachten mit verbogener Antriebswelle, zwei Yachten mit defekter Motorschaltung, eine Yacht mit Getriebe Problemen nachdem sie mit dem Propeller in ein Fischernetz geraten ist, drei Yachten mit Problemen durch verschmutzten Diesel , eine defekte Lichtmaschine Reparaturen und

gebrochene Ausrüstung, welche wir in den letzten Jahren häufig begegnet sind:

- Ausgefallene Elektronik (Navigation und gesamte Elektronik)

- Windgeneratoren mit verlorenen Rotor-Blättern und defekte Regler

- Ausgefallene Kühlschränke

- Defekte Wassermacher

- Kaputte Autopiloten

- Undichte WC-Pumpen

- Undichtigkeiten (zum Beispiel durch undichte Luken oder durchs Deck)

- Undichte und stark verschmutzte Trinkwassertanks

- Defekte Kardanik und Brenner vom Kochöfen

- Kaputte Wasserpumpen (manuelle wie auch elektrische)

-

Durch Vögel abgebrochene Wind-
Messinstrumente

•

Defekte Außenborder und undichte Dingis
Die Liste ist natürlich unvollständig, unzählige
Kleinigkeiten wie gebrochene Blöcke und
Schäkel, verschlissenes Tauwerk, zerrissener
Sonnenschutz und Dodgers oder verbogene
Reling -Stützen kommen immer wieder vor.
Doch kann die Schadensliste durchaus dazu
verwendet werden, die Wahl der angehenden
Blauwasseryacht zu beeinflussen
beziehungsweise die Auf - und Ausrüstung
dieser genauer zu überdenken.

Mögliche Vermeidung

Zu aller erst sollte man sich bei der Wahl der
Yacht im Klaren sein, dass sie erhöhten
Belastungen standhalten muss. Manche
Segler nehmen an, dass dies nur für jene
Yachten zutrifft, die abseits der Barfuß-Route
unterwegs sind. Doch ist dies kaum der
Fall, da gerade auch die Barfuß-Route mit
einigen nicht zu unterschätzenden Seerevieren
aufwartet und schon alleine die extremen
Entfernungen eine Herausforderung auf
sämtliche Ausrüstung bleibt. Was heißt das nun
in Anbetracht der von uns beobachteten

Gebrechen von Yachten:

Wir sind selbst etwas erstaunt, wie vielen
Mastbrüchen wir über die Jahre begegnet sind.
Um genauer darauf einzugehen ist

zu sagen, dass alle Yachten das vom Konstrukteur vorgegebene Rigg hatten. Zwei der gebrochenen Riggs waren an Bord von Katamaranen (vom selben Typ), bei denen jeweils der Pütting am Vorstag gebrochen war. Alle weiteren von uns gesehenen Mastbrüche betrafen die Riggs von Großserien-Yachten mit gepfeilten Salingen und T-Terminals. Die genauen Ursachen der einzelnen Brüche ist uns leider nicht bekannt, allerdings wissen wir, dass weder Sturm noch Kenterung die Ursache der einzelnen Mastbrüche war. Für angehende Blauwassersegler raten wir, auf ein starkes Rigg wert zu legen und möglichst viel über geeignete Riggs für Blauwasseryachten zu lernen. Einige Überlegungen dazu finden sich unter Technik und Ausrüstung Auch die von uns beobachteten Probleme mit Roll Groß halten wir für bedenklich, wobei eine Yacht ihr im Mast gerolltes Groß ab 15 Knoten Wind nicht mehr sicher bedienen konnte, bei den beiden weiteren Yachten mit Problemen mit einem Rollbaum brach die Rollanlage im Baum (eine bei Sturm, eine bei stärkerem Passatwind). Viele Blauwasseryachten sind heute mit Rollgenuas ausgestattet, da diese Anlagen unter anderem Vorteile bei großen und schweren Segel bietet. Bis zu stürmischen Wind Geschwindigkeiten ist das Reffen und Aus reffen der Rollvorsegel einfacher, weshalb Yachten mit Rollanlagen oft schneller auf wechselnde Winde reagieren. Eine sehr erfahrene holländische Hochseeseglerin verriet uns im Gespräch, dass sie seit der Umrüstung ihrer Blauwasseryacht von traditionellem Stag Segel auf eine Rollgenua ihre Durchschnittsgeschwindigkeit um einen halben Knoten erhöht hat, da nun auf ein Abflauen des Windes sofort reagiert wird.Allerdings sollte darauf geachtet werden, dass die Anlage stark dimensioniert ist und ein Kutter Stag für Starkwind - und Sturm-Segel vorhanden ist. Die von uns gesehene Yacht mit zerfetzter Rollgenua nach einem Sturm hatte keine weiteren Vorsegel an Bord und musste so die 60 Knoten Wind mit großteils eingerollter Genua ab wettern, was nicht gut ausging.Bei der von uns getroffenen Yacht mit verbogenen Mastfundament handelte es sich um eine ältere GFK – Sandwich - Yacht, die nun ihr Rigg nicht mehr ordentlich durchsetzen konnte.Generell haben uns unsere Erfahrungen gezeigt, dass Kollisionen und Grundberührungen auf einer Blauwasserreise durchaus nicht selten vorkommen. Ein starker Rumpf und Kiel und vor allem ein gut geschütztes Ruder sind unserer Meinung deshalb besonders wichtig. Sollte die Yacht nicht über einen Langkiel oder gemäßigten Langkeil mit Ruder Harke verfügen, ist es immer noch wichtig, dass das Ruder über ein Skeg abgesichert ist. Da gerade an fremden Küsten Yachten immer wieder in Fischernetze oder Bojen von Fischerkörben laufen ist ein Skeg, das gleichzeitig den Propeller schützt und das Netz unterm Ruder durch ableitet optimal. Alle von uns getroffene Yachten mit Ruderproblemen hatten frei hängende Ruder und erlebten eine Kollision auf Hochsee, wobei bei den Seenotfall mit Bootsaufgabe nach Ruderbruch die Ursache für den Bruch nicht eruiert werden konnte. Bei den Bruch an der Aufnahme der Steuerhydraulik handelt es sich bei einer der Yachten um uns selbst, wir bemerkten bei Wartungsarbeiten einen kleinen Riss in der metallenen Aufnahme zwischen Hydraulik und Quadrant. Wir trafen eine Crew nach ihrem Totalverlust durch Strandung und konnten erfahren, dass sie bei Bruch des Ankergeschirrs bereits unter Motor waren. Doch die schwere Blauwasseryacht war mit einem Faltpropeller mit sehr schlechtem Wirkungsgrad ausgestattet und konnte sich bei den Starkwind - Bedingungen nicht aus eigener Kraft von den Felsen fern halten. Zur Sicherheit einer Blauwasseryacht gehört unserer Meinung auch ein zuverlässiger und gut dimensionierter Motorantrieb. Nicht nur die Auswahl der Yacht selbst hilft, das eine oder andere Problem unterwegs zu vermeiden. Viele Ausrüstungsteile, die der Markt für Yachten anbietet, sind nicht für den Dauereinsatz gebaut und bei der Auswahl für eine Blauwasseryacht sollte besonderes Augenmerk auf die Qualität gelegt werden. Viele Bauteile aus Plastik ermüden schnell durch die erhöhte UV-Belastung in tropischen Gebieten. Sind Metalle gemischt (zum Beispiel Aluminiumteile mit Edelstahlschrauben direkt verschraubt) werden sie schnell mit Korrosion Probleme haben. Wie jeder weiß ist wasserfest ist nicht wasserdicht. Zahnräder aus Plastik halten in vielen Fällen den Dauereinsatz auf langer Reise nicht stand. Elektronik und elektrische Bauteile müssen besonders vor Wasser geschützt werden. Ist die Navigationselektronik mit allen Gadgets an Bord verbunden, kann ein Fehler eines Gadgets die gesamte Navigation lahmlegen (wie wir an zwei Yachten beobachten konnten). Eine Blauwasseryacht muss über Notfall-Navigation verfügen (extra GPS, extra Elektronik und Papierseekarten).Manchmal sollte man sich vor der Ausrüstung einer Blauwasseryacht auch fragen, ob man selbst über genug technische Fähigkeiten verfügt, die Ausrüstung fachgerecht zu warten und im Notfall Reparaturen durchführen zu können. Welche Teile der Ausrüstung sind Verschleißteile und sollten als Ersatzteile an Bord sein (Dichtsätze, Membrane, Impeller, Filter,...) Und, ist das nötige Werkzeug für eventuelle Reparaturen an Bord?Bei wichtiger Ausrüstung kann es hilfreich sein, sich nicht auf ein System verlassen zu müssen. Eine Windsteueranlage zusätzlich zu einem elektrischen Autopilot bewährt sich zum Beispiel. Um Probleme mit verschmutzten

Diesel zu vermeiden muss der Motor einer Blauwasseryacht mit großen Filteranlagen und Wasserabscheider ausgestattet sein. Auch ist es wichtig, dass die Crew die Geräusche des Motors kennt und auf ungewöhnliche Geräusche reagiert. Wenigstens ein Crew Mitglied an Bord sollte die laufende Motorwartung erlernen und übernehmen.Last but not least kommt es auch immer darauf an, wie die Crew mit der Ausrüstung umgeht. Laufende Überprüfung und Wartung ist nötig, um Probleme rechtzeitig zu entdecken und Bruch zu vermeiden, jedes Crewmitglied sollte mit der Yacht vertraut sein und auf Anzeichen von Problemen (ungewöhnliche Geräusche, Schamfilen, schweres Arbeiten der Selbststeuerung durch schlechten Trimm oder zu großer Segelfläche,...) sofort reagieren.

LACKARBEITEN UNTERWEGS

So ist es Zeit, sich um abgeplatzte Lackstellen, von Lack frei gescheuerte Ecken und ein paar traurige Rost Tränen zu kümmern. Auf Deck, wie auch unter Deck. An Bord von der Pearl gibt es dafür verschiedene Gründe: Da gibt es einige Stellen an Deck, an denen einzelne Lackschichten abgeschlagen sind. Dazu kommen Roststellen an Deck, die aufgrund der Bauweise des Bootes so gut wie unvermeidlich sind - schon alleine deshalb, weil alle Püttinge aus Stahl sind, weshalb die Verbindung m i t dem Rigg den Lack konstant beschädigt. Für einige Stellen am Deck sind wir verantwortlich - wir haben nachträgliche Änderungen vor genommen und dabei alte Lacke verwendet oder nicht alle nötigen Lackschichten aufgetragen. Ein paar neue Änderungen stehen zusätzlich am Plan. Außerdem gibt es am Vordeck kleine Stellen, an denen wir keinen Sand als Rutsch Sicherheit in den Lack eingearbeitet haben. Diese Stellen nerven uns seit wir unterwegs sind und es wird endlich Zeit, sie zu ändern!Doch kritisch sind die paar Roststellen an Deck nicht. Und bekanntlich rosten Stahlyachten ja von Innen nach Außen. Viel wichtiger ist der Lack im Inneren des Rumpfes. Und so steht nun eine eingehende Inspektion an. Und auch hier wartet einiges an Arbeit auf uns. Auch hier sind wir an einigen Stellen praktisch selber Schuld: Weil wir uns bei der Pearl

Stahlrumpf Pflege und Wartung

eben nichts geschenkt haben. Unsere harten Zusammenstöße mit dem Eis im Hohen Norden haben durchaus ihren Zoll gefordert. Und wer unsere Videos von diversen Eisfahrten schon mal betrachtet hat, kann sich aus mahlen, warum wir „Eisschaden" an Bord haben. Im Bugbereich - genauer gesagt im Ankerkasten - zeigt der Lack im Inneren leichte Risse.Bei genauerer Betrachtung kann man feststellen, dass sich die Stahl Außenhaut zwischen dem dritten und fünften Spant durch die harten Zusammenstöße mit dem Eis leicht verformt hat, was zur Rissbildung der aufgetragenen Lackschichten innen führte. Gut, dass die Familie Winke gute Arbeit beim Bau unserer Pearl geleistet hat, alle Schweißnähte haben einwandfrei gehalten. Im Heck, genauer gesagt in den Backs Kisten, gibt es einige Roststellen, deren Ursache wir eher am Lack, beziehungsweise an unserer Verarbeitung beim Restaurieren suchen wollen. Denn hier haben in einigen Bereichen die verschiedenen Lack Schichten nicht gehalten. Da das Standstrahlen im Inneren der Yacht extrem schwierig war und unmöglich alle Winkeln und Ecken erreicht werden konnten, wundert es uns nicht, dass sich in der verwinkelten Ecken in der Backs Kiste leichte Roststellen zeigen, die in Angriff genommen werden müssen.Ein größeres Projekt hat sich über die letzten Jahre allerdings im Mittelbereich unserer Yacht angesammelt. Ursprünglich gab es auf der Pearl einen „Im-Rumpf" Grau Wasser Tank. Das heißt, die Rumpfhaut selbst wurde in einem Bereich direkt als Außenwand eines Brauchwasser Tanks genützt. Allerdings ist gerade in Verbindung mit Grau Wasser die besonders abzuraten, da so Rost unvermeidbar und die Inspektion beziehungsweise Wartung unmöglich wird. Wir haben bei der Restauration von der Pearl die großen Inspektion s Luken dieses Grau Wasser Tanks aufgemacht, den Tank ausgeputzt, Sand gestrahlt und neu gestrichen. Der Bereich wurde von uns von nun an als reguläre Bilge – Stau Kammern verwendet, da wir annahmen, die Problemstelle so behoben zu haben. Doch hat sich herausgestellt, dass diese Behandlung nicht genug war. Durch die Inspektion s Luken des alten Tanks konnten beim Sandstrahlen nicht alle Ecken erreicht werden, außerdem füllte sich der Tank immer wieder rasch mit Sand, was die Wirkung des Strahlen verminderte. Damit hat sich in den Kammern neuerlicher Rost gebildet und es wird klar, dass wir den Tank komplett auf schneiden müssen. Nur so können wir den Rumpf ordentlich abschleifen und neu lackieren. Da die Oberseite des Tanks gleichzeitig der Boden in unserer Bordwerkstätte darstellt, heißt das, dass wir den Boden mittels Winkelschleifer und Trenn-Scheiben komplett aus dem Boot schneiden und - wie im restlichen Boot - einen neuen Boden aus Holz einpassen werden.

Bootsbaustelle in Mexiko

Um die Lackarbeiten erfolgreich erledigen zu können, mussten wir vorerst auf ein Seegebiet warten, in dem das Klima möglichst ausgeglichen und trocken ist und in dem wir eine geschützte und möglichst einsame Anker Bucht finden könnten, um die Arbeiten ohne zu stören zu erledigen. Alaska und Kanadas Küste vielen schon mehr oder weniger wegen dem instabilen Wetter aus, wenn wir auch die starken Gezeiten in Cordova, Alaska, nutzten, um trocken zu fallen und diverse Eisschäden an der Unterwasserfarbe vorläufig ausbesserten. Auch holten wir uns in Alaska einen Eindruck von den Lacken, die hier von den Fischerei Fahrzeugen genützt wurden.Entlang der amerikanischen Westküste weiter im Süden gibt es praktisch keine einsamen Anker Buchten, weshalb wir uns entschieden, die Arbeiten in Mexiko zu erledigen. Noch in Washington Staate kauften wir allerdings alle nötigen Lacke plus Verdünnungen, da wir uns für Lacke der Firma International entschieden hatten. Diese Entscheidung kam nicht aufgrund guter Beratung - denn die war leider nicht vorhanden - sondern aufgrund des Einsatz der Lacke in der Fischerei und der Preis-Leistung. Da wir generell mit unserem bisherigen Farbaufbau zufrieden waren, haben wir auch nun wieder zwei komponentige Epoxyd Lacke als Rostschutz gewählt (Interzinc und Intertuf) und Polyurethan als Decklack (Interthan).Wichtig für unsere Arbeit in einer Anker Bucht in Mexiko ist, alles nötige an Bord zu haben. Noch in der USA kauften wir daher Trenn- und Schrupp-Scheiben für den Winkelschleifer, Pinsel und Staubmasken und füllten die Benzinkanister für den Generator. In La Paz, Mexiko, füllten wir die Lebensmittel Schapps und Wassertanks, um lange Zeit autark vor Anker leben zu können. In einer Bucht wenige Seemeilen vor La Paz ging es dann an die Arbeit. Im Zuge der Schleif- und

Lackarbeiten in den Backs Kisten montierten wir auch die neuen Püttinge für den Schleppanker zu beiden Seiten des Hecks. Der Anker sollte bei schwerer achterlicher See in Zukunft mittels schweren Schäkeln gerigt werden.Tagelang ist das Deck überhäuft mit Trossen, Segel und allem möglichen Ausrüstungsgegenständen aus den Backs Kisten. Gut, das hier im mexikanischen Niederkalifornien Diebstahl kein Thema ist! Sobald die Backs Kisten entrostet und mit etlichen Lagen neuem Lack gestrichen sind, beginnen wir die Arbeiten im Vorschiff. Mittlerweile hat unser billiger Winkelschleifer seinen Geist aufgegeben und so bleibt uns nur unser Markengerät (welches übrigens auch die gesamte Restauration von der Pearl schadlos überstanden hat!). Damit wechseln wir uns von nun an ab. Ich arbeite in dem Ankerkasten, während Jürgen den Boden aus seiner Werkstätte heraustrennt. Obwohl wir den Durchgang zur Kajüte mit Plastik abgehängt haben, wird das Leben auf der Pearl beschwerlich. Der Stahlstaub schafft es, Löcher in der Plane zu finden und bald bedeckt eine satte Staubschicht das Boot innen wie außen. Natürlich sieht mittlerweile auch das Deck eher traurig aus. Der Stahlstaub ist über einige Regentage und während des Taus in der Nacht verrostet und so überzieht eine regelrechte Rostschicht das Deck. Aber damit haben wir gerechnet. Sobald die Schleifarbeiten im Schiff erledigt sind, putzen und schrubben wir das Boot. Im Inneren mittels Scotch Brite und Putzmittel, die Hölzer schleifen wir gleich mit und verpassen ihnen einen neuen Anstrich aus Leinöl. Außen schrubben wir das Deck mit Drahtbürsten. Die Sonne brennt erbarmungslos auf uns und zu spät erst merken wir den Sonnenbrand, der Abends unsere Rücken schmerzen lässt. Längst haben wir uns entschlossen, die Kajüte und das gesamte Deck neu zu lackieren um wieder eine einheitliche Farbschicht zu erhalten. Da wir die kommende Zeit in tropische Klimazonen verbringen werden, nutzen wir die Gelegenheit um die Farben an Deck heller zu gestalten. So wird das Deck hoffentlich in Zukunft weniger heiß. Wir putzen das Deck mit Verdünnung und tragen anschließend neuen Polyurethan-Lack in hellem Gelb und Weiß auf. Mit feinem Sand bessern wir die Antirutsch-Flächen aus und vergrößern sie über Flächen, die wir bisher ohne Sand gehalten haben. Für uns hat sich diese Art von Antirutsch-Belag sehr gut bewährt, selbst bei leichtem Eis auf Deck hatten wir in Vergangenheit einen guten Halt. Der Nachteil, dass nach einiger Zeit etwas Sand sichtbar wird, da man den Lack darüber abtritt, wird mit der gelben Farbe gut kaschiert: Sie wird einfach etwas dunkler. Das Leben an Bord wird einfacher, nachdem Deck und Kajüte wieder sauber sind. Einen Tag verbringen wir damit, das Rigg neu zu stellen. Wir hatten während der Arbeiten an Deck einige Wanten und Stage gelöst, weshalb das ganze Rigg nun neu getrimmt werden muss. Auch nutzen wir den sonnigen, Wind armen Tag, um das Rigg bis zum Masttop zu überprüfen. Eine Arbeit, die wir ohnehin vor dem langen Pazifik-Segelschlag durchführen müssen.Nun bleibt nur noch die Holzarbeit: Mittels OSP- Platten fertigt Jürgen einen neuen Boden für seine Werkstatt.Zum Schluss muss das Boot noch einmal grundlegend geputzt werden, um Holzstaub und Sand von den Lackarbeiten an Deck los zu werden. Ein knappes Monat ist vergangen seit wir unseren Anker in dieser Bucht fallen ließen. Mit der Taucher Ausrüstung geht es zu guter Letzt noch unters Boot, um die mittlerweile gewachsenen Muscheln los zu werden. Endlich wird es Zeit für uns, das Segeln in Mexiko zu genießen!

ZWISCHENZEITLICHES EINDÄMMEN VON KORROSION

Bereits früher haben wir von ähnlichen Verfahren und deren Erfolg gehört und denken, dass meine Stahlbehandlung sehr interessant ist. Es wird zwar noch einige Zeit dauern, aber nach ausgiebigen Test werden wir unsere Erfahrungswerte mit dem Verfahren berichten können.Es kann sein, dass euch die Frostwechsel den Farbanstrich an Teil-Flächen und/oder Farbverletzungen im Außenschiff ggf.

auch im Innenschiff ablösen, und da dann Roststellen mit Fahnen entstehen. Das ist ja nichts Schlimmes, nur wächst das mit der Zeit und breitet sich aus, wird immer mehr. Diese Oberflächen – Korrosion kann man abbremsen indem man die entstehenden Stellen unverzüglich mit 75%iger Phosphorsäure ab pinselt. Aus dem Rost, Eisenhydroxyd, wird dann Eisenphosphat und das wichtigste dabei ist, das ist keine Abdeckung des Rostes , sondern eine Still Setzung der aktiven Korrosion s Stelle aufgrund der Wasser-Resistenz des sich bildenden Fe - Phosphat es . Das Verfahren haben wir Werft seitig hier bei uns, selbst auf Schiffen in der Karibik praktiziert. Bei Minusgraden sollte das auch funktionieren, das teste ich mal mit dem Tiefkühlschrank aus. Auch könnt ihr mal mit "Phosphat Säure und Korrosion" googeln, da kommt reichliches Informations-Material rüber. Mit gleichem Verfahren behandele ich auch Rost an den sog. rostfreien Stählen, z.B. an Gewinden, Schraubenköpfen, Cr. Ni-Dopplungen usw. Dort ist es nicht nur eine Schönheitssache, sondern sogar sehr zweckmäßig. Hierbei wird die aktive Stelle im Cr Ni- Stahl stillgelegt, so dass die elektrolythische Folge-Korrosion (aus der passiven CrNi- Oberfläche {Kathode] zur aktiven Roststelle [Anode]) zum Stillstand kommt. Bei "Säure" fallen ja viele gleich in Ohnmacht, aber die 75%ige Phosphor Säure ist eine Säure, ähnlich Zitronen- oder Essigsäure, eine organische Säure. Ich benutze sie vielseitig: am Auto, auf den Cr Ni - Beschlägen an Bord, zur Entrostung von Ersatzteilen und Bord-Werkzeugen, im Winterlager zu Phosphatierung von Stahlkiel-Abschürfungen usw. Ob ihr so was in Nuuk bekommt müsst ihr sehen. 1/4 Liter ist meiner Erfahrung ausreichend fürs Jahr, die könnte auch eine Apotheke liefern. Lasst euch dazu das sog. Stoff-Leistungsblatt beschaffen, denke mal dass in Grönland dänische Sicherheitsstandards gelten.

SANDSTRAHLEN

Ob es sich um eine Komplett-Restaurierung oder nur um eine Instandsetzung der Stahlyacht handelt: Sandstrahlen bringt die besten Ergebnisse.Immer wieder trifft man am Bootsmarkt auf Stahlyachten, die darauf warten, wieder instand gesetzt zu werden. Und bei vielen dieser Projekte empfiehlt es sich, den alten Lack komplett zu entfernen und den Stahl mit einem neuen Lackaufbau zu konservieren. Auch trifft man unterwegs immer wieder Eigner, die den Weg gehen und ihre Yacht nach jahrelanger Nutzung neu Sand zu strahlen, um auch weiterhin Freude mit dem Boot zu haben.Die beste Lösung, alten Lack und Rost am Rumpf loszuwerden, bietet das komplette Sandstrahlen des Bootes. Bei einer Restauration soll außerdem die Möglichkeit genützt werden, dass das Boot auch Innen mittels Sandstrahlen entrostet wird, da in der Regel Schiffe nicht von Außen nach Innen durchrosten, sondern von Innen nach Außen (eine Ausnahme bildet natürlich Elektrolyse).Auch wir sind bisher bei 2 unser Restauration s Projekte den Schritt gegangen, das Schiff Sand zu strahlen. Dafür nutzen wir verschiedene Möglichkeiten, welche in diesen Bericht mit einfließen.Den einfachsten Weg des Sandstrahlen bieten kleinere, trailerbare Boote. Sie können in einen Betrieb gebracht werden, welcher für Industrie und Anlagenbau Sand strahlt und gleich vor Ort die erste Lage Grundierung aufbringt. In manchen Fällen zahlt sich ein Preisvergleich sicherlich aus, da derartige Betriebe manchmal kostengünstiger als Yacht Werften arbeiten können, oder keine Werften in der Nähe sind. Natürlich muss für derartige Betriebe meist auch ein zum Boot passender Stellbock gebracht werden. Um die Qualität der Arbeit kontrollieren zu können, sollte der Betrieb nach Fertigstellung des Sandstrahlen und vor der ersten Grundierung einige Bilder von der geleisteten Arbeit machen, die später auch ins Restauration s Album gehen.Entscheidet man sich, eine Firma mit dem Sandstrahlen zu beauftragen, muss das Boot für die Arbeit vorbereitet werden. So müssen alle Öffnungen ins Innere dicht verschlossen werden und alle Anbauten, die nicht Sand gestrahlt werden sollen, müssen abgebaut werden.Besteht die Möglichkeit des

Yacht Transport nicht, oder kann keine passende Firma gefunden werden, bietet in vielen Fällen ein Mobiler Sandstrahler eine Alternative. Auch auf vielen Trockendocks und Werften wird die Möglichkeit angeboten, dass ein Arbeiter mit einem mobilen Gerät die Arbeit übernimmt. Hier muss jedoch beachtet werden, dass die Yacht nicht auf zu engem Raum zwischen andere Boote steht und ob de Umwelt Vorschriften der Werft Probleme bereiten könnten. In vielen Fällen muss die Yacht zuerst komplett eingerüstet und mit Planen verhängt werden. Eine wetterbedingte Flexibilität des Beauftragten muss abgesprochen werden und in der Planung eines derartigen Vorhabens muss beachtet werden, dass die Yacht direkt nach den Strahl Arbeiten grundiert gehört, wofür genügend Zeit und genügend Arbeitskräfte einkalkuliert werden müssen.Eine weitere Variante besteht darin, sich ein mobiles Gerät zu leihen und die Strahl Arbeiten selbst aus zu führen. Leihgeräte sind entweder über Strahl Firmen oder aber auch über Schotterwerke bzw. Sandgruben und Bergbaubetriebe zu beziehen. Um die Arbeiten selbst durchzuführen, sind einige Grundlagen interessant.Das Gerät besteht im allgemeinen aus drei Komponenten: ein starker Baustellenkompressor, das Sand Strahl Gerät selbst und die Schutzbekleidung mit eigener Frischluftzufuhr. Speziell bei Verwendung von Quarzsand als Strahl Gut ist eine ordentliche Schutzausrüstung wichtig, da Quarzsand bei den Strahl Arbeiten giftiges Silikat im Staub freigibt.Am Markt wird unterschiedliches Strahl Gut angeboten, wovon für die Bootsrestauration Hochofenschlacke, Quarzsand oder Stahl Schrot interessant ist. Stahl Schrot wird in der Regel in geschlossene Strahl Hallen verwendet und entfällt meist für die Benutzung bei mobilen Geräten, Hochofenschlacke oder Quarzsand sind in verschiedenen Körnungen erhältlich und sind für unsre Einsatzzwecke am besten in Körnungen zwischen 1mm und 2,5mm geeignet.Hochofenschlacke gilt als nicht Gesundheit s gefährlich, doch ist auch hier eine ausreichende Schutzkleidung nötig. In der Verarbeitung, im Verbrauch und im Ergebnis konnten wir keine bedeutenden Unterschiede zwischen Schlacke und Sand feststellen.Für die Schutzkleidung ist anzumerken, dass genügend Ersatzgläser für die Maske vorhanden sein müssen, da diese sehr schnell erblinden. Weiteres ist es zu raten, dass die Atemmaske von einem separaten kleinen Luftkompressor mit neuen Filter gespeist

Stahlrumpf Wartung und Pflege

Ob es sich um eine Komplett-Restaurierung oder nur um eine Instandsetzung der Stahlyacht handelt: Sandstrahlen bringt die besten Ergebnisse.Immer wieder trifft man am Bootsmarkt auf Stahlyachten, die darauf warten, wieder instand gesetzt zu werden. Und bei vielen dieser Projekte empfiehlt es sich, den alten Lack komplett zu entfernen und den Stahl mit einem neuen Lackaufbau zu konservieren. Auch trifft man unterwegs immer wieder Eigner, die den Weg gehen und ihre Yacht nach jahrelanger Nutzung neu Sand zu strahlen, um auch weiterhin Freude mit dem Boot zu haben.Die beste Lösung, alten Lack und Rost am Rumpf loszuwerden, bietet das komplette Sandstrahlen des Bootes. Bei einer Restauration soll außerdem die Möglichkeit genützt werden, dass das Boot auch Innen mittels Sandstrahlen entrostet wird, da in der Regel Schiffe nicht von Außen nach Innen durchrosten, sondern von Innen nach Außen (eine Ausnahme bildet natürlich Elektrolyse).Auch wir sind bisher bei 2 unserer Restauration s Projekte den Schritt gegangen, das Schiff Sand zu strahlen. Dafür nutzen wir verschiedene Möglichkeiten, welche in diesen Bericht mit einfließen.Den einfachsten Weg des Sandstrahlen bieten kleinere, Trailer bare Boote. Sie können in einen Betrieb gebracht werden, welcher für Industrie und Anlagenbau Sand strahlt und gleich vor Ort die erste Lage Grundierung aufbringt. In manchen Fällen zahlt sich ein Preisvergleich sicherlich aus, da derartige Betriebe manchmal kostengünstiger als Yacht Werften arbeiten können, oder keine Werften in der Nähe sind. Natürlich muss für derartige Betriebe meist auch ein zum Boot passender Stellbock gebracht werden. Um die Qualität der Arbeit kontrollieren zu können, sollte der Betrieb nach Fertigstellung des Sandstrahlen und vor der ersten Grundierung einige Bilder von der geleisteten Arbeit machen, die später auch ins Restauration s Album gehen.Entscheidet man sich, eine Firma mit dem Sandstrahlen zu beauftragen, muss das Boot für die Arbeit vorbereitet werden. So müssen alle Öffnungen ins Innere dicht verschlossen werden und alle Anbauten, die nicht Sand gestrahlt werden sollen, müssen abgebaut werden.Besteht die Möglichkeit des Yacht Transport nicht, oder kann keine passende Firma gefunden werden, bietet in vielen Fällen ein Mobiler Sandstrahler eine Alternative. Auch auf vielen Trockendocks und Werften wird die Möglichkeit angeboten, dass ein Arbeiter mit einem mobilen Gerät die Arbeit übernimmt. Hier muss jedoch beachtet werden, dass die Yacht nicht auf zu engem Raum zwischen andere Boote steht und ob de Umweltvorschriften der Werft Probleme bereiten könnten. In vielen Fällen muss die Yacht zuerst komplett eingerüstet und mit Planen verhängt werden. Eine wetterbedingte Flexibilität des Beauftragten muss abgesprochen werden und in der Planung eines derartigen Vorhabens muss beachtet werden, dass die Yacht direkt nach den Strahl Arbeiten grundiert gehört, wofür genügend Zeit und genügend

Arbeitskräfte einkalkuliert werden müssen.Eine weitere Variante besteht darin, sich ein mobiles Gerät zu leihen und die Strahl Arbeiten selbst auszuführen. Leihgeräte sind entweder über Strahl Firmen oder aber auch über Schotterwerke bzw. Sandgruben und Bergbaubetriebe zu beziehen. Um die Arbeiten selbst durchzuführen, sind einige Grundlagen interessant.Das Gerät besteht im allgemeinen aus drei Komponenten: ein starker Baustellenkompressor, das Sandstrahl Gerät selbst und die Schutzbekleidung mit eigener Frischluftzufuhr. Speziell bei Verwendung von Quarzsand als Strahl Gut ist eine ordentliche Schutzausrüstung wichtig, da Quarzsand bei den Strahl arbeiten giftiges Silikat im Staub freigibt.Am Markt wird unterschiedliches Strahl Gut angeboten, wovon für die Bootsrestauration Hochofenschlacke, Quarzsand oder Stahlschrot interessant ist. Stahlschrot wird in der Regel in geschlossene Strahl Hallen verwendet und entfällt meist für die Benutzung bei mobilen Geräten, Hochofenschlacke oder Quarzsand sind in verschiedenen Körnungen erhältlich und sind für unsre Einsatzzwecke am besten in Körnungen zwischen 1mm und 2,5mm geeignet.Hochofenschlacke gilt als nicht Gesundheit s gefährlich, doch ist auch hier eine ausreichende Schutzkleidung nötig. In der Verarbeitung, im Verbrauch und im Ergebnis konnten wir keine bedeutenden Unterschiede zwischen Schlacke und Sand feststellen.Für die Schutzkleidung ist anzumerken, dass genügend Ersatzgläser für die Maske vorhanden sein müssen, da diese sehr schnell erblinden. Weiteres ist es zu raten, dass die Atemmaske von einem separaten kleinen Luftkompressor mit neuen Filter gespeist werden sollte. Bei der Restauration der Eigenyacht wird in vielen Fällen die Lunge durch Nachlässigkeit über die Maßen belastet.Sind nun alle Vorbereitungen getroffen - die Lacke müssen natürlich ebenfalls griffbereit vorhanden sein - und gibt der Wetterbericht grünes Licht, kann mit den Arbeiten begonnen werden. In der Regel ist es empfehlenswert, unter der Yacht Planen auszubreiten, das Strahl Gut kann so aufgefangen und einige Male wiederverwendet werden. Aus eigener Erfahrung ist es eine ungemeine Arbeitserleichterung und Zeiteinsparung, wenn man sich für diese Arbeiten zu zweit Zeit nimmt, so kann eine Person strahlen während sich die zweite um die Maschine kümmert. Aber Vorsicht, alle Personen sollten mit Atemschutz ausgestattet sein.Da die Arbeit des Sandstrahlens in vielen Fällen nicht auf einmal abgeschlossen werden kann, ist es nötig, das Boot in Teilbereiche zu strahlen, damit noch vor Einbruch der feuchten Abendluft eine Zinkgrundierung aufgebracht werden kann. Ist eine Staubbelastung am Bauplatz kein großes Problem, kann darauf verzichtet werden, dass man ein Planen Zelt ums Schiff baut, da so das Ergebnis während der Arbeit besser gesehen wird .Bei den Strahl arbeiten an der Pearl verbrauchten wir zum Sandstrahlen von Rumpf, Deck und Aufbauten sowie innen insgesamt 7 Tonnen Strahl Gut, davon verwendeten wir 3 Tonnen Hochofenschlacke und 4 Tonnen Quarzsand. Im Verbrauch sowie im Ergebnis konnten wir keinen nennenswerten Unterschied zwischen dem Strahl Gut erkennen.

BESCHICHTUNG
UND LACKARBEITEN

Hat man sich nun die Arbeit und den Kosten Aufwand gemacht, die Yacht Sand zu strahlen, kann mit Hilfe eines durchdachten Beschichtung s System das Schiff zu neuen Glanz erstrahlen. Gerade am Beschichtung s Markt gibt es viele verschiedene Meinungen und Ansätze, die auch in verschiedenen Maß die Geldbörse belasten. In diesem Bericht möchte ich unsere grundlegenden Überlegungen aufschreiben und das daraus resultierende Beschichtung s System, mit dem wir die Pearl ausgestattet haben. Dabei will ich jedoch nicht behaupten, dass sei die einzig richtige Alternative, ich möchte lediglich unsere Erfahrungen mit interessierte Leser teilen!Unser grundsätzliche Anspruch an die Beschichtung vom Stahlrumpf liegt in der Isolierung des Stahls vom Wasser, der Lackaufbau muss also möglichst Diffusion s

dicht sein oder den Diffusion s weg verlängern.
Neben der Dichtigkeit ist es auch wichtig, dass
der Lack möglichst hohe Haltekraft am Stahl hat
und sich die verschiedenen Lagen Lack nicht
voneinander lösen. Der Lack darf nicht zu
spröde ausfallen und darf auch bei
mechanischer Belastung von Außen nicht
abspringen. Weiteres muss der Decklack
möglichst UV-beständig sein und .darf weder
seifen noch aus kreiden, er soll seine Farbe
behalten und auch leicht zu reinigen sein,
beziehungsweise nicht anfällig auf
Reinigungsmittel und Verunreinigungen im
Hafenwasser sein. Man kann bereits erkennen,an
die Beschichtung von Stahlyachten werden eine
Menge hohe Ansprüche gestellt.Wir haben uns,
bei der Beschichtung unserer Boote, auf
2komponentige Lacke geeinigt. Diese sind zwar
in der Regel nicht ganz so einfach zu
Verarbeiten als 1komponentige Lacke, sie
wurden uns aber durchwegs empfohlen. Dabei
entschieden wir uns für eine Grundierung auf
Basis Epoxidharz-Lacke und die Deckschichten
auf Basis Polyurethan Lacke. Als Beschichtung s
Methode haben wir das händische Aufbringen
mittels Roller entschieden, als Alternative dazu
wäre die Beschichtung durch Airless - Lackieren
möglich, welches zwar zum schöneren Ergebnis
geführt hätte, aber einen hohen Lackverlust mit
sich bringt und von uns voraussichtlich nicht mit
gleichbleibender Qualität aufzubringen gewesen

wäre. Auch haben wir uns entschieden, die Pearl nicht zu spachteln, da wir weder die Ansprüche eines optisch einwandfreien Rumpfes an unser Schiff stellen noch gewillt waren, extra Geld und Zeit in Spachtelarbeiten zu stecken und dadurch mehr unnötiges Gewicht auf unser Blauwasserboot zu packen.Wichtige Grundlage zur Beschichtung ist dabei, eine Schichtstärke von mindestens 0,35mm mit vielen dünnen Schichten statt wenigen dicken Anstrichen zu erreichen, grundsätzlich angegeben werden so mindestens 5 Anstriche. Im Fall der Pearl haben wir uns auf folgendes System mit insgesamt 8 Anstriche geeinigt:

-
2 Anstriche Grundierung auf Basis Epoxidharz mit sehr hohem Anteil Zinkstaub

-
darauf

-
2 Anstriche Grundierung auf Basis Epoxidharz mit Eisenglimmer

-
darauf

-
2 Anstriche Deckbeschichtung auf Basis Polyurethan mit Eisenglimmer

-
darauf

-
2 Anstriche Deckbeschichtung auf Basis

Polyurethan Die Beigabe von Zinkstaub beziehungsweise Eisenglimmer sollen den Diffusion s Weg verlängern und die Schicht Stärke der Beschichtung verbessern. Diese Stoffe legen sich Dachziegel artig übereinander und erschweren so Wasser Moleküle zusätzlich das Durchdringen der Beschichtung.Ist nun die Entscheidung gefallen, welches Beschichtung s System beziehungsweise welche Lacke verwendet werden, ist es nun wichtig, die Anstriche so gewissenhaft wie möglich zu verarbeiten. Gleich zu Beginn stellt sich das Hindernis, dass, technisch gesehen, die Zeit zwischen Sandstrahlen vom Stahl und Aufbringung der ersten Grundierung nur einen Zeitraum von 20 Minuten betragen soll. Schnell wird jedoch klar, dass das so gut wie unmöglich ist, da die Strahl Arbeiten nicht in einem derartig kurzen Zeitraum abgeschlossen werden können. Dennoch ist diese Zeitangabe interessant, da hier bewusst wird, dass der gestrahlte Stahl so schnell wie möglich grundiert werden muss und die Yacht so besser in Teilbereiche gestrahlt werden sollte. Um das bestmögliche Ergebnis zu erhalten, haben wir deshalb immer nur von Morgen bis frühen Nachmittag einen Bereich gestrahlt um die warme und trockene Luft am Nachmittag für Beschichtung s Arbeiten zu nützen und keinen Bereich über Nacht ohne Beschichtung zu lassen. Dabei wurde uns als Bedingung angegeben, dass der jeweilige

Untergrund absolut trocken und frei von Verunreinigungen ist. Weiteres galt zu beachten, dass die reelle Luftfeuchtigkeit 80% nicht übersteigen und die Temperatur von +15° nicht unterschreiten durfte.Um ein tadelloses Trockenen der einzelnen Lackschichten zu erreichen und so zu vermeiden, dass Lösungsmittel eingeschlossen wird, mussten Pausen zwischen den einzelnen Lackschichten eingelegt werden. Diese galten, je nach Temperatur und Sonneneinstrahlung von mindestens 1 bis Zeit überschritten, mussten der Untergrund mit Vlies angeschliffen werden, was jedoch wieder die Schichtstärke der Lackschicht verminderte. Hat eine Lackschicht nicht genügend Zeit, die enthaltenen Lösungsmittel abzutrocknen, ist es möglich, dass die Haltekraft zwischen den Schichten heruntergesetzt wird und sich Bläschen bilden oder gar der Lack abspringt.Bei 2 komponentigen Lacken ist es außerdem besonders wichtig, auf das richtige Misch Verhältnis zwischen Lack und Härter zu achten und beide Komponenten ordentlich durchzumischen. Zu wenig Härter im Lack kann dazu führen, dass die Beschichtung nicht richtig aushärtet, zu viel Härter führt in der Regel zu einem spröden Ergebnis. Unsre Erfahrungen zeigten, dass es sehr hilfreich ist, sich vom Hersteller die Lacke in kleineren, zusammen passenden Einheiten abfüllen zu lassen, so kann man ohne große Mühe einfach eine Dose Lack mit einer mit gelieferten Dose Härter mischen. Gerade Lacke mit Zinkstaub oder Eisenglimmer mussten immer wieder fest durch gerührt werden, da sich die Teilchen am Dosenboden absetzten.Vor den Beschichtung s Arbeiten muss außerdem sichergestellt sein, dass Atemschutz mit auswechselbaren Kohlefilter für jede arbeitende Person, Einweghandschuhe und eine Vielzahl von Ersatzrollen vorhanden sind. Auf keinen Fall einfache Staubmasken verwenden, da diese nicht gegen den Lösungsmittel-Dunst der Lacke helfen!Um auf Deck rutschfeste Flecken zu erzielen, streuten wir auf die vorletzte Lackschicht Sand, ließen diese Trocken, überschüssiger Sand wurde abgesaugt und mit einer endgültigen Lackschicht wurde der Sand versiegelt.

TAKELUNGSARTEN
Grundlegende Überlegungen zum Rigg

Ohne Zweifel hat in den letzten Jahrzehnten die Topp - getakelte Slup ihre Überlegenheit am Markt demonstriert und gerade im Serienbau nahezu jegliche andere Takelage abgelöst und aus den Häfen beinahe vertrieben. Mit Einsatz von moderner Technik sind auch für kleine Crews ihre großen Segel ohne großen Kraftaufwand zu bedienen und die Industrie bietet laufend neue Entwicklungen an, um den Kunden die Vorteile der topp-getakelten Slup in allen Zügen genießen zu lassen.Um so weniger verwundert es, wenn man immer weniger Segler antrifft, die von Erfahrungen an Bord .Yachten mit alternativen Takelagen erzählen können und so den Vorteil haben, sich bei der Entscheidung über eine eigene Yacht auch ein individuell abgestimmtes Rigg wählen können.Um nun für das eigene Blauwasserboot eine passende Takelage zu wählen, sind zuerst grundlegende Überlegungen zu treffen, welche auf die endgültige Entscheidung bedeutende Auswirkungen haben können. Auch wir haben uns verschiedene Gedanken über das bevorzugte Rigg gemacht, noch lange bevor wir uns auf den Gebrauchtbootmarkt gestürzt haben um nach den passenden Rumpf zu suchen, weshalb ich hier in diesem Bericht über einige dieser Grundgedanken schreiben will, bevor ich einige der vielen Takelagen für Yachten vorstelle. Anforderungen Was wird nun also vom Rigg einer Blauwasseryacht verlangt? Grundsätzlich kann davon ausgegangen werden, dass die Yacht von kleiner Crew betrieben wird, in den meisten Fällen muss das Rigg sogar "Einhand tauglich" sein. Wie bereits im Artikel mit kleiner Crew im schweren Seegang von mir beschrieben, sollte prinzipiell die Bedienung aller Segelflächen auf das schwächste Crewmitglied abgestimmt sein, denn spätestens im Notfall kann der sichere Umgang mit den Segel vom schwächsten Mitglied an Bord eine entscheidende Rolle spielen.Grundsätzlich muss man davon ausgehen, dass die Blauwasseryacht in allen

Richtungen bestmöglich laufen muss. Die alte Überzeugung, dass eine Yacht auf Langfahrt keine befriedigenden Am Wind - Eigenschaften nötig hat, ist mit Sicherheit überholt und stimmt in keiner Weise. Auch wenn der Welt Segler von raumen Winden spricht und ein wochenlanges Aufkreuzen zu seinen Albträumen gehört, ist es dennoch nötig, dass die Yacht auch am Wind gute Eigenschaften zeigt und Höhe laufen kann. Spätestens beim Versuch, sich beim aufkommenden Schlecht Wetter von einer Lee Küste frei zu kreuzen, ist jeder Segler froh, wenn sein schwimmendes Zuhause auch hoch am Wind Agil arbeitet.Da Blauwasseryachten die meiste Zeit per Windfahne oder Autopilot gesteuert werden, hilft es, wenn das gewählte Rigg die Yacht unterstützt, möglichst Kurs stabil zu segeln. Wird das Boot vorwiegend per elektrischen Autopilot gesteuert, spart ein Kurs stabil segelndes Boot wertvolle Elektrizität und auch die Windfahnensteuerung kann bei einem extrem Luf gierigem Boot schnell einmal Probleme bekommen.Natürlich muss auch daran gedacht werden, dass die gewählte Rigg Form auf einer Fahrtenyacht mit den unterschiedlichsten Wind- und Wetter Bedingungen konfrontiert wird und einer Dauerbelastung standhalten muss. Das Rigg muss daher sehr stabil und nach höchsten Standard gebaut werden und muss sowohl große Leichtwindsegel wie auch aufs kleinste gereffte, schwere Sturm Besegelung tragen können. Nun kann man sich denken, dass diese Anforderung ohnehin auf jede seegängige Segelyacht gestellt werden, was ich auch grundlegend unterstreiche, doch zeigt die Praxis in vielen Beispielen Gegenteiliges. Viele Reff Systeme zeigen schon bei mittleren Windgeschwindigkeiten Probleme und manche Bauteile ermüden nach wenigen gesegelten Meilen. Nach dem ersten großen Schlag, zum Beispiel über den Atlantik in die Karibik, beginnt für viele Blauwassersegler eine nervtötende und Geld raubende Rallye nach Austauschteilen und die haarsträubendsten Geschichten über gebrochene Terminals oder auseinander fallende Blöcke machen ihre Runden in der Anker Bucht.In vielen Fällen muss das Rigg von Blauwasseryachten auch als Träger für verschiedenste Geräte und Antennen herhalten. Auch diese Tatsache muss bei der Wahl des Riggs bedacht werden.Ein zukünftiger Tausch der Segel wird auf Langfahrt früher anfallen als erhofft. Eine Tatsache, die schon bei der Wahl der Takelage eine entscheidende Grundlage ist. Riggs, die für extravagante, hochmoderne oder sehr veraltete Segelschnitte gebaut sind, können unterwegs ein beachtliches Loch ins Budget reißen, sofern sich die Crew nicht selbst neue Segel näht (was heute bestenfalls noch bei Dschunken anzutreffen ist).Und schließlich und endlich muss das Rigg einer Blauwasseryacht so ausgelegt werden, dass es so weit als möglich von den Eignern selbst gewartet und repariert werden kann, die Masten müssen ohne große Probleme zum Auf Entern geeignet sein und alle Teile des Riggs müssen zu kontrollieren sein. Rollanlagen, die sich im Mast verstecken, haben somit meiner Einschätzung nur eingeschränkt Berechtigung auf Langfahrt Nachdem nun viele Anforderungen ans Rigg von Langfahrtyachten gesammelt sind, kann man sich nun Gedanken machen, welche Varianten am Markt erhältlich sind und am besten zu den persönlichen Anforderungen passen.Takelung s Arten Natürlich ist heutzutage auch auf Blauwasseryachten das Bermudarigg, auch Hochtakelage genannt, die gängigste Takelage, so wie sie in den meisten Yachthäfen der Welt das Bild prägt. Ihre starken Vorteile liegen einerseits in den guten Am Wind - Eigenschaften, andererseits darin, dass diese Takelage mit den unterschiedlichsten Segel geriggt werden kann. Für den Blauwassersegler ist ihre Dominanz am Markt ein weiterer Vorteil, da Ersatzsegel weltweit leicht zu bekommen sind.Innerhalb der Hochtakelage hat sich zur Zeit die Slup als die gängigste Form heraus gestellt. Mehr Mast Yachten verschwinden immer mehr von der Bildfläche. Moderne Technik hat es dem Segler leichter gemacht, mit den verhältnismäßig großen Segeln einer Slup zu arbeiten, ein riesiges Groß und eine annähernd gleich große Standardgenua werden auf modernen Yachten über Rollsysteme gesetzt und geborgen. Auch wenn die Arbeits-Erleichterung groß ist und sich viele Segler ein Segeln ohne Rollsysteme kaum noch vorstellen können, sind viele Anlagen kritisch zu betrachten. Rollanlagen sind in jedem Fall teuer und störungsanfällig, bringen erhebliches Gewicht ins Rigg, eingerollte Segel haben nur noch einen schlechten Stand und werden im Starkwind zu einem nicht abzuschätzenden Risiko. eine hoch getakelte Slup hat auf alle Fälle den Vorteil, dass sie sportliches Segeln ermöglicht und bei richtigem Trimm meist eine Kurs stabile Fahrt der Yacht erzielt werden kann. Eine Unzahl an Segelvariationen sind bei diesem Rigg möglich und durch die geringe Anzahl an Segel kann sie meist auch Einhand bedient werden.Gerade ältere Blauwasseryachten sind noch gerne als Ketsch geriggt. Durch diese Aufteilung der Segelfläche kann auch eine schwere Yacht mit handlichen Segelgröße ausgestattet werden, was nicht nur das Setzen und Bergen der Segel von Hand auch einem schwächerem Crewmitglied erleichtert, sondern auch die Möglichkeit gibt, die Segelfläche optimal und mit Verhältnis mäßig wenig Aufwand auf die vorherrschenden Windverhältnisse einzustellen. Auch bei diesem Rigg sind die Segel verhältnismäßig leicht nachzukaufen, auch wenn bei mancher Ketsch durch die steilen Back Stagen des Großmastes ein durch gelattetes Groß nur beschränkt möglich ist. Wird mit einer Ketsch auf Langfahrt gegangen, zeigt sich der Besanmast als sehr beliebter Geräteträger. Antennen und Geräte können hier montiert werden, ohne dass sie zu Hindernissen für Segel werden. Das Rigg kann sehr Kurs stabil getrimmt werden und, ein immer genannter Vorteil der Ketsch ist die Tatsache, dass bei einem Mastbruch nicht immer das gesamte Rigg betroffen sein muss, die Yacht kann unter Besan aus eigener Kraft in den nächsten Hafen gesegelt werden. Im Vergleich zu einer Slup ist das Rigg der Ketsch allerdings ungleich teuer und schwer Ähnliche Vor- und Nachteile gelten für den Schoner, der jedoch nur noch selten anzutreffen ist.Die Yawl war ein beliebtes Rigg während der Zeit der Gaffel Segler, der verhältnismäßig kleine Mast hinter der Ruderanlage sollte die Kursstabilität der Yacht verbessern und die Arbeit am Ruder erleichtern. Moderne Yachten werden kaum noch als Yawl angeboten und nur in Ausnahmen trifft man Blauwasseryachten mit dieser Takelage.Generell besteht bei der Hochtakelage die Möglichkeit, die Blauwasseryacht als Kutter zu riggen. Dieses innere Vor Stak kann erhebliche Vorteile haben, sie bietet einen optimalen Platz für ein Sturmsegel und kann bei wenig Wind die Arbeit des Vorsegels mit zusätzlicher Segelfläche verbessern.Soll die

Yacht mit einem Dschunken Rigg ausgestattet werden, ist darauf zu achten, dass das Bootsdesign das zusätzliche Gewicht des Holzmasten weit vorne am Vorschiff auch problemlos tragen kann. Außerdem kann damit gerechnet werden, dass die ständig gefahrenen Dschunken Segel bald erste Ermüdungen zeigen, denn sie werden bei jeder Wind Geschwindigkeit gefahren und gerefft, und nicht, wie bei anderen Takel Arten, je nach Wetter ausgewechselt. Dschunken sind Einhand fähig und nicht besonders arbeitsintensiv, ihre Am Wind Eigenschaften sind jedoch nur wenig befriedigend.Ab und zu trifft man Blauwasser Segler mit Dschunken Rigg. Dieses alte, chinesische Rigg ist kostengünstig zu fertigen, da die Holzmasten ohne Wanten gefahren werden und die Segel, ausgestattet mit Bambus Latten, mit einer entsprechend starken Nähmaschine meist selbst gefertigt und repariert werden können. Das in alten Tagen so beliebte Gaffelsegel ist zwar besonders schön anzusehen, verschwindet jedoch leider auch immer mehr aus dem Feld der Segelyachten. Ihr Nachteil besteht meist in der kurzen Länge der Vor Stagen, die nur kleine Vorsegel erlaubt und so die Yacht in vielen Fällen wenig Kurs stabil segeln lässt und nur wenig Höhe am Wind erlaubt.Eine weitere Alternative bietet das Freedom Rigg, welches nach Vorbild der Windsurfer mit nicht verstagten Masten und

Gabelbaum (oder Wishbone) entwickelt wurde.Diese Rigg, dem hervorragende Segelleistungen bei wenig Arbeitsaufwand nachgesagt werden, hat sich jedoch nie wirklich durchgesetzt.Natürlich gibt es noch verschiedenste weitere Rigg Arten und in dieser Liste sind nur die wenigen gängigen angeführt. Schlussendlich muss gesagt werden, dass die Wahl der Takelage für die Blauwasseryacht ohne Zweifel von vielen persönlichen Faktoren aber auch vom Markt abhängig ist. Aber es lohnt sich, vor der Entscheidung über das eigene Rigg möglichst viele verschiedene Yachten und Takelagen zu segeln und auf die Berichte von anderen Seglern zu hören

DAS STEHENDE GUT

Riggs für Blauwasseryachten

Am häufigsten trifft man bei Fahrtenyachten nach wie vor Draht als Stehendes Gut an. Nicht ohne Grund, denn ein ordentlich verarbeitetes und laufend kontrolliertes Drahtrigg vereint wichtige Vorteile in sich. Doch gilt es, einiges zu beachten, um sicher sein zu können, dass man ein starkes Rigg führt, das die hohen Ansprüche bei Blauwasserreisen standhalten kann.Für das Stehende Gut wird üblicherweise Edelstahl Draht in der Konstruktion 1x19 und 1x19 Dyform verwendet. 1x19 1x19 Dyform 7x19Die Bezeichnung des Drahts definiert sich aus der Art und Anzahl der Kadeelen. So besteht 1x19 Draht aus 19 einzelnen Litzen, 7x19 Draht hingegen aus 7 Kadeelen, die wiederum aus je 19 Litzen bestehen. Dyform Drähte werden aus besonders geformten Drähten gearbeitet, wodurch ein höherer Materialanteil im Querschnitt erreicht wird und sich daher die Bruchlast erhöht und der Reck gesenkt wird. Im Regatta Bereich werden teilweise Niro-Stäbe, sogenannte Rod- Riggs, gefahren. Diese sind jedoch verhältnismäßig teuer und benötigen zur Montage eigene Terminals. Der wirkliche Nachteil für Fahrtensegler liegt jedoch beim Rod- Rigg darin, dass sie keine Anzeichen für Materialermüdung zeigen und daher ohne Vorwarnung brechen können. Beim Drahtrigg lässt sich Materialermüdung bei laufender Kontrolle meist durch beginnende Rostflecken oder einzelne gebrochene Litzen erkennen und ein Austausch der Wanten bzw. Stage kann rechtzeitig vor Bruch durchgeführt werden.1x19 Draht ist nicht sehr lehnig, weshalb er sich schlecht bis gar nicht in Herz Kauschen legen und pressen lässt (ohne dabei das Material zu schädigen). Was jedoch kein Problem ist, es gibt verschiedene Lösungen als Fittings. Die sicherlich gängigsten Fittings sind Terminals für Walzpressung, welche durch professionelle Rigger auf den Draht gepresst werden. Wurden Terminals aus hochwertigen Edelstahl (Werkstoff Nr. 1.4401) verwendet und diese mit genügend Druck und ohne Verbiegung im Draht aufgepresst, stellen sie eine ordentliche und sehr gute Lösung für hoch beanspruchte Riggs dar. Gepresster Augenterminal aufgeschnitten: die Pressung war tadellos ausgeführt und hat sehr gut gehalten.Einzige Nachteile bestehen darin, dass die Länge der Wanten nicht nachträglich justiert werden können. Das heißt, der Rigg Plan muss genauestens stimmen bei Bestellung der Wanten und Stage. Selbsthilfe beim Stellen des Riggs, oder wenn Materialermüdung und Probleme entdeckt werden, ist somit nicht möglich.Diese Möglichkeit ist bei auf schraubbaren Terminals, wie sie von der Firma Stalok bzw. Norseman angeboten werden, gegeben. Der Nachteil dieser auf schraubbaren Endfittings liegt in ihren hohen Anschaffung s Kosten. Stalok Augterminal Norseman Augterminal Alle diese Terminals sind in verschiedenen Ausführungen erhältlich. Je nach Beschläge kann man Aug - oder Gabelterminals verwenden, Terminals mit Gewinde für Wanten Spanner, Terminal mit Toggles oder T-Terminals. Obwohl T-Terminals wahrscheinlich die einfachste Verbindung zwischen Draht und Mast darstellen, sind sie auf Blauwasseryachten nicht optimal. Das resultiert aus der Tatsache, dass sie aufgrund ihrer Form hohen Ermüdungserscheinungen unterliegen und nur begrenzte Bewegungsmöglichkeit bieten.Der Bewegungsspielraum der Wanten und Stage ist wichtig, da Abnützung ein häufiger Grund für Rigg Schäden ist, wenn das Rigg unter Belastung in eine unnatürliche Richtung gezwungen wird. Um diese Bewegungsräume zu gewährleisten, verwendet man Toggles, die wiederum in Gabel- Aug - und Gewinde Ausführung erhältlich sind. Sie werden zwischen Rumpfbeschlag und Wanten Spanner eingesetzt. Da die Bewegung von Segel führenden Stagen wie dem Vor Stag besonders hoch sind, sind solche Stagen an beiden Enden mit Toggles auszustatten. Ein Bruch vom Vor Stag hätte katastrophale Folgen für Yacht und Mannschaft, da der Mast Richtung achtern umstürzen würde.Natürlich gelten auch für Toggles gleich hohe Qualitätsansprüche wie für alle weiteren Teile der Verstagung, dass heißt, sie müssen aus hochwertigen Material geschmiedet werden und gleiche Lochdurchmesser haben. Denn bekanntlich gilt die Bruchlast des schwächsten, verbauten Teils für das gesamte Rigg.Dieser Grundsatz gilt auch für die Wanten Spanner. Hier kommen für Blauwasseryachten nur Wanten Spanner mit offener Hülse in Frage, die aus einer Materialkombination geschmiedet sind, welche ein "Festfressen" der Gewinde verhindert. Unter Festfressen versteht man den Umstand, dass Verschraubungen , die zur Gänze aus dem gleichen Edelstahl gefertigt sind, beim Verschrauben unter Zugbelastung verreiben können.Gängig sind hier Materialkombinationen von hochwertigen Edelstahl als Verschraubungen und zum Beispiel verchromtes

Bronze als offene Hülse (zum Beispiel von der Fa. Bluewave). Von der Fa. Haselforce werden offene Wanten Spanner aus Niro angeboten, die sich aufgrund der verschiedenen Edelstahl-Materialien ebenfalls nicht festfressen.Die Vorteile von Wanten Spanner mit offenen Hülsen sind einerseits die bessere Sichtkontrolle der Gewinde (auf Korrosion und Beschädigung), andererseits die einfache und wirksame Sicherung gegen Aufdrehen mittels Splinte. Außerdem sieht man beim Aufschrauben wie viel Gewinde noch zur Verfügung steht. Durch die offene Form kann sich kein Wasser in der Hülse sammeln, das Korrosionsschäden beschleunigt. Wanten Spanner mit geschlossenen Hülsen sind meist in billigen Edelstahl-Ausführungen erhältlich. Sie neigen trotz Kontermutter zum Aufdrehen, weshalb sie im gemeinen nicht für die Belastung auf Langfahrtyachten ausreichen. Außerdem können billige Ausführungen verreiben. Ebenfalls eine gute, wenn auch nicht sehr gängige, Wahl für Blauwasseryachten stellen Zentralspanner dar. Sie arbeiten im umgekehrten Prinzip und sind in der Regel in hochwertigen Ausführungen erhältlich. CR4-Spanner und diverse Stag Spanner sind eher auf Regatta Yachten üblich.Wie bereits oben erwähnt, kann das Stehende Gut nur so stark sein wie das schwächste, verbaute Element. Weshalb die Mastbeschläge, wie auch die

Püttinge, auf die Stärke des Stehenden Guts abgestimmt sein müssen. Die einfachste und sinnvollste Möglichkeit der Mastbeschläge besteht aus Edelstahlbleche, die mit einer soliden Gewindestange montiert werden, welche quer durch das Mastprofil gesteckt und beidseitig mit gesicherten Muttern verschraubt wird. Die Gewindestange sollte im Mast durch ein Stützrohr gegen eine Verformung des Profils eingearbeitet sein. Bei dieser Variante ist darauf zu achten, dass die Wanten und die Edelstahl Beschläge optimal fluchten, da sonst übermäßige Materialermüdung auftritt.Häufiger sind heutzutage T-Terminals zu finden, bei denen die Beschläge aus hinter fütterten Schlitzen im Mastprofil bestehen. Sie bieten im Vergleich zu den oben beschriebenen Mastbeschlägen nur begrenzte Bewegungsfreiheit und sind, wie bereits erwähnt, nicht für Blauwassersegler empfehlenswert.Als Gegenstücke zu den Mastbeschlägen ist auch bei den Püttinge auf eine hochwertige Ausführung zu achten. Sie dürfen auf der Yacht nicht zu weit innen liegen, da die Kräfte bei außenliegenden Püttinge besser verteilt werden. Da bei Zentral Püttinge sämtliche Kräfte des stehenden Guts auf ein Bauteil wirken, sind einzelne Püttinge auf Langfahrtyachten zu bevorzugen. Die Püttinge müssen die Kräfte in den Rumpf leiten können, kann man bei gebrauchten GFK Yachten

Verformungen im Deck rund um die Püttinge erkennen (bleibt nach Regen zum Beispiel Wasser rund um die Püttinge stehen), kann davon ausgegangen werden, dass die Kräfte vom Rigg nicht gänzlich in den Rumpf geleitet wurden und die Püttinge zu schwer ausgelegt sind, bzw. bereits Schäden am Schiff entstanden sind.Wie bei den Mastbeschlägen ist auch bei den Püttinge darauf zu achten, dass sie mit den Wanten und Stagen fluchten um Material Ermüdung vorzubeugen

SEGEL FÜR DIE BLAUWASSERYACHT

Harte Bedingungen für Segel!
Jeder Segler, der schon ein wenig in unserer Internetseite gesurft hat und uns kennt, weiß, dass wir Freunde von einfacher und unkomplizierter Ausrüstung sind. Die Pearl ist ein einfaches, klassisch gehaltenes Blauwasserschiff, dass für uns ein handfestes und finanzierbares Reisemobil und Zuhause darstellt und deshalb auch in allen Bereichen einfach aber durchdacht ausgestattet wurde. Auch beim Thema Segel und Segelausrüstung bleiben wir somit unserem Grundsatz treu, weshalb auch dieser Artikel über Segel an Bord einer Blauwasseryacht nicht nur die neuesten Materialien und Rollanlagen behandelt.Auch wenn sich während der vielen Jahrzehnte, in denen Menschen ihre Yachten über weite Strecken segeln und die Welt mit ihren privaten Booten bereisen, vieles verändert und

weiterentwickelt hat, ist jedoch eines immer noch gleich geblieben: die Bedingungen, die Segel auf Langfahrt überstehen müssen, sind hart und die Forderungen an Schnitt und Material sind hoch. Der Umgang mit den Segel kann nur in den seltensten Fällen als optimal beschrieben werden und obendrein ist bei den meisten Langfahrt-Seglern das Geld zu knapp, um gebrauchte "Wäsche" bald auf neue, hochwertige Segel austauschen zu können.Um nun einerseits eine möglichst gute Leistung aus den Segeln zu bekommen und andererseits die Lebensdauer der Segel möglichst lange zu erhalten, ist ein wichtiger Grundsatz an Bord von Blauwasseryachten die umfangreiche Ausstattung, damit Segel gerefft oder gewechselt werden können, bevor sie durch Überbelastung Schaden nehmen. So sollte an Bord ein unkompliziertes Leichtwindsegel wie zum Beispiel ein asymmetrischer Spinnaker, eine große und leichte Genua, eine Arbeits- Fock, eine verkleinerte Arbeits- Fock und eine schwere Sturm Fock, ein starkes und mehrfach zu reffendes Groß und ein Try Segel sein. Fahrtenyachten, die ihre Vorsegel auf Rollanlagen fahren, helfen sich meist mit dem Verbau von zwei getrennten Rollanlagen am Bug, so kann eine große und leichte Genua bei Bedarf eingerollt werden und das Boot mit der zweiten, etwas kleineren und schwereren Roll Fock gefahren werden, bis der Wind soweit zunimmt, dass die Vorsegel gegen eine schwere Sturm Fock (in diesem Fall entweder auf einem extra Kutter Stag oder zum Überziehen über ein Rollsegel) gewechselt werden müssen.

Das Groß:

Auch wenn konventionelle Großsegel nach und nach von Roll Groß abgelöst werden, haben sie immer noch ihre Berechtigung an Bord Blauwasseryachten. Nicht zuletzt deshalb, weil Rollanlagen, die auch mit schwierigen Situationen fertig werden für manche Fahrtensegler unerschwinglich teuer bleiben. Im Gegenzug zur bequemen und einfacheren Bedienung der Rollgroßsegel im Vergleich mit konventionellen Großsegel müssen jedoch auch bei der Segelleistung von Rollsegel Abstriche hingenommen werden. Am Markt werden generell zwei verschiedene Roll Groß Systeme angeboten: Das horizontale Rollsystem - der Roll Reff Baum - ist die ältere Variante, die bereits in den 70er auf manchen Yachten anzutreffen war. Ihre Vorteile gegenüber dem heute weiter verbreiteten Roll Reff Mast liegen vor allem darin, dass sich das Topp Gewicht nicht erhöht und das Segel, auch bei Bruch oder Verklemmung der Reff Anlage, noch per Hand geborgen oder gerefft werden kann.Die - durch den kurzen Aus hol Weg der Unter lieks länge - bequemere und heute gängigere Variante ist das vertikale Roll Reff System - der Roll Reff Mast. Im Vergleich mit dem Roll Reff Baum ist dieses

System auch bei großen Segelflächen leichtgängig und funktioniert noch, auch wenn das Segel zum Setzen oder Bergen nicht genau im Wind steht. Jedoch fällt die Segelfläche, bedingt durch die senkrechten Latten, kleiner aus und das Segel muss flacher geschnitten werden.Entscheiden sich Blauwassersegler für Rollgroßanlagen, muss auf höchste Qualität der Anlage geachtet werden, gerade bei Roll Reff Masten könnte ein Ausfall der Anlage bei aufkommenden Starkwind zu ernsthaften Problemen führen.Wird die Yacht ohne Roll Groß gefahren, kann ein Latten Großsegel eine interessante Alternative für Fahrtensegler sein. Nicht nur die bessere Aerodynamik spricht für dieses immer häufiger verwendete Großsegel Profil, besonders die längere Haltbarkeit und das ruhigere Verhalten in Flaute (durch die Latten schlägt das Segel deutlich weniger, wie wir selbst bestätigen können) ist interessant für Langstreckensegler. Nimmt der Wind zu, unterstützen die Latten das Segelprofil und das Achter Liek bleibt offen, die Yacht giert auch in Böen weniger und segelt aufrechter. Der Nachteil von Lattengroßsegel liegt klar in den höheren Anschaffungskosten von geeigneten Mast Rutscher, die auch bei Druck im Segel nicht verklemmen. Normale Mast Rutscher sind für Lattengroßsegel nicht konstruiert und müssen gegen Kugel gelagerte Systeme oder Druck Aufnahme - Rutscher ausgetauscht werden. Einen guten Überblick über die verschiedenen Systeme zum Thema Latten Groß bietet die Internetseite der Segelmacherei Moritz .Ob man sich nun für ein Roll Groß, ein Latten Groß oder ein konventionelles Groß entscheidet, auf den meisten Blauwasseryachten findet man nach wie vor hauptsächlich Großsegel aus weichem und relativ schwerem Dacron. Während an Bord von Regatta Yachten Laminattuch oder einem harten, leistungsmäßig hochwertigen Dacron Tuch verwendet wird, ist für Langfahrt-Segler immer noch die Langlebigkeit des Tuches ein entscheidender Faktor, gerade auch deshalb, weil auf vielen Blauwasseryachten die Segel selten zum optimalen Zeitpunkt gerefft werden und auch schlecht getrimmt durchhalten müssen. Laminatsegel reagieren empfindlich auf Überlastung, einmal über ihre Streckgrenze gefahren, ist ihr Profil auf Dauer geschädigt . Auch die hohe Belastung durch UV an Bord von Langstreckensegler, speziell bei Yachten auf Barfußroute, hält Dacron unumstritten länger stand als Laminatsegel oder Tuch mit eingewebten Dyneema Fasern. Für den traditionellen Horizontal-Schnitt (auch heute noch werden die meisten Segel so gefertigt), wird meist Dacron Tuch mit verstärktem Schussfaden verwendet. Da weniger geharztes Tuch weniger Anfällig auf Verschleiß ist (jedoch auch etwas weniger formstabil ist), trifft man nur selten harte Dacron Tücher auf Blauwasseryachten.Um nun auch ein möglichst hochwertig verarbeitetes Großsegel zu fahren und damit viele Meilen reisen zu können, muss darauf geachtet werden, dass das Segel drei- bis vierfach genäht wurde, Kopf, Hals, Schothorn und Reffaugen stark gefertigt wurden und die Augen mit Leder oder Bänder verstärkt wurden. Ein stabiles Kopfbrett aus Aluminium ist nach wie vor üblich. Um auch bei widrigen Bedingungen sicher Segeln zu können, muss das konventionelle Groß sowie das Latten Groß mit drei Bindereff Reihen ausgestattet sein.Nicht zuletzt zur Schonung des Großsegels sollte eine Blauwasseryacht ein Try Segel mitführen, dass bei Schwerwetter anstelle des Großsegels gefahren wird. Eine eigene Mastschiene für das Try Segel erleichtert die Arbeit beim Segelwechsel erheblich. Ist die Yacht Ketsch-getakelt, gelten die selben Überlegungen auch für das Besansegel, bis auf die Einschränkung, dass am Besan keine drei Reff Reien nötig sind.

Die Vorsegel:

Nicht nur einen entscheidenden Beitrag zum Vortrieb des Bootes liefern die Vorsegel, die richtige Vorsegelauswahl beeinflusst auch den Kränkungs Winkel und somit die Luv Gierigkeit der Yacht entscheidend. Trotz moderner Systeme und Rollanlagen benötigt eine Blauwasseryacht eine gut durchdachte Garderobe an Vorsegel.Der bequeme Einsatz von Rollreff - Vorsegel ist heute an Bord Yachten auf Langfahrt üblich, was jedoch die Crew nicht davon abhalten sollte, verschiedene Vorsegel an Bord auch zu benützen, sobald sich die Bedingungen verändern. Auch hier gilt, wie beim Rollreff Mast, das das höhere Topp Gewicht und die schlechtere Aerodynamik der Rollreff Segel abgewogen werden sollte. Um eine Rollreff Genua zu schonen, fahren sehr viele Blauwasseryachten ein Kutter Stag, welches das Anschlagen eines kleineren Segels bei steigende Windstärken ermöglicht und die Genua schont.Egal, ob man sich für Rollreff Systeme oder für konventionelle, auf Stag Reiter gefahrene Vorsegel einigt, folgende Grundüberlegungen treffen auf alle Vorsegel auf Langfahrtyachten zu.Wie schon beim Großsegel werden auch beim Vorsegel am häufigsten Segel aus weichen Dacron Tuch gefahren, da ihre höhere Lebensdauer entscheidend ist. Nur bei Leichtwindsegel kann sich eine Investition in Laminat oder Hightech Material lohnen. Dabei muss dem Fahrtensegler jedoch bewusst sein, dass diese teureren Segel auch besondere Sorgfalt verlangen, um möglichst lange schnelles Vorwärts kommen zu gewähren.Grundsätzlich entscheiden sich Langfahrtensegler meist für etwas höher geschnittene Vorsegel, da diese eine bessere Rundumsicht gewähren und die Segel weniger durch Wellenschlag belastet werden. Die viel beschriebene Passat Besegelung, die aus zwei gleichen Genuas auf einem Vorstag gefahren besteht, wird heute in vielen Fällen von einem asymetrischen Spinnaker - einem so genannten Gennacker oder Blister - abgelöst.Allgemein spricht man bei überlappendem Segel (also ein Segel, dessen Vorliekslot länger als das J-Maß der Yacht ist) von einer Genua, bei nicht überlappendem Vorsegel von einer Fock. Dabei ist die Streckung (das Verhältnis zwischen Vorliek und Unterliek) ein Qualitätsmerkmal für Segel. Es gilt: Je schlanker und höher ein Profil ist, umso effektiver ist das Segel, da es mehr Vortrieb erzeugt (durch die längere Anström Kante bei gleicher Fläche).Neben einem asymmetrischen Leichtwindsegel, einer großen und leichten Genua, einer kleineren und schwereren Arbeits- oder Kreuz Fock muss eine Blauwasseryacht auch mit einem schweren und stark gearbeitetem Sturmsegel ausgestattet werden. Steht kein eigenes Stag, an dem ein Sturmsegel mit Stag Reiter angeschlagen werden kann, zur Verfügung, kann ein Sturmsegel mit Segeltasche als Anternative gewählt werden (ein Beispiel: das Gale Sail).Nur wenige Blauwassersegler sind mit unbegrenzten Budget ausgestattet, weshalb viele angehende Langfahrt-Segler dazu neigen, auf die beschriebene, große Segelauswahl verzichten und so ihre wenigen, mitgeführten Segel dauernd überlasten oder, schlimmer, bei aufkommenden Unwetter nicht

auf eine passende Segelgarderobe
SEGELPFLEGE

Auch - oder gerade - auf Langfahrt müssen Segel mit Sorgfalt behandelt werden, um uns so viele Seemeilen als möglich über die Ozeane bringen zu können!Bereits bei der Wahl der Segel kann man einiges tun, um lange Freude an der Segelgarderobe zu haben. Indem mehrere Segel, optimiert auf die verschiedenen Windverhältnisse, an Bord genommen und diese auch bald genug bei Auffrischen des Windes getauscht werden. Viele Beschädigungen an Segel entstehen nach wie vor dadurch, dass die Crew die Segel zu spät wechselt oder reduziert und sie daher zu hohen Strapazen ausgesetzt werden.Da heute viele Fahrten Yachten Rollreff-Systeme fahren, fallen Blauwasseryachten oft durch zwei getrennte Rollreff- Anlagen am Bug auf. Diese Variante hilft, das Leichtwindsegel am vordersten Stag zu schonen: frischt der Wind auf, kann es eingerollt und mit dem etwas schwereren und kleineren Tuch auf der zweiten Rollanlage gefahren werden. Auch diese Variante von zwei Rollreff- Anlagen ersetzt jedoch die klassische Sturm Besegelung nicht und an Bord seegängiger Yachten muss mindestens eine schwere Sturm Fock, am Besten in Kombination mit einem Try Segel, mitgeführt werden.Alle Segel sollten entsprechend dem Einsatzgebiet verarbeitet und in passender Tuchqualität sein. Das Großsegel vieler Blauwasseryachten weißt 3

Reff Reihen auf, sofern es sich nicht um ein Rollreff- System handelt. Das Tuchgewicht muss daher so gewählt werden, dass das Segel auch den harten Einsatz bei Sturm standhält. Das Segel ist am besten mit drei- bis vierfachen Nähten verarbeitet und weißt in jeder Reff Reihe starke Augen auf. Bei gerefften Segel ist es besonders wichtig, dass die Reff- Punkte am Baum mit dem Segel gut zusammen passen, da schlecht gespannte Reffs das Tuch sehr beanspruchen und es bald zu Schaden kommt. Schon bei der Anprobe der Segel kann man sich Gedanken machen, wo die Segel Schaden durch Schamfilen erleiden können. So können die Segel an entsprechenden Stellen schon vor einer Beschädigung verstärkt und geschützt werden. Am leichtesten verwendet man dazu Nummerntuch. Diese Klebe Flicken verletzen die Segel nicht durch neuerliches Nähen und können ausgetauscht werden, wenn sie abgenützt sind. Um Bruchstellen im Tuch zu vermeiden, dürfen solche Verstärkungen jedoch nicht beidseitig gleich aufgeklebt werden. Besser ist es, die Flecken versetzt an zu bringen, so vermeidet man Ermüdung des Tuchs entlang ihrer Kanten. Tausend Füssler verringern das Schamfilen der Segel an den Wanten und zur Schonung der Genua müssen die Enden der Salinge gut gepolstert sein. Reling Stützen, Aufhängungen wie die Radarantenne am Großmast oder andere Teile des Riggs können mit Leder gepolstert werden, sollte ein Segel daran vorbei schleifen. Niemals dürfen Segel über Anti-Rutsch-Decks oder Stege geschliffen werden.Da jedes Segeltuch durch UV-Licht, Feuchtigkeit und Salzablagerungen altert, sollten auch Blauwassersegler das Abdecken der Segel nicht verabsäumen, sobald die Yacht vor Anker oder im Hafen liegt. Sind die Persenning schon verschlissen und undicht, lohnt es, neue her zu stellen. Vorsegel gehören abgeschlagen oder in einen Segelsack, der über den Vorstag verschlossen werden und mit dem Fall vom Deck gehoben werden kann, damit das Segel nicht beim Ankern beschädigt werden kann oder in Regenpfützen liegt. Fährt die Yacht Rollanlagen, benötigen die Segel einen aufgenähten Sonnenschutz. Unterwegs bekommen Segel, besonders Vorsegel, Salzwasser ab, was zwar wieder auf trocknet, doch die bleibenden Salzkristalle am Segel lassen dieses schneller altern, wenn sie beim Einrollen oder Zusammenlegen an den Nähten und am Tuch reiben. Liegt die Yacht im Hafen, lohnt es sich, die Segel zu hissen und mit Frischwasser abzuwaschen, vorausgesetzt, das Wetter erlaubt ein Abtrocknen. Um Segel zu trocknen, ist das Hissen der Segel bei ruhigem Wetter meist die schonendste Alternative, werden sie auf Betonflächen oder gar Schotter aufgelegt, kann es leicht zu Beschädigung kommen. Werden Segel auf Wiesen aufgelegt, trocknen sie nicht, da das Gras Feuchtigkeit abgibt und unter den Segel "schwitzt". Gerade bei Laminat, welche die Feuchtigkeit nicht durchlassen, kann es so zu Stockflecken kommen, wenn sie, vermeintlich trocken, nach dem Liegen in der Wiese in den Segelsack kommen. Stockflecken sind kaum aus dem Segel zu bekommen, da sie sich nur unter Benutzung scharfer Reinigungsmittel oder Chlor zu entfernen sind, diese Mittel jedoch den Segel schaden. Laminatsegel aus Kevlar oder Nylon dürfen auf keinen Fall mit chlorhaltigen Mitteln behandelt werden, nicht selten hat man nach so einer Behandlung ein löchriges Tuch! Auch darf auf keinen Fall Chlorbleiche und Ammoniak vermischt werden, da dabei ein giftiges Gas entsteht.Auf Langfahrt werden sich hässliche Flecken im Vorsegel kaum vermeiden lassen, diese bedrohen aber nur selten das Tuch, wobei der Versuch, Segel selbst wieder sauber und weiß zu bekommen meist das Segeltuch schwächt. Segel sollten selbst nur mit Seifenlauge und sehr weichen Bürsten behandelt werden, wobei Einweichen der Segel über Nacht am schönsten ist. Bürstet man dennoch das Segel, muss auf den Untergrund geachtet werden, ein Anti-Rutsch Deck oder eine mit Sand oder Kiesel verschmutzte Fläche zerstören das Segeltuch. Professionelle Reinigung ist unterwegs nur in wenigen Ländern zu finden, weshalb sich viele Blauwassersegler ganz einfach an ihre fleckigen Vorsegel gewöhnen.Auch beim Verstauen von Segel unterwegs kann einiges beachtet werden. So sollten alle unbenutzten Vorsegel wirklich in ihrem Sack unter Deck verstaut werden, zusammengelegte Segel am Vordeck fest zu binden kann die Segel bei rauer See oder durch Arbeiten am Vordeck schnell unbrauchbar machen.Die Segel nicht immer an den selben Stellen falten, da das Tuch an den Knicken höher belastet wird, es kann zu Bruch kommen. Die Segelsäcke müssen groß genug sein, dass das jeweilige Segel locker darin gestaut ist. Wird ein Segel nass in seinem Sack verstaut, muss es bei nächster Gelegenheit im Rigg getrocknet werden.Und schließlich gibt es auch noch ein paar Dinge zu beachten, während die Segel ihre Arbeit leisten und die Yacht neue Häfen entgegensteuert. Das Wichtigste zur Schonung der Segel ist, Schlagen und Killen zu vermeiden. Gerade beim Setzen achten viele Segler nicht auf ihr Großsegel - es schlägt unkontrolliert gegen die Wanten. Wenn möglich, sollte daher ein Crewmitglied hinterm Steuer stehen und die Yacht gegen den Wind halten, so schont er nicht nur den Segel setzenden Partner, sondern auch das Segel. Killt das Segel, muss das Achterliek dicht genommen werden. Tagelanges Schlagen des Groß in Flaute strapaziert Crew und Segel und es hilft, das Groß zu reffen und durchzusetzen, um so das Rollen der Yacht zu verringern ohne dabei das Groß zu beschädigen, sofern die Yacht kein Stützsegel mit sich führt. Am wichtigsten bleibt jedoch die Tatsache, dass auch, oder vor allen, auf Blauwasseryachten die Segel rechtzeitig gerefft oder gewechselt werden müssen, denn die meisten Beschädigungen entstehen dabei, wenn die Segel über ihrer entsprechenden Windstärke gefahren werden. Als Faustregel kann man davon ausgehen, dass der richtige Zeitpunkt zum Reffen immer dann ist, wenn das erste Crewmitglied an Bord ans Reffen denkt! Blauwassersegler sollten sich die Zeit nehmen, alle paar Monate - je nach Zustand der Segel - die Segel genau zu inspizieren und schwache Nähte nachzuarbeiten oder Tuch Flicken anzubringen. Immer wieder trifft man unterwegs Yachten mit Segelnähmaschine an Bord und manchmal treibt sich auch ein professioneller Segelmacher unter den Yachties herum. Eine Gelegenheit, die man nützen sollte, um die eigenen Segel auf Schwachstellen kontrollieren zu lassen. Viele weitere interessante Tipps zur Segelpflege kann man beim Segelmacher oder im Internet erfahren, eine interessante Zusammen Fassung zum Thema ist auf der Seite von Northsails zu finden.

SEGELWERKSTATT AN BORD

Ausrüstung zur Wartung und Reparatur von Rigg und Segel auf Langfahrt.Wir an Bord von der Pearl sind es gewöhnt, wenn irgendwie möglich alle anfallenden Arbeiten selber zu erledigen. Das spart nicht nur Kosten, sondern ermöglicht uns auch, in remote Seegebiete vorzudringen und lange Perioden in unbewohnten oder technisch nur wenig entwickelten Gebieten zu verweilen. Deshalb haben wir an Bord nicht nur einen Werkzeug Kasten und ein Schapps mit Ersatzteilen, sondern eine kleine, voll ausgerüstete Werkstatt. Doch nicht jede Yacht Crew hat das Glück, genug Raum für eine Bordwerkstätte zur Verfügung zu haben und die Frage kommt auf, welche Werkzeuge und Ersatzteile eigentlich mit auf Reise genommen werden sollten , weshalb ich hier nach und nach auflisten will, welche Werkzeuge sich bei uns an Bord als wichtig erwiesen haben, welche wir hin und wieder verwenden und was so alles zu unserer Bordwerkstätte dazu gehört. Und da unsere Segel nun mal der Hauptantrieb unserer Yacht darstellen, bekommt die Ausrüstung unserer kleinen Segelwerkstatt besondere Beachtung. Egal, ob es nun damit zu tun hat, dass unsere Segel gebraucht gekauft wurden, oder damit, dass wir viele Strecken in schwierigen Seegebieten unterwegs sind und daher Starkwind und selbst Schwerwetter durchaus zum Segelalltag gehören, Wartungs- und Verbesserung s- Arbeiten an unseren Segeln gibt es immer..

Die Grundausstattung

hat auf jeder Fahrtenyacht Platz, egal, wie klein

die Yacht ist:

- Segelmacher Handschuh für jedes Crewmitglied (sodass
gemeinsam gearbeitet werden kann)

- Segelnadeln in verschiedener Stärke, wobei bei uns an Bord hauptsächlich die Nadeln Nr. 18 (1,3mm Durchmesser) und 17 (1,4mm Durchmesser) und kleiner in Verwendung sind. Von den dünnen Nadeln müssen einige Ersatznadeln an Bord sein, da sie sich bei Überlastung verbiegen. Wir haben Nadeln bis 2mm Durchmesser an Bord, verwenden diese allerdings kaum an den Segeln, da sie zu große Löcher ins Tuch stechen.

- Segel-Nähzwirn und gute Schere

- weißes Nummerntuch, um an gefährdeten Stellen das Segel zu verstärken und für Reparaturen an dünnen Segeln

- schwerer Segelstoff für Reparaturarbeiten (in unserem Fall Teile eines alten Großsegels)

- solides Rinds Leder für Verstärkungen

- Gurtband womit brüchige Augen Not repariert oder verstärkt werden können Akku-Bohrmaschine mit mehreren sehr dünnen

(1mm) Bohrern, um bei Reparaturen durch mehreren Lagen Segelstoff (zum Beispiel an den Augen) Löcher vor bohren zu können

- stabile Segelösen aus Edelstahl und mit „Zähnen", billige Ösen sind maximal für Abdeckungen zu gebrauchen (wir haben Ösen in der Größe 3 und 4 an Bord), dazu das passende Schlagwerkzeug, um die Ösen verbauen zu können.

- einige Stag Reiter in den nötigen Größen (falls die Vorsegel nicht an einer Rollanlage gefahren werden)

- dicke Plastikfolie (durchsichtig), um neuen Schamfil Schutz an den Ösen des Großsegels herstellen zu können Bei uns an Bord hat sich außerdem als nützlich gezeigt:

- Näh - Ale

- stabiler, dunkler Zwirn für Planen (diesen Zwirn kann man auch mit sehr feinen Segelnadeln oder einer Nähmaschine verwenden, weshalb er sich gut für das Nach Stechen von brüchigen Segel Nähten eignet, dunkle Farben sind UV-stabiler und werden daher von uns bevorzugt)

- billige Ösen für Abdeckungen mit dem passenden Schlagwerkzeug zum Einbau der

Ösen

•

dünnes Seil aus dem Fischereibedarf (original für das Knüpfen von Netzen), den wir zur Befestigung der Rutscher auf dem Großsegel verwenden

•

Ersatz – Rutscher für Groß und Besan

•

Naht Trennmesser, es eignet sich gut zum auftrennen alter Segel Nähte, ohne dass man dabei Gefahr läuft, in das Segeltuch zu schneiden

•

Locheisen

•

extra Persenning Stoff zum Ausbessern von Abdeckungen

Rigg Werkstatt

An Bord von der Pearl haben wir sowohl Werkzeuge fürs laufende, wie auch fürs stehende Gut mit dabei, wovon vieles doch öfter als gedacht zum Einsatz kommt. fürs laufende Gut

•

stabiler Hohl Spieker zum Spleißen von geschlagenem Tauwerk und Squareline

•

Spleiß Fitten in der Größe unserer Fallen mit dazugehörigem Pusher

•

Spleiß Buch und verschiedene Anleitungen (als

Dateien) aus dem Internet, auch Anleitungen zum Spleißen von Tauwerk an Kette

- Isolierband und Feuerzeug

- Takel Garn oder Segelnähgarn und stabile Segelnähnadel (um Seilenden mit genähten Taklingen zu sichern)

- Mantel Geflecht von alten Seilen, das als Schamfil Schutz auf hoch beanspruchte Stellen am Fall geschoben und fixiert werden kann (zum Beispiel dort, wo die Fallen über Rollen umgelenkt werden)

- Edelstahl - Kauschenin diversen Größen (passend für Fallen und Trossen an Bord)

- alter Feuerwehr Schlauch als Schamfil Schutz für Festmacher

- Segler Messer mit Schäkel Öffner (und Marlspiker)

- diverse geschmiedete Schäkel

- fürs stehende Gut

- Bootsmanns Stuhl und Bergsteigergurt(zur doppelten Absicherung). Das Rigg muss wiederkehrend überprüft werden.

- Extra Wanten Draht in allen nötigen Dimensionen und mindestens der Länge des jeweils längsten Stag/Want
- Extra Schraubterminals in allen nötigen Durchmessern
- Ersatzsplinte
- Ersatz-Steckbolzen für Wantenspanner und Toggles
- Handwerkzeuge wie Kombizange und Schraubenzieher
- Monell - Nieten für Reparaturen und Verbesserungen am Mast und Baum
- dazu passende, große Nieten Zange
- Dichtmasse(Sikaflex) und passende Presse
- dünne Gummimatten als Trennmaterial
- Winkelschleifer(Akku) zum Trennen von Wanten und Stagen

SPLEIßEN VON DRAHTSEILEN

Abseits des Stehenden Guts kommen Stahlseile auf Segelyachten immer seltener in Einsatz. Die Arbeit des Spleißen gerät damit mehr und mehr in Vergessenheit. Und doch handelt es sich beim Spleiß um eine der besten Methoden, Endverbindungen für verschiedenste Einsätze von 7x19 Drahtseilen herzustellen. An Bord von Pearl sind 7x19 Edelstahl-Drahtseile als Großfall und als Steuerseile im Einsatz. Mittlerweile mussten wir die Steuerseile aufgrund einer zu spät entdeckten Scheuer Stelle einmal austauschen, weshalb neue Augspleiß - Enden nötig waren. Nun entdeckten wir, dass an der Kausch Pressung unseres Falls einige Litzen gebrochen waren. Zeit, die Pressung mit einem hochwertigen Augspleiß auszutauschen! Und so wird és gemacht:

Werkzeug:

Drahtspleiß - Marlspieker (ein kleiner, stabiler Flach Schraubenzieher oder eine Spleiß Nadel erledigt den Job ebenso), Kombizange, Holz- oder Schonhammer, Isolierband oder Schrumpfschlauch

1.

Vorarbeit: Mit einem Isolierband wird 15 bis 20 cm vor dem Ende das Drahtseil ab geklebt. Nun können die Litzen bis zu dieser Markierung aufgedreht werden. Die einzelnen Enden werden ebenfalls gegen das Aufdrehen ab geklebt. Hierfür kann ebenfalls Isolierband verwendet werden. Wir haben allerdings die Erfahrung gemacht, dass sich hierfür ein Schrumpfschlauch für Elektrokabel am besten eignet, da er während der Arbeit nicht so leicht von den Litzen rutscht.

2.

Drahtseil um Kausch mittels Schäkel an einem stabilen Haltepunkt belegen (wir verwenden hier bereits den Patent- Fallenschäkel unseres Großfalls). Nun drei zusammen liegende Kardeele (von nun an als Nr. 1, 2 und 3 betitelt) nach oben legen , die restlichen drei Kardeele (Nr. 4, 5 und 6) und die Seele nach unten legen. Zur Hilfe kann das Drahtseil mit Benzel um die Kausch gesichert werden.

3.

Das Drahtseil in der Mitte (drei oben, drei unten) mit der Spleiß Nadel durchstoßen, Kardeele 4, 5 und 6 und die Seele durch ziehen. Handelt es sich um ein Stahlseil mit Seilseele, muss darauf geachtet werden, dass die Seele beim Durchstoßen nicht beschädigt wird. Darauf achten, dass so nahe als möglich an der Kausch gearbeitet wird.

4.

Kardeel 3 in die Eintrittsöffnung von 4, 5 und 6 stecken, unter zwei Kadeelen durchführen und über der dritten Kardeele ausführen. Sie liegt nun also unter zwei Kardeele und ist eine Kardeele vor den restlichen durchgeführten Kardeele ausgeführt. Darauf achten, dass wir

GEGEN DIE DREHRICHTUNG
DES SEILS

arbeiten.

5.

Kardeel 2 in die Eintrittsöffnung von Kardeele 3, 4, 5 und 6 einführen und unter einer Kardeel durchführen. Die Kardeel 2 kommt damit ein Kardeel früher heraus als Kardeel 3. Kardeel 1 bleibt stehen, mit dieser Kardeel wird später der Spleiß Vorgang begonnen.

6.

Nun muss der Kausch um 180° gedreht werden.

7.

Das durchgezogene Seelenstück kann nun mit der Kombizange abgetrennt werden.

Zwischenbild: zum Öffnen der Zwischen Räume kann eine Spleiß Nadel oder ein kleiner Flach Schraubenzieher verwendet werden.

8.

Kardeel 5 wird nun durch die Austrittsöffnung von 4, 5 und 6 zurück unter zwei Kardeele nach rechts geführt und vollkommen durchgezogen. Dabei muss darauf geachtet werden, dass die Kardeel beim Durchziehen keine Schleife bildet, da die Litzen der Kardeel dort brechen könnten. Kardeel 5 liegt nun also unter einer und über zwei feste Kardeele.

9.

Kardeel 6 wird durch die Austrittsöffnung von 4 und 6 zurück unter einer Kardeel nach rechts außen geführt und gezogen. Sie liegt nun unter zwei und über einer Kardeel. Damit muss jetzt nach jeder festen Kardeel eine freie Kardeel durchgezogen sein. Mit einer Kombizange nun alle freien Kardeele sowohl in Seilrichtung als auch in Kausch Richtung festziehen.

10.

Nun muss die Kausch um 180° zurück gedreht werden. Das eigentliche Spleißen beginnt nun mit Kardeel 1, welche außen stehen geblieben ist.

11.

Gegen die Drehrichtung des Drahtseils wird nach der Regel „Ober eins, unter zwei" (feste Kardeele) gespleißt. Damit kommt Kardeel 1 in der Austrittsöffnung von Kardeel 4 heraus.

12.

Der Spleiß Vorgang wird wie nach der Reihe mit jeder Kardeele durchgeführt. Wie in 11 beschrieben wird immer über eine feste Kardeele und unter zwei feste Kardeele durch gezogen. Desto weiter der Spleiß Vorgang gearbeitet wird, desto schwerer wird das Öffnen der festen Kardeele.

13.

Spleißen wie beschrieben in Bild 11 und 12.Dabei immer nach drei Kardeele die Kausch um 180 Grad drehen.

14.

Mit der Kombizange werden die einzelnen Kardeele straff gezogen. Am Besten nach jeder fertigen Runde aller sechs Kardeele straff ziehen.

15.

Desto länger der Spleiß, desto schwieriger wird das Öffnen der festen Kardeele.

16.

Nachdem drei bis vier Runden aller sechs
Kardeele gespleißt sind, wird mit der
Ausdünnung begonnen - zwei Kardeele
ausfallen lassen und abkneifen. Mit den
restlichen vier Kardeele eine neue Runde
spleißen.

17.

Nach jeder Runde zwei weitere Kardeele
abkneifen und weiter spleißen. So wird der
Spleiß langsam dünner.

18.

Bis alle losen Kardeele sauber verarbeitet sind19
und 20.Zum Abschluss den Spleiß spannen und
mit einem Schonhammer auf gleichmäßige
Form klopfen, sodass sich die gespleißten
Kardeele gleich richten.

21.

Wird das Drahtseil wie hier an Segel verwendet
(das Großfall) kann der Spleiß noch umwickelt
werden um überstehende Fleischerhaken zu
vermeiden. Fertig

RIGG-ÜBERPRÜFUNG UNTERWEGS

Eine immer wieder kehrende Arbeit an Bord
von Blauwasser-Yachten ist die Routine Mäßige
Überprüfung des Riggs. Hier eine Beschreibung,
wie der Rigg-Check von Drahtseil-Riggs
gemacht wird und worauf geachtet werden
muss!Jeder Blauwassersegler sollte laufend ein
Auge auf sein Rigg haben. Dabei müssen
folgende Faustregeln bedacht werden:

- Ungesicherte Verschraubungen lösen sich

- Was sich berührt wird schamfilen

- wechselnde Belastungen (zum Beispiel stampfendes Schiff, pumpender Mast) ermüdet das Material

- Verschiedene Metalle lösen sich gegenseitig auf

- Biegung in einem Drahtseil oder Terminal ergibt einen Stresspunkt und kann zu Bruch führen

- Drahtseile brechen gerne direkt am Pressterminal

- nicht beweglich verbaute Drahtseile (ohne Toggles) werden höher belastet

- Rost kann auf Risse hindeuten

- Ein schlecht durchgesetztes oder zu wenig gespanntes Rigg kann zu Ermüdungsbruch führen.Ist das stehende Gut neu, werden sich die Drahtseile etwas recken und somit Lose bekommen. Ein neuerliches Spannen und Trimmen des Riggs ist nötig. Zeigt ein bereits gebrauchtes Rigg lose, deutet das auf ein Problem und die Ursache muss gefunden und behoben werden (Rigg und Püttinge müssen kontrolliert werden).Neben der laufenden Beobachtung des Riggs kann nur eine routinemäßig wiederholte Überprüfung des gesamten Riggs dafür sorgen, Probleme rechtzeitig zu erkennen und noch im Hafen darauf reagieren zu können. Gerade vor großen Ozeanüberquerungen sollte sichergestellt werden, dass sich das Rigg in einwandfreiem Zustand befindet. Vor dem Rigg-Check sollten Rostflecken nicht entfernt werden, da Rost auf Risse hindeuten kann und genau untersucht werden muss.Überprüfung am Deck Begonnen wird mit der Überprüfung von Deck aus. Zuerst wird der Mastauf seinen gerade Stand überprüft. Dazu stellt man sich direkt zum Mastfuß und blickt den Mast entlang nach oben. In der Regel zeigt der Mast eine leichte Biegung nach achtern, darf aber kein S beschreiben oder eine abrupte Verbiegung zeigen. Weiteres wird der Mast an seiner Basis begutachtet. Steht er auf Deck, muss er auf Risse oder Korrosion betrachtet werden. Steht er am Kiel, sollte einmal jährlich der Mastkragen entfernt werden. Der Bereich darunter muss trocken sein und darf keine Korrosion oder Risse zeigen. Anschließend den Bereich reinigen und den Kragen wieder anlegen. Ebenfalls am Mast müssen alle Anbauteile - Mastschiene, Winden, Klampen,... - auf Korrosion begutachtet werden. Der Niederhohler muss auf seine Leichtgängigkeit und auf Risse überprüft werden. Gegebenenfalls muss er geölt werden.

Der Baum:

selbst benötigt ebenfalls Inspektion. Der
Baumbeschlag sollte überprüft werden, ob er
Scheuer Stellen zeigt und ob alle Verbindungen
festgezogen sind. Alle Leinen am Baum müssen
auf Schamfil- Stellen begutachtet (Reffleinen,
Lasyjacks,...) und nötigenfalls ausgetauscht
werden.Weiteres auf Deck müssen die
Püttinge überprüft werden. Sie dürfen keine
Risse oder aufgequollene Stellen zeigen. Rost
kann nun gereinigt und die Stellen darunter
genau inspiziert werden.Die Wantenspanner
und Toggles müssen auf Risse oder
aufgequollene Stellen überprüft werden. Sie
sollten gereinigt und geölt werden. Darauf
achten, dass sie gegen ein Aufdrehen gesichert
sind. Eventuell können die Sicherungssplinte mit
Tape umwickelt werden, damit man nicht mit
Kleidung oder Segelsäcken an ihnen hängen
bleiben kann.

Das Stehende Gut

wird nun an seinen Terminals begutachtet. Die
Terminals müssen gerade sein, die Toggles
müssen leichte Bewegung erlauben. Der Draht
muss besonders direkt am Terminal auf
gebrochene Litzen begutachtet werden. Ist alles
einwandfrei, eventuellen Rost und Salz am
Übergang zum Terminal reinigen.

Das Laufende Gut

kann nun ebenfalls von Deck aus begutachtet

werden. Dabei werden alle Fallen und Schoten auf gescheuerte Stellen begutachtet. Dreht man einmal jährlich die Fallen um oder schützt die betroffenen Stellen mit zusätzlichem Mantelmaterial, kann die Lebensdauer der Fallen erhöht werden. Zeigen Schoten ungleich dicke Stellen oder einzelne Fasern, die aus dem Schot stehen, sind sie am Ende ihrer Lebensdauer und sollten ersetzt werden. Alle Blöcke und Taljen müssen auf Risse und beschädigte Kunststoffrollen überprüft werden. Schäkel dürfen weder verbogene Bolzen haben noch aufgebogen oder verformt sein. Besonders sollten Schot Schäkel und Fallen Schäkel auf ihre einwandfreie Funktion und Form begutachtet werden.

Die Winden

(auf Deck und am Mast) sollten sich leicht drehen und das typische Klick-Geräusch geben. Sie müssen ebenfalls auf Korrosion an ihrer Aufnahme begutachtet werden und müssen wenigstens einmal jährlich gewartet werden (zerlegen, reinigen, überprüfen, fetten und zusammenbauen).Nun müssen die

Rollanlagen

an Bord überprüft und gewartet werden. Sie müssen leichtgängig und geräuschlos sein. Im Zuge der Überprüfung können sie mit Frischwasser gewaschen und nach Anleitung des Herstellers gereinigt und gewartet werden. Die Reffleine muss in ihrer ganzen Länge auf

Schamfil- Stellen überprüft und gegebenenfalls ausgetauscht werden. Alle Blöcke der Anlage müssen auf Risse und beschädigte Kunststoff Rollen überprüft werden.Werden die Segel an Stag Reiter gefahren, müssen diese begutachtet werden. Sind sie bereits sehr stark verschlissen oder die Bolzen verbogen, müssen sie ausgetauscht werden. Stag Reiter aus Bronze sind jenen aus Edelstahl vorzuziehen, da sie das Vorstag nicht beschädigen.Hat die Yacht einen Bugsprit, muss der Wasser Stag ebenfalls überprüft werden. Dabei wieder alle Beschläge, Schäkel und Verbindungen sowie den Draht oder die Kette selbst auf Korrosion, Verbiegungen und Risse begutachten.Weiteres sollten die Spinnaker Bäumean Bord auf Schamfilen und Korrosion überprüft werden. Sind die Bäume auf einer Schiene am Mast befestigt, muss diese Schiene auf eventuelle Verbiegung durch zu hohe Belastung begutachtet werden, da manche Schienen nicht ausreichend stark ausgelegt sind und ausreißen. Die Endbeschläge sollten leichtgängig sein und keine verbogenen Teile zeigen. Wir haben die Erfahrung gemacht, dass an der Reling gestaute Spinnaker Bäume schnell Beschädigung durch Elektrolyse zeigen, weshalb alle Edelstahlteile, an denen der Baum anliegt , isoliert (zum Beispiel umwickelt) werden müssen. Ist man mit der Überprüfung an Deck fertig, kann man sich zur

Überprüfung im Rigg

vorbereiten.Überprüfung im Rigg Ein gut geschützter Liegeplatz und ein ruhiger Tag sind nötig, um eine ordentliche Überprüfung im Rigg durchführen zu können. Ist die Crew mehrköpfig, ist es praktisch, eine extra Leine auf den Mast zu nehmen, damit eventuelle Werkzeuge nach oben gereicht werden können. Die Überprüfung beginnt bereits auf den Weg nach oben,
indem der

Mast und die Wanten

auf Korrosion betrachtet werden können. Unterhalb der Salinge werden die Beschläge der Unter Wanten auf Biegung und Haarrisse begutachtet. Außerdem muss überprüft werden, ob alle Sicherungssplinten in Ordnung sind, ob alle Schrauben fest sitzen und keine Scheuer Stellen (von den Fallen) zu erkennen sind. Sollten im Rigg T-Terminals verbaut sein, müssen diese mit einer Lupe auf Haarrisse überprüft werden.Nun können die Salinge (jede einzelne) begutachtet werden. Sie dürfen nicht verdreht stehen und müssen backbord und steuerbord gleich sein. Zumindest einmal jährlich sollten die Abdeckungen der Salingsnock abgenommen werden. Darunter muss der Wanten Draht auf gebrochene Litzen überprüft und die feste Verschraubung zwischen Saling und Wanten begutachtet werden. Alle Schweißstellen an den Salingen müssen auf

Beschädigungen angesehen werden. Die
Verbindung zum Mast muss einwandfrei sein.
Die Salinge dürfen an ihrem Übergang
zur Mastaufnahme keine Risse zeigen. Sollten
die Segel, eventuell am Mast gestaute laufende
Backstage oder Fallen auf den Salingen
scheuern, muss Abhilfe geschaffen werden.
Weiteres sollten die

Decks Beleuchtung

auf ihre Funktion und Dichtigkeit begutachtet
werden.Ist der Mast mit mehreren Salings
Reihen versehen, muss den Salingen
beziehungsweise den Mittel Wanten die selbe
Überprüfung zukommen.

Am Mastkopf

muss bei Edelstahlverschraubungen ebenfalls
eine optische Überprüfung auf Korrosion
gemacht werden. Sind die Aufnahmen am
Mastkopf verschweißt, müssen die
Schweißnähte auf Risse untersucht werden.
Auch hier müssen die

Oberwanten, Vor- und Backstag

auf ihre Befestigung am Mast überprüft werden
(Sicherungssplinten intakt, keine Verbogenen
Bolzen oder Teile; Aufnahmen, Terminals und
Draht am Eingang zum Terminal muss
einwandfrei sein). Weiteres muss darauf geachtet
werden, ob die Fallen am Mast Scheuer Stellen
hinterlassen haben und ob die Blöcke und
Rollen Abnützungen zeigen. Notfalls muss sich
das Crewmitglied im Mast am Masttop mit

einem mitgebrachten Tampen sichern und so die Fallrollen entlasten, um an ihnen Arbeiten zu können. Sämtliche Rollen am Mastkopf können nun geölt werden. Ist das Großsegel mit einem Kopfbrett bestückt, muss die Mastschiene auf Druck- und Scheuer Stellen betrachtet werden.Zum Abschluss sollten noch die **Positions-und Ankerlaterne** am Masttop begutachtet werden. Die Laterne muss dicht und trocken sein und die Kabel müssen in einwandfreiem Zustand sein. Die Lichter auf ihre Funktion überprüfen.

Auch die Instrumente und Antennen am Mast können visuell begutachtet werden.Verfügt die Yacht über eine KW-Funkanlage, deren Antenne mittels verpresste Isolatoren am Backstag montiert ist, müssen auch diese Isolatoren und vor allem der Draht direkt an der Pressung auf Risse und gebrochene Litzen überprüft werden, soweit das ohne Verletzungsgefahr möglich ist. Handelt es sich um eine Yacht mit mehreren Masten, muss die Überprüfung natürlich an jedem Mast durchgeführt werden.Diese Überprüfung des Riggs sollte mindestens einmal Jährlich durchgeführt werden. An Bord der Pearl haben wir uns angewöhnt, die Überprüfung vor jeder Ozeanüberquerung und schwereren Passage/Route zu machen.Sollte die Yacht mit wechselnder Crew unterwegs sein, kann ein Foto-Log helfen, dem in den Mast steigenden Crewmitglied ein Bild zu geben, worauf geachtet werden sollte und wie die einzelnen Teile auszusehen haben. Auch hilft es, eine Fotokamera, die Makroaufnahmen machen kann, mit in den Mast zu nehmen um gegebenenfalls Detailaufnahmen für das Crewmitglied auf Deck machen zu können.Beschädigte Teile im Rigg müssen selbstredend sofort ausgetauscht werden und im Zweifelsfall ist eine Investition in neue Komponenten billiger als der Verlust des

Riggs auf Hochsee.

Ist die Yacht in Revieren mit unzureichenden Versorgung s Möglichkeiten unterwegs, sollten nötige Ersatzteile für die Sicherstellung eines einwandfreien Riggs an Bord sein (zusätzlicher Wanten Draht , Schraubterminals, Blöcke, Schäkel, Bolzen, Splinten, extra Fallen,...) Schrauben sollten nur im Notfall als Ersatz für Bolzen verwendet werden, dabei darf das Gewinde keine Tragende Funktion übernehmen. Zusätzlich gehören an Bord von Blauwasser Yachten geeignete Schmiermittel für Rigg Teile und Winden sowie Rigging Tape (um vor Schamfilen
an Splinten und ähnlichem schützen zu können)Der vollzogene Riggcheck sollte in ein technisches Tagebuch der Yacht eingetragen werden, damit ein nächstes Intervall nicht übersehen wird.

ÜBERLEGUNGEN ZUR AUSWAHL DES MOTORS

Der Dieselmotor am Segelboot, ein eiserner Judas, ein unliebsamer Lärmverursacher, eine unverstandene Ölpest im Keller. Und doch, ein, auf vielen Yachten nicht mehr weg zu denkender Hilfsantrieb, viel und gerne genützt und unter vorgehaltener Hand als eines der Herzstücke im Segelboot bezeichnet.Die Zeiten von Blauwasseryachten ohne Dieselantrieb sind schon lange vorbei und nur noch vereinzelt trifft man Vertreter dieser bedingungslosen Segelära. Doch wie wählt man das Erdöl fressende Triebwerk aus, wie findet man den "richtigen" Motor, der den Anforderungen einer Welt gehenden Blauwasseryacht gewachsen ist. Der einfach und billig in seiner Wartung bleibt, verlässlich und ohne Mucken seinen Dienst tut und richtig und gut dimensioniert für seine Aufgaben ist. Wir haben uns ein paar Gedanken rund um unseren "Eisernen Judas" gemacht und erzählen von unseren Erfahrungen an Bord von Langfahrtseglern.Um einen geeigneten Motor für sein Segelboot zu wählen, sollte man sich zuerst einmal Gedanken über die benötigte Leistung und Größe des Motors machen. Und dazu gibt es eine sehr einfache Faustformel: Für Segelyachten gilt, dass eine Motorleistung von 2,2 KW- oder umgerechnet 3 PS- pro Tonne Schiffsgewicht reicht. Für unsere schlanken 22 Tonnen Schiffsgewicht kommen wir daher auf knappe 48 KW, oder gute 66 PS Dieselpower (unsere 58 PS liegen daher an der unteren Leistungsgrenze). Und wer jetzt glaubt, dass dies doch schon eher die untere Grenze ist, dem kann ich noch ein paar Erfahrungswerte darauf geben: Bei unserer Flussfahrt durch Westeuropa, auch zum Teil gegen erhebliche Strömung, verzeichneten wir einen Dieselverbrauch von

Motor und Generator

maximal 2,5 Liter Diesel in der Stunde, umgerechnet arbeitete daher unser Diesel mit nur zirka 14 KW oder knappen 20 PS. Natürlich, diesen Verbrauch haben wir ohne relevanten Seegang und ohne Starkwind verzeichnet, klar, aber auch nach mehreren Jahren Segeln kommt unser Dieselverbrauch nicht über 3,5 Liter pro Stunde (=19 KW), diesmal jedoch auch mit Sturm Besegelung gegen Starkwind und Strömung.Doch Vorsicht: 60PS Diesel ist nicht immer gleich 60 PS Diesel, denn bekanntlich bringt doch Hubraum Kraft (Drehmoment). Als einfache Überlegung stellt man sich einmal die Zugkraft eines Traktors im Vergleich der Zugkraft eines PKWs vor, und während der Traktor schon mal zwei große Getreidehänger die Bundesstraße entlang tuckert, müht sich der PKW schon mit einem voll geladenen Autoanhänger. Ein guter Grund, weshalb langsam laufende Stand- oder Industriemotoren häufig einen neuen Platz im Motorraum einer Segelyacht finden. Langsamläufer? Ein Motor also, der konstruktionsbedingt (zum Beispiel auf Grund seiner hohen Schwungmasse und seines großen Hubraums) im Normalfall Drehzahlen über 2500 Umdrehungen pro Minute (bei kleinen Motoren) nicht überschreiten kann. Während ihre Nachteile im hohen Gewicht und in ihrer meist großen Bauart liegen, entwickeln sie ihre Kraft bereits im unteren Drehzahl Bereich und tragen mit ihrem ruhigen Lauf nicht nur zur angenehmen Stimmung an Bord bei, sonder zeigen dadurch auch wenig Verschleiß und sind freundlich zum

Getriebe.

Ein weiteres Auswahlkriterium liegt in der Art der Einspritzung und der Einspritzpumpe. In der Regel wird ein Schiffs Motor nach wie vor mit älteren Einspritztechniken geliefert. So dominieren nach wie vor Direkteinspritzer und Vorkammerdiesel den Markt. Während Direkteinspritzer besseres Kaltstart Verhalten und geringfügig sparsamer im Dieselverbrauch sind, kann ein Vorkammerdiesel mit ruhigerem Lauf aufwarten, benötigt jedoch eine Kaltstartvorrichtung. Noch immer dominieren Verteiler - (Rollkolben-)pumpe und Reihen- (Stößel -)pumpe am Markt von Industrie- und Schiffsmotoren. Beides gute Systeme, wobei Reihenpumpen als geringfügig robuster und eventuell leichter zu reparieren gelten, Verteiler Pumpen jedoch den Markt eher dominieren. Verschiedene Auspuffarten werden an Bord von

Yachten verbaut: während Stahlyachten zum Teil noch mit trockenem Auspuff fahren, überwiegt der wassergekühlte Auspuff am Markt. Will man jedoch einen Industriemotor auf seine Yacht einbauen, muss man sich zuerst schlau machen, ob es dafür auch die nötigen Umbauteile zur Marinisierung gibt. Besser gesagt, ob am Markt ein wassergekühlter Auspuff Krümmer erhältlich ist.Generell sollte sich der Yacht Eigner vor der Entscheidung eines Motors auch Gedanken über die Verfügbarkeit von Ersatzteilen und deren Preise machen. Gibt es im geplanten Fahrgebiet der Yacht Händler und Werkstätten, sind Ersatzteile und eventuell Fachkräfte leicht zu finden und wo, außer an Bord von Yachten, werden diese Motortypen noch verbaut (zum Beispiel Landwirtschaft, Kommunaltechnik, Industrie...)Als Motorkühlung wird heute meist ein Zweikreiskühlsystem mit Wärmetauscher bevorzugt. Andere Systeme wie die Außenhautkühlung (siehe Bericht weiter oben) können aber durchaus interessant sein. Die Vorteile der Außenhautkühlung liegen klar in der einfachen Handhabe und in der Tatsache, das sie auch bei kalten Temperaturen keine spezielle Wartung (mit Ausnahme der Füllung von Frostschutz) benötigen, während der Motor keine zusätzlichen Seeventile und somit Rumpf Durchbrüche benötigt.Hat man sich erst mal für einen Motor entschieden, der in seiner

Baugröße, seiner Bauart und seiner Stärke gut zur Yacht passt, muss noch besonderes Augenmerk auf die Dieselzufuhr und die Filteranlage geworfen werden. Denn gerade weit reisende Yachten haben oft genug Probleme mit verschmutzten Diesel in den Tanks. Als einfache und sehr effektive Lösung verwenden wir deshalb zwei separate Tanks an Bord der Pearl. Über einen Trichter mit Filter und Wasserabscheider betanken wir unseren Haupttank im Kiel, von dem aus wir den Diesel mit einer kleinen Dieselpumpe durch doppelte Filteranlagen mit Wasserabscheider in einen kleineren Tagestank pumpen. Dieser Tagestank ist über dem Motor montiert und so wird der Motor selbst auch ohne Pumpe stets mit sauberen Diesel versorgt. Der Diesel wird dabei noch einmal durch Filter gereinigt, bevor er in die Einspritzpumpe gelangt.Überwacht wird der Motor während seines Einsatzes mittels Öldruck- und Öltemperaturanzeige, Wassertemperaturanzeige (wer es genau nehmen will, der kann den Motor mit zwei Wassertemperaturmesser ausstatten: einmal beim Eintritt und einmal beim Austritt aus dem Motor), Amperemeter für die Lichtmaschine, Drehzahlmesser und Tankanzeige.Ist die Wahl des Motors erst getroffen, darf man sich den Kopf über Getriebeart, Wellenart und Schraube machen. Aber dass ist eine andere Geschichte

TAUSEND UND EINE NACHT

Ankererfahrungen nach über tausend Nächte vor Anker!Leben unter Segel - für die meisten Blauwasser Segler heißt das gleichzeitig auch Leben vor Anker! Und das ist auch schön so, bringt doch Ankern die Unabhängigkeit mit sich, dort zu verweilen wo es einem gefällt während dabei auch noch das Budget geschont werden kann. Und der finanzielle Hintergrund ist für viele Blauwassersegler natürlich ein guter Grund zu Ankern, wäre doch das hart ersparte Budget schnell aufgebraucht, wenn Nacht für Nacht 20 bis 50 Euro Hafengebühr zu bezahlen wäre. Doch auch jene Segler, die weniger auf ihre Finanzen achten müssen, haben immer wieder mal guten Grund, vor Anker zu liegen. Sei es, um eine schöne Bucht genießen zu können, oder eine wenig ausgebaute Insel zu besuchen, die Abende gemeinsam mit befreundeten Segler zu verbringen oder eben die Einsamkeit einer versteckten Anker Bucht zu entdecken. Oder - Schlimmstenfalls - um einen Sturm so sicher wie möglich ab zu wettern. Wahrscheinlich kann man sogar guten Gewissens behaupten, dass die wenigsten Blauwassersegler so viele Nächte unter Segel verbringen als vor Anker - freilich ohne dass ich diese Behauptung jedoch nachgeprüft habe!So ist es doch verständlich, dass das Thema Ankern eine wichtige Rolle unter Langstrecken Segler spielt - was auch gut so ist. Immer wieder drehen sich die Gespräche (am Ankerplatz, wo sonst?!) ums Ankergeschirr und um die verschiedenen Praktiken, wie dieses Geschirr auch zum Einsatz kommt. Natürlich ist fast jeder Segler von seinem Ankertyp überzeugt, manchmal löst das Ankerthema eine regelrechte Glaubensfrage aus

Ankern

Doch zum Ankern gehört bei weitem mehr als der Ankertyp selbst, der an Bord mitgefahren wird, den es kommt auf die gesamte Ausrüstung und eben auch auf das richtige Manöver an, um sicher und entspannt die Nacht in einer schönen Bucht verbringen zu können.Unter Ankerausrüstung versteht man: den gut dimensionierten Bug Anker mitsamt seiner Kette und Trosse, einen Heckanker mit Kettenvorlauf oder Kette und Trosse, ein oder mehrere Ersatzanker, Ersatzkette, zusätzliche Trosse, wenn nötig eine zum Schiff und Crew passende Ankerwinde, sehr starke Klampen, die auch bei schweren Bedingungen nicht auszureisen drohen, eine gut durchdachte Ankerklüse, Ankerboje und nicht zuletzt ein starkes Dingi mit Außenborder, mit dessen Hilfe auch ein Notanker ausgebracht werden kann. Die Dimensionierung der Anker und des Geschirrs fällt meist noch leicht, gibt es doch genug schlaue Tabellen, an denen man einfach ablesen kann, wie schwer der Anker für die eigene Schiffsgröße auszufallen hat.Ja, und genau da fängt der Krugs schon an: Anker für die Schiffsgröße?!? Das klingt ja fast so, als macht es keinen Unterschied, ob ein modernes 13m Schiff mit einer Verdrängung von vielleicht 12 Tonnen sicher verankert werden sollte oder sagen wir mal unsere adrette Stahllady mit ihren vollgeladenen 20 Tonnen! Ich bin mir ziemlich sicher, dass ich kein Auge zu machen würde, wäre die Pearl mit einem Anker für einen netten 10-Tonner gesichert.Hier eine Liste, die unserer Meinung nach als Richtlinie zum Ankerkauf gut geeignet ist:

YACHT	HAUPTANKER IN KG	ZWEITANKER IN KG	ANKERKETTE	ANKERTROSSE
6-8	15	11	8
8-10	18	15	8
10-12	21	18	8
13-17	25	21	10
18-23	29	25	10
24-28	35	30	10-12

Der Ankertyp wird auf vielen Ankerplätzen rund um den Globus immer wieder heiß diskutiert. Denn oft ist der Ankertyp eine Frage des Geschmacks. Auch gibt es viele verschiedene Anschauungen bezüglich teurer Originale und billigeren Nachbauten. Zu den meist gelobten Ankern unter den deutschen Seglern gehört sicherlich der Bügelanker, der Pflugschar (bzw. CQR) und der Bruce- oder M-Anker. Da die meisten Anker je nach Ankergrund verschieden gut halten, ist es allerdings schwer, diese

Diskussionen wirklich zu Ende zu führen. Deshalb ist es am einfachsten, sich nicht auf einen Ankertyp an Bord zu verlassen, sondern verschiedene Anker, am Besten für verschiedenste Ankergründe, zu wählen.Um die Länge der Kette bestimmen zu können, muss erst mal bedacht werden, in welchem Gebiet hauptsächlich geankert werden soll. Denn die Kettenlänge sollte zumindest das 5fache der Wassertiefe am Ankerplatz betragen. Weiß man nun, dass man ohnehin keine Ankerplätze über 6m Wassertiefe anläuft, genügen 30m Kette, vorausgesetzt, es ist noch Trosse für schwere Bedingungen vorhanden.Auf Blauwasseryachten haben sich im Durchschnitt Kettenlängen von ca. 50 Meter eingebürgert. Sollte es Bedenken geben, dass die Yacht nicht so viel Gewicht an ihrem Bug verträgt, ist es besser, den Anker mit samt der Kette für Überfahrten vom Bug zu nehmen und in der Bilge zu verstauen, anstelle auf einen schweren Anker mit ausreichend Kette zu verzichten.Vorsicht auch bei allen Schäkeln und Wirbeln, die als Verbindungsglieder verwendet werden. Das Geschirr ist nur so stark wie der schwächste Teil, billige No-Name Schäkel ohne angegebene Bruchlasten haben am Ankergeschirr nichts verloren! Selbstverständlich müssen alle Schäkel mit Draht gegen das Aufdrehen gesichert werden.Der Anker mit der Kette muss außerdem an eine starke Trosse gespleißt werden. Da die Empfehlungen bei der ca. 1,5 fachen Länge der Kette liegen, hat sich an Bord der meisten weit reisenden Fahrtenyachten eine Trosse von 70 bis 100m Länge bewährt. Meist ist ohnehin noch Ersatztrosse an Bord.Anmerken will ich noch, dass alternativ zum Ankergeschirr aus Kette und Trosse auch eine Winde mit Stahlseil gefahren werden kann. Mit Reitgewichte beschwert haben wir auch damit gute Erfahrungen machen können, auch wenn diese Variante heute so gut wie von der Bildfläche verschwunden ist.Wie schon in der Tabelle zu sehen, gehört auch ein gut dimensionierter Zweitanker mit an Bord, der jedoch nicht unbedingt am Bug gefahren werden muss. Auch der zweite Anker sollte mit annähernd so viel Kette und Trosse wie der Hauptanker ausgestattet sein. Viele Blauwassersegler haben obendrein noch 1 bis 2 weitere Ersatzanker mit Kettenvorlauf an Bord, was nicht nur den Verlust eines Ankers leichter verschmerzen lässt, sondern auch mehr Möglichkeiten und Sicherheit in einer echten Notsituation gibt.Als praktisch erweist sich obendrein, einen kleineren Heckanker mit Kettenvorlauf und Trosse fix am Heck zu fahren, am Besten fertig auf einer Trommel belegt. Teilweise hat sich auch der Heckanker am Gurtband durchgesetzt, praktisch vor allem auf Yachten mit weniger Platz. Gerade wenn die Yacht mit mehreren Bug Ankern gesichert wird, ist so das Ausbringen des Heckankers kein großes Thema, damit sich die Yacht nicht über die eigenen Anker verdreht und diese so wieder ausreißt.Das beste Ankergeschirr bietet allerdings keinen Schutz, wenn die Bug Rollen, Ankerklüsen und die Klampen die Belastung einer wild am Anker reißenden Yacht nicht standhalten. Bei den meisten schweren Klassikern zwar kein Thema, müssen gerade Eigner moderner Leichtbauyachten hier ihre Belegpunkte nachprüfen. Die meisten, im Yacht Handel angebotenen, Bug Rollen bieten der Kette oder Trosse zu wenig Seitenhalt, bei schwerer Schiffsbewegung kann die Kette/Trosse von der Bug Rolle springen und großen Schaden am Bug anrichten, beziehungsweise - bei Trosse - schamfilen. Klampen und Winden müssen mit einer stabilen Gegenplatte verschraubt sein, damit der Anker nicht die gesamte Winde oder Klampe aus dem Deck reißen kann. Soll ein schwerer Sturm vor Anker abgewettert werden, beruhigt es ungemein, zu wissen, dass alle betroffenen Teile am Schiff einwandfrei den Belastungen standhalten.Heute ist es schon fast alltäglich, das Surren der elektrischen Ankerwinde am Morgen zu hören, nur noch wenige Yachten sind auf Langfahrt ohne elektrischer Ankerwinde unterwegs. Doch auch manuelle Winden sind eine gute Alternative und noch immer am Markt erhältlich. Fährt die

Yacht ohne Winde los, muss darauf geachtet werden, dass sich nicht früher oder später einbürgert, dass zu wenig Kette oder Trosse gesteckt wird, damit die Crew weniger Arbeit beim Einholen hat. Um den Heckanker ohne Winde wieder leicht einholen zu können, ist es am Einfachsten, den Anker mit einer Ankerboje zu versehen, so kann der Anker ohne große Anstrengung mit dem Dingi geborgen werden.Nach wie vor trifft man unterwegs noch genug Yachten, die auf das Setzen eines Ankerlichtes verzichten. Eigentlich unbegreiflich, kann man sich doch heute mit LED gegen das Stromproblem abhelfen. Auch gegen die traditionelle Petroleumlampe gibt es nichts einzusetzen, sollte die ankernde Yacht nicht genug Stromreserve an Bord haben. Besonders geschickt sind natürlich auch Ankerlichter mit eingebautem Sensor, damit sich das Licht bei Dunkelheit einschaltet. So muss das Licht nicht den ganzen Tag über laufen, sollte mal der Landgang etwas länger ausfallen. Je nach Anker Bucht hat es sich außerdem bewährt, zusätzlich zu dem am Top montierten Ankerlicht eine kleine Lampe zur Hand zu haben, die am Bug oder Heck aufgehängt werden kann. Denn in manchen Anker Buchten, speziell vor dem Lichtermeer einer Stadt, ist das Toplicht am Mast für einlaufende Yachten nur schwer ausfindig zu machen. Der Ankerball, das Ankerzeichen für den Tag, wird nur noch von den wenigsten Yachten gesetzt, eigentlich unverständlich, ist es doch keine erwähnenswerte zusätzliche Arbeit, den schwarzen Ball an einen Want zu binden.Die beste Ausrüstung allerdings hilft nur bedingt, wenn die Crew das Geschirr einfach von Bord schmeißt und glaubt, somit ein Ankermanöver gefahren zu sein. Trotzdem kann man ein derartiges "Ankermanöver" in etlichen Buchten immer wieder beobachten. Ordentlich verankert ist die Yacht allerdings erst, wenn der Anker auch richtig eingefahren worden ist:Nachdem der gewünschte Platz ausgesucht ist, muss die Yacht in den Wind gedreht und abgestoppt werden. Sobald sie beginnt, rückwärts zu treiben, wird zuerst Anker mit Kette in der ungefähren doppelten Wassertiefe gesetzt. Die Yacht treibt weiter rückwärts, sobald der Anker zu greifen beginnt, muss Kette nachgesetzt werden. Aber nicht einfach auf einmal und auf einen Haufen, sondern schön langsam, bis die (zur Wassertiefe fünffache) Ketten unten ist. Nun gehört die Kette belegt und erst mal vorsichtig mit der Maschine rückwärts gedampft. Dabei einen markanten Punkt an Land peilen um zu sehen, ob der Anker hält. Nach und nach den Druck erhöhen, indem man mehr Gas gibt. Dabei nicht zu vorsichtig sein, der Anker muss auch ordentliches rückwärts dampfen halten können!Hält der Anker, kann das lästige Einrücken der Kette noch mit einer extra Leine gedämpft werden. Auch wenn die Crew noch so neugierig auf die neue Umgebung ist, trotzdem sollte die Yacht vorerst nicht fluchtartig verlassen werden. Man kann sich ja jetzt beim Aufklaren des Decks etwas mehr Zeit lassen und dabei die Ankerposition noch ein wenig im Auge behalten.Segelt die Yacht ohne Motor oder funktioniert der "Eiserne Judas" wieder einmal nicht, kann der Anker - sofern die Anker Bucht groß genug ist - auch unter Segel eingefahren werden. Dazu wird einfach ein Kurs vor dem Wind auf den gewünschten Ankerplatz gesteuert und der Anker mit viel Kette und Trosse während der Fahrt geworfen. Hält der Anker, dreht sich die Yacht abrupt in den Wind. Dieses Manöver ist allerdings nichts für schwache Nerven und wir haben schon erlebt, wie die Crews der bereits ankernden Boote alarmiert an Deck springen!Wird mit Bug - und Heckanker geankert, sollte darauf geachtet werden, dass neu ankommende Yachten den eigenen Heckanker sehen, da das Boot ja nun nicht mehr mit den anderen mit schwoit. Mehrere Bug Anker können in Reihe oder nebeneinander in V- Formation ausgebracht werden. Beide Varianten bringen sehr gute Ergebnisse, wobei bei mehreren Anker nebeneinander darauf geachtet werden muss, dass sich die Yacht nicht über den Ankern schwojen kann und so die Ketten ineinander verheddern. Obwohl der Zweitanker in der

Regel auch von Bord aus ausgebracht werden kann, kann man in die Situation kommen, dass ein starkes Dingi zum Ausbringen eines Ankers nötig wird. Wir mussten zum Beispiel einmal die Erfahrung machen, dass eine unbemannte Yacht den eigenen Anker über den Grund schleppte, bis sie sich schließlich in unseren Heckanker verfing. Da Starkwind tobte, schafften wir es nicht mehr, mit unserem Motor beide Schiffe gegen Wind und Strömung zu dampfen, um einen zweiten Anker zu setzten. Den Heckanker los zuschmeißen und die fremde Yacht somit auf die Klippen zu setzten war ebenfalls keine Option für uns. Beide Yachten mittels Motorunterstützung zu halten war keine gute Aussicht und nur mit Hilfe eines - nahe ankernden - Freundes und mit Einsatz seines Dingis mit starken Außenborder konnten wir einen weiteren Anker setzen und so beide Yachten sicher. Ohne seiner Hilfe hätten wir früher oder später die unbemannte Yacht samt unseres Heckankers aufgeben müssen!Weiß man nichts über die Beschaffenheit des Grundes, kann ein Handlot aufschlussreich sein. Mit ein wenig Übung lässt sich mit dem Handlot die ungefähre Bodenbeschaffenheit bestimmen. Unserer Erfahrung nach sind sehr weicher Schlick, Gras und harter Fels nahezu unmögliche Ankergründe. Auf Koralle sollte schon aus Naturschutzgründen nicht geankert werden, wer es dennoch versucht, verliert in vielen Fällen den Anker, da die scharfen Korallenbänke Ankertrossen durchscheuern oder sich die Kette derart um die Korallen wickelt, dass sie nicht mehr hochzubekommen ist.Besonders abwechslungsreich ist die Möglichkeit in nördlichen Schären und Fjorden, beziehungsweise den Ankergründen von Patagonien, das Boot mittels langen Trossen zwischen Felsen und Bäumen zu verholen.

ANKERGESCHIRR

Mittlerweile sind wir schon einige Jahre mit unserem Stahlschiff Pearl unterwegs. Hier ein Bericht über unser derzeitiges Ankergeschirr und unsere Erfahrungen und Einschätzungen. An Bord der Pearl fahren wir folgendes Ankergeschirr:Am Bug belegt fahren wir zwei Anker: den Hauptanker, einen 35kg Klipp Anker mittels "Green-Pin"-Schäkels an 50m Kette (Stärke 10mm) geschäkelt und mit weiterer 60m Trosse (22mm Stärke) verspleißt. Der Zweitanker, ein 30kg M-Anker mit 40m Kette (10mm) und 75m Trosse (22mm) wird ebenfalls fertig zum Einsatz am Bug gefahren.Weiter haben wir an Bord: einen 21kg Klipp Anker mit 5m Kettenvorlauf (10mm), einen 30kg Britany, ebenfalls mit 5m Kettenvorlauf (10mm) und am Heck fertig montiert einen 11kg Bügelanker mit 6m Kettenvorlauf und 65m Trosse (16mm) auf einer Rolle.Außerdem an Bord: 50m Ersatzkette und mehrere Trossen zwischen 50m und 70m Länge.

Erfahrungen mit Ankergeschirr

Beide Bug Anker werden über eine manuelle Ankerwinde am Bug bedient, der Klipp Anker führt durch ein Rohr seitlich an den Bug und wird dort gefahren (war bereits beim Kauf des Schiffs so montiert), der M-Anker läuft über eine Ankerrolle, die durch einen Bügel verhindert, dass die Kette von der Rolle springen kann. Beide Anker werden mittels Bensel gegen ungewolltes Aus rauschen gesichert. Alle Klampen von der Pearl sind an Deck und mit starken Gegenplatten unter Deck verschweißt - die leichteste Übung bei einem Stahlschiff!Mit an Bord fahren wir einige Schwimmtrossen, die als Landleinen zum Einsatz kommen: 4 x 55m von 26mm Polysteel Trossen, 1 x 75m von 26mm Schwimmtrosse, zusätzlich einige ältere Polysteel Schwimm Trossen mit jeweils 30m Länge. Alle diese Trossen werden in den Backskisten gestaut.Neben dem Ankerlicht am Top des Großmastes, das mit einer LED-Lampe ausgestattet ist, haben wir ein kleines "Sure-a-light" an Bord, welches manchmal zum Einsatz am Heck kommt. Der billige, zweiteilige Ankerball verrichtet ebenfalls seinen Dienst. Bei windigen Bedingungen läuft über Nacht außerdem das Standard Horizon GPS mit Ankeralarm, obwohl ich sagen kann, dass ich selbst der beste Ankeralarm bin, da ich bisher immer längst vor dem Signalton aufgewacht und an Deck bin!Nach jahrelangem, durchgehenden Fahrtensegeln mit diesem Geschirr, unzähligen Nächten vor Anker und einigen abgewetterten Stürmen wollen wir hier unsere Erfahrungen mit genau diesem Ankergeschirr berichten.Der Hauptanker (35kg Klipp Anker mit Kette und Trosse, gefahren im seitlichen Rohr an Steuerbord):Wir sind diesem Anker gegenüber etwas misstrauisch geworden, da wir uns bei einigen Gelegenheiten nicht auf ihn verlassen konnten. Speziell bei Seegras und Tang schafft es der Klipp Anker an Bord nicht, sich durch das Kraut in den Boden zu graben, er verhängt sich im Gras und täuscht vor, zu halten, wir achten daher immer genau darauf, dass wir den Anker ordentlich einfahren, beziehungsweise verwenden wir den Anker bei bewachsenem Ankergrund nicht als Hauptanker. Unserer Meinung nach ist der Klipp Anker (wie alle Plattenanker) prinzipiell ein guter Anker, aber leider kein "Allround-Anker" und damit nicht die beste Wahl als Hauptanker für weltweite Fahrt Der Anker wird bei uns durch ein Rohr seitlich durch den Rumpf geleitet und somit an der Bordwand etwas über der Wasserlinie gefahren. Die Pearl war bereits beim Kauf mit diesem Ankerrohr (und dem Anker) ausgestattet, wir hatten vorab keine Erfahrung mit einem derartigen, seitlich gefahrenen Anker und haben bei der Restauration diese Konstruktion original belassen. Wir haben erfahren, dass diese Konstruktion für uns einige Vorteile bietet, jedoch an Bord der Pearl verbessert werden muss. Als hauptsächlichen Nachteil empfinden wir die Tatsache, dass das Ankerrohr uns auf einen Ankertyp beschränkt - und dies leider nicht unser favorisierter Anker ist. Ein weiterer Nachteil ist, dass der Anker bei Wellenschlag gegen den Rumpf schlägt, sobald er nicht ordentlich auf Spannung gesichert wurde, aber dies könnte mit einiger Schweißarbeit an Bord unseres Boots (Anker im Rumpf versenken) noch verbessert werden. Durch das Fahren des Ankers nahe der Wasserlinie ist der Anker natürlich Wasser und Wellen extrem ausgesetzt und es muss bei jedem Segeltörn darauf geachtet werden, dass der Anker extra gesichert ist und nicht nur mit der Ankerkette über die Winde spannt. Da es aber an Bord jeder Yacht normal sein sollte, stets die Anker zu sichern, ist dies ja ohnehin klar.Doch sehen wir für uns etliche Vorteile in dem Ankerrohr. Der wichtigste Vorteil ist, dass die Ankerkette nicht mit dem Wasserstag des Bugsprits in Konflikt gerät selbst wenn das Boot bei Fallwinden vorm Anker tanzt. Im direkten Vergleich mit dem Zweitanker, der von einer Rolle vom Bug nach unten geht, ein echter Unterschied. Auch verhindert das Ankerrohr und die seitliche Montage des Ankers Schlamm auf Deck beim Bergen des Ankers, die Kette kann schon während ihres Wegs durch das Rohr gewaschen werden.Da wir besonders hohen Wert auf die Seetüchtigkeit unseres Bootes legen und damit auch stets ein Auge auf die Gewichtsverteilung an Bord werfen, empfinden wir es auch als Vorteilhaft, dass der Anker durch das Ankerrohr tief unten nahe der Wasserlinie gestautist und somit kein unnötiges Topgewicht kreiert. Auch vorteilhaft zeigt sich, dass der Arbeitsplatz am Bugsprit frei und aufgeräumt ist da der Anker seitlich am Rumpf gefahren und nicht am Bugsprit Platz benötigt.Der Zweitanker (30kg M-Anker mit 40m Kette (10mm) und 75m Trosse (22mm), am Bug gefahren):Wir haben bisher überraschend gute Erfahrungen mit diesem Bruce-Nachbau-Anker gemacht. Der Anker ist ausgesprochen billig, hat keine beweglichen Teile und passt gut unter den Bugsprit, auch wenn er gelegentlich beim Lichten im Wasserstag einhängt. Aber am Besten ist, dass der Anker sich bisher als ein guter Allround-Anker zeigt und sich gut und schnell eingräbt. Selbst in verkrauteten Buchten hat der Anker bisher gute Dienste geleistet und grub sich meist sofort ein. Wir hatten bisher eigentlich nur ein einziges Mal erlebt, dass der Anker nicht halten wollte. Beim Lichten des Ankers zeigte sich, dass der Anker einen Felsbrocken auf genommen hatte und sich daher nicht mehr in den Grund graben konnte. Ein Problem, wofür laut Internet der Bruce oder M-Anker bekannt sein sollte. Wir empfanden dies nicht weiter schlimm, da der Anker normalerweise beim Einfahren gut einrückt und man spätestens beim Rückwärts fahren merkt, ob er hält oder nicht.Bereiten wir uns auf Sturm am Ankerplatz vor, befestigen wir in der Regel unseren Ersatzanker (30kg Britany mit 5m Kettenvorlauf) vor den M-Anker, um diese Anker in der Reihe zu setzten. In dem Fall fahren wir stets eine Ankerboje, um den Britany auch wieder lichten zu können.Erwarten wir keine Winddrehung, setzten wir außerdem zusätzlich unseren Hauptanker, sodass beide Bug Anker in V-Form vor dem Boot liegen. Bei Winddrehung ist dies natürlich nicht günstig, da sich die Ketten ineinander verdrehen. Auch müssen wir nach Durchzug des Sturms einen der beiden Bug Anker lichten, damit die Tide das Boot nicht über den Ankern dreht.Unser zweiter Ersatzanker (21kg Klipp Anker mit Kettenvorlauf) kam bisher noch nie bei uns an Bord in Einsatz, weshalb wir keine Erfahrungen darüber schreiben können. Einzigen bei der Verankerung eines fremden, treibenden Bootes an einem dänischen Ankerplatz setzten wir diesen Anker ein. Da es sich jedoch um ein bedeutend leichteres Boot als die Pearl handelte, war es ohnehin klar, dass der Anker halten würde.Der Heckanker (11kg Bügelanker mit 6m Kettenvorlauf und 65m Trosse (16mm) auf einer Rolle):Hauptsächlich kam der Heckanker bisher an schwedische Ankerplätze zum Einsatz.

Und erstaunte. Der leichte Bügelanker, der ursprüngliche Hauptanker einer viel leichteren Yacht eines Freundes, ist natürlich als Anker viel zu klein für unsere schwere Stahllady und hält dennoch unwahrscheinlich gut, er ist ein toller Heckanker. Er lässt sich bequem am Heckkorb stauen und wir sind mit der im Heckkorb integrierten Rolle sehr zufrieden. Einzig können wir sagen, dass wir uns schon des Öfteren eine kleine Ankerwinde am Heck gewünscht haben, nachdem der Anker meist "fast zu gut" hält und von Hand nur über eine Ankerboje aus zu reißen ist.Speziell beeindruckt über die Haltekraft des kleinen Ankers waren wir bei einer Gelegenheit in Schweden bei einem Ankermanöver am Fels: um die Pearl an einen Felsen in den schwedischen Schären fest zu machen, hatten wir uns angewöhnt, erst ein Manöver zum Ausloten des Felsliegeplatzes zu fahren und erst im zweiten Manöver zu ankern. Dann bediente ich vom Cockpit aus das Steuer und setzte den Heckanker, während Jürgen am Bug mit einer Trosse und den Schären Nägel wartete und mittels Handzeichen zum gewünschten Liegeplatz dirigierte. Dabei setzte ich einmal den Heckanker zu früh und erreichte so die Felsen nicht, als bereits sämtliche Ankertrosse aus gerauscht war. Da ich ohnehin annahm, dass der kleine Bügelanker mit der Pearl über seine Grenzen belastet wurde, erwartete ich, den Anker mittels Motorkraft ziehen zu können. Nach und nach gab ich mehr Gas, bis die Pearl schließlich mit Vollgas vorwärts Richtung Felsen dampfte. Der 11kg Bügelanker mit seinen 6m Kettenvorlauf hielt stand und schlierte keinen Meter (im Sandboden mit ansteigenden Grund). Schließlich musste ich den Anker lichten und in einem neuen Manöver näher beim Land setzten.Zum restlichen Ankergeschirr:Wahrscheinlich wundert sich so mancher Leser bereits über das Fehlen von Kettenwirbel in unserem Ankergeschirr. Wir hatten allerdings bisher noch nie einen Wirbel im Ankergeschirr (weder an Bord der Hunter noch an Bord der Pearl) und sahen auch keine Notwendigkeit dazu. Dazu kommt, dass wir auf keinen Fall das stählerne Ankergeschirr mit einem Edelstahl-Wirbel mischen und somit schwächen wollen (Edelstahl zeigt keine Alterung und bricht unerwartet) und grundsätzlich den geprüften "Green-Pin" Schäkel aus dem Industriebereich als Verbinder zwischen Anker und Kette Vorzug geben.Ankern wir nur mit Kette, montieren wir in der Regel als Ruck Dämpfer ein kurzes Stück Trosse mittels eines Kettenschäkels an die Kette. Wir haben auch einen Klauen Haken an Bord (einer von zwei ging bereits verloren), benützen aber in der Regel den Kettenschäkel lieber.Nach drei Jahren mit viel Zeit vor Anker zeigt die Kette des M-Ankers Rost. Diese Kette war allerdings beim Ablegen nicht neu, sondern in guten Zustand. Wir denken, noch ein Jahr sicher damit ankern zu können.Besonders gut bewährt hat sich die Ankertrosse des M-Ankers: hier benützen wir eine Quadrat geflochtene Squareline, die sich im Ankerkasten ohne unser Zutun leicht kinken frei staut und im Einsatz zusätzlich als Ruck Dämpfer arbeitet.

Die Ankerwinde

Da wir an Bord der Hunter eher negative Erfahrungen mit einer alten, elektrischen Ankerwinde gemacht haben und auf der Pearl bereits beim Kauf eine manuelle Winde montiert war, haben wir diese manuelle Winde überholt und behalten. Da die Winde aus Stahl gefertigt ist, benötigt sie allerdings laufende Wartung und beinahe ihr gesamtes Innenleben musste von selbst gefertigten Drehteilen aus hochwertigen Materialien ausgetauscht werden. Die Winde macht ihre Arbeit, das Lichten des Ankers dauert allerdings lange und bei Wind muss mit Motorkraft nachgeholfen werden - die Kette auf Zug ist kaum an Bord zu pumpen.In der Regel legen wir unter Motor vom Ankerplatz ab, unter Segel Anker auf zu gehen ist für uns in der Praxis eine seltene Besonderheit. Damit ist der Stromverbrauch einer elektrischen Ankerwinde irrelevant. Wir sind der Überzeugung, dass eine hochwertige, elektrische Ankerwinde mit 2 Kettennüsse (zusätzliche Winde für Trosse wäre toll aber nicht wichtig), die obendrein manuell betrieben werden kann, die perfekte Lösung für uns wäre. Da wir aber kein "Spielzeug" an Bord brauchen können und nur eine starke und hochwertige Anlage unserem schweren Schiff genüge tun könnte, sprechen wir hier von einer Ankerwinde im Bereich von mehreren tausend Euro - was dieses Equipment bei uns an Bord in das Reich der Wunschträume abschiebt!Gut bewährt haben sich die beiden Weithals - Fässer, die uns als Anker Fässer dienen. Klampen und Poller:Mit Erstaunen stellen wir immer wieder fest, dass viele Yachten zu wenig und zu kleine Klampen an Bord haben. Gerade in Gebieten, in denen mit Landleinen gearbeitet wird, sind große, stabile Klampen am Vordeck, am Mitteldeck und am Heck wichtig. Wir bevorzugen unsere Doppelkreuz-Poller, mit denen wir mehr als zufrieden sind. Am Vordeck sind außerdem zwei schräge Knopfpoller montiert, die jedoch den Nachteil haben, in der Regel nur Platz für eine Trosse zu haben. Auch kann an ihnen keine Trosse mittels Schlaufe belegt werden. In der Praxis sind an Bord der Pearl bereits oft alle vier Poller am Vordeck, die jeweiligen Klampen am Mitteldeck sowie die Doppelkreuzpoller und der einfache Kreuzpoller am Heck gleichzeitig verwendet worden. Die geschlossenen Leinen Durchgänge im Schanzkleidam Bug empfinden wir als praktischer als die nach oben offenen

Durchgänge am Heck, da die Trossen beim Festmachen an einer Mole in Tiden Gewässer gerne aus dem Durchgang springen.

Landleinen (4 x 55m von 26mm Polysteel Trossen, 1 x 75m von 26mm Schwimmtrosse, zusätzlich einige ältere Polysteel Schwimmtrossen je 30m):Durch unsere Reisen in anspruchsvollen Seegebieten kommt es ab und zu vor, dass wir die Pearl mittels Landleinen sichern müssen, sei es, weil viele Buchten in den Fjorden unglaublich tief sind und somit nicht geankert werden kann, oder sei es, weil die Wetterbedingungen für normales Ankern zu schwierig werden. Wir haben Beste Erfahrungen mit den stabilen Trossen aus der Berufsschifffahrt gemacht (unsere Polysteel-Trossen haben wir auf den Shetland- Inseln im Fischereihafen gekauft). An Bord vieler "Eismeer-Segler" werden die Landleinen an Deck in Trommeln gefahren, was unserer Meinung praktisch, aber nicht zwingend nötig ist. Quadrat geflochtene Polysteel- Squareline würden unser drei kadeeliges Tauwerk sicherlich noch topen. Unserer Erfahrung nach haben sich die Trossen als sehr stark und abriebfest gezeigt, wobei wir um scharfkantigen Felsen als Belegpunkte teilweise Kettenstücke verwenden. Beim Belegen am Eis haben wir gute, wenn auch bisher nur wenige, Erfahrungen mit Schären Nägel gemacht (indem wir die Schären Nägel mit der Axt ins Eis schlugen und daran die

Trossen befestigten). In den Schären selbst allerdings schienen uns die selben Nägel nur unzureichend vertrauenswürdig und wir bevorzugen das Belegen um Felsen

FUNK AUF LANGFAHRT
EINFÜHRUNG

Seefunk, Amateurfunk, Kurzwelle, SSB, DSC, digitale Datenübertragung, Email an Bord, Positionsmeldungen - immer wieder hört man von Funk an Bord von Blauwasserseglern. Aber von welcher Funkart ist überhaupt die Rede und was bringt Funk an Bord wirklich?Nach jahrelanger Funkpraxis an Bord vergisst man fast, wie undurchschaubar das Thema Funk und Fahrtensegeln während der ersten Planungsschritte zur eigenen Blauwasserfahrt eigentlich wirkte: Man hat von den Blauwasserseglern unterwegs gehört, dass sie ihr Funkgerät loben und nicht missen möchten, man will sich möglichst gut ausrüsten und weiß auch, dass zu dieser Ausrüstung ein Funkgerät dazugehören sollte. Doch man hat keine genaue Vorstellung, wovon eigentlich gesprochen wird, welche Prüfungen man braucht und welches Gerät man sich besorgen muss und was man sich davon erhoffen kann.Man beginnt, in Seefunk-Schulen nachzufragen und bekommt verwirrende Antworten - oder Unverständnis. (Ich wurde gleich mal ordentlich falsch beraten, sodass ich einen Kurs und eine Prüfung belegte, die ich bis heute niemals wieder gebraucht habe...) Man findet in keinem Zubehör Katalog, was man eigentlich sucht und im Segelclub begegnet man nur Schulterzucken. Die wenigen Funker, die man vielleicht selber kennt, reden in kryptischer Sprache (Ich hatte Begriffe wie SSB, KW, HF und Ham gehört und dachte, vor verschiedenen Geräten zu stehen - Begriffserklärung weiter unten...) und in diversen Foren findet man Fachgespräche, die bereits grundlegendes Verständnis voraussetzten und sich um Antennenbau oder Erdung drehen Um etwas Licht in diesen Dschungel zu bringen, will ich in diesem Artikel ganz von vorne beginnen, denn auch mir ist es einmal so gegangen, dass ich zwar wusste: Ich will einen Funk an Bord, aber mehr wusste ich nicht! Grundsätzlich sind (mindestens) zwei verschiedene Anlagen an Bord möglich: der Seefunk und der Amateurfunk. Beides arbeitet mit der selben Funktechnik, ist aber nicht das selbe, da der Seefunk ein offizieller Funk der Schifffahrt ist und der Amateurfunk, wie der Name schon sagt, der Funkbetrieb von privaten Amateuren ist.

Zum Seefunk:

Im Seefunk gibt es den UKW (oder in englisch VHF) Seefunk, das ist die "kleine" Anlage, die normalerweise an Bord vieler Sportboote ist. UKW ist die Abkürzung von Ultra Kurzwelle (bezieht sich auf die Wellenlänge, den Frequenzbereich, in dem gearbeitet wird) Diese

Funkanlage ist die gängige Anlage, die nur im Sichtbereich oder bis zu vielleicht 35 Seemeilen im Sprechfunk und etwas weiter im DSC-Modus geht. Dieses Funkgerät gehört Bei Uns als kleiner Seefunk am BMVIT angemeldet und man benötigt den SRC als Lizenz. Die Geräte sind in großer Auswahl bei jedem Sportboot Zubehör Händler zu erwerben, in der Regel gibt es auch kleine Antennen für die Mastmontage und passende Antennenkabel, außerdem sind kleine UKW-Seefunk Handgeräte zu erwerben. Wie an allen Sportbooten sind auch an Bord von Blauwasseryachten UKW Seefunk-Anlagen gängig und praktisch Gespräche mit Hafenmeister und Yachthäfen, mit anderen befreundeten Seglern am Ankerplatz oder mit Behörden beim Einklarieren werden über den UKW-Seefunk abgewickelt. In vielen Ländern (zum Beispiel D, GB oder USA) werden laufende Wetter Meldungen über UKW gesendet und Notruf entlang der Küste wird meist über UKW Seefunk abgewickelt.Als weltweiten Seefunk gibt es die KW/GW Anlage. KW steht für Kurzwelle, GW für Grenzwelle. Für das Betreiben dieser Seefunkanlage benötigt man das LRC (Long-Range Zertifikat) und eine eigene, für den Seefunk zugelassene, teure Funkanlage (zum Beispiel Icom IC802). Diese Funkanlage wird am BMVIT als Seefunkanlage eingetragen und man erhält die MMSI. Die monatlichen Gebühren für eine angemeldete Anlage liegen bei Uns irgendwo bei zirka 12 Euro, wenn ich mich nicht irre. Diese Anlage und diese Sprechlizenz erlaubt es, im offiziellen Seefunk mitzusprechen. Für Daten Aussendungen kann ein PACTOR und ein PC angeschlossen werden und über die zahlungspflichtigen Frequenzen (ca.200,- US$ im Jahr) von Sailmail (www.sailmail.com) gefahren werdenDieser "große" Seefunk ist zwar gut und schön, aber meiner Meinung nach nicht besonders zweckmäßig auf einer Yacht. Denn der offizielle Seefunk geht uns in der Regel nicht viel an und der Schiff-zu-Schiff Verkehr mit Frachtern oder anderen, vorbeikommenden Schiffen, mit Häfen oder Küstenfunkstellen wird meist von der Yacht aus mit dem "kleinen" Funk, also dem UKW-Funk und der SRC-Zulassung gemacht.Damit also zum Amateurfunk:Auch Amateurfunk spielt sich unter anderem im UKW und KW/GW Bereich ab. Der Amateurfunk ist sozusagen eine Funkanlage, die aus teilweise traditionellen Gründen und aus Gründen der freien Entwicklung und Interessenhaltung von nicht institutionellen Amateuren betrieben wird. Wer will, kann sich das also ungefähr als die Väter der "Open Source" Programmierer von heute vorstellen. Das heißt, es gibt verschiedene Frequenzbereiche, die diesen private Funker, also Amateurfunker, zugeteilt sind. Um auf diesen Frequenzen uneingeschränkt mitmischen zu können, benötigt man bei Uns die Cept1 Lizenz Jene Lizenz also, die früher einen ziemlich schlechten Ruf hatte, weil sie nicht ganz so leicht ist. Doch die Lizenz wurde vor Jahren erleichtert und für die Prüfung heute wird weder das Morsen noch das ernsthafte technische Bauen von einer Funkanlage verlangt. Dennoch ist die Prüfung nicht unbedingt leicht, denn man wird von einem Prüfungskomitee in den drei Bereichen "Funktechnik" "Betriebstechnik" und "Gesetzliche Grundlagen" auf Verständnis geprüft - mit Auswendiglernen kommt man da nicht weit! Das hat allerdings durchaus einen verständlichen Hintergrund: in unserer Welt arbeitet heute sehr viel über Funktechnik, von vielen Geräten im Krankenhaus und in der Industrie bis hin zum Flug- und Seeverkehr, Militär, TV und Telecom und im privaten Bereich bis hin zum fern gesteuerten Schlüssel am Auto. Als Betreiber einer KW-Amateurfunkanlage könnte man durchaus Schaden anrichten.Nach abgelegter Prüfung erhält man die Amateurfunklizenz und das Rufzeichen (oder den CALL). Dieses Rufzeichen ist die offizielle Kennung des Funkers, mit der man sich über Funk meldet und mit der man arbeitet. Mit dem Rufzeichen meldet man seine "Sendeklasse" beim Fernmeldebüro an(was in der Regel ohnehin gleich nach der Prüfung am Fernmeldeamt passiert) und ist somit berechtigt, eine Amateurfunkanlage zu betreiben. Da wir an Bord von Segelbooten in der Regel die kleinste Klasse fahren, nämlich ein mobiles Gerät bis100 Watt Sendeleistung, liegen die monatlichen Kosten bei Uns für das Funkgerät am Fernmeldeamt bei etwas über einen Euro.Mit dem Amateurfunkgerät ist man nun berechtigt, auf den Amateurfunkfrequenzen zu senden und empfangen(Daten und Sprechfunk). Damit ist es möglich, mit einem PACTOR (Modem) und einem PC über die kostenlose Amateurfunk Vereinigung (wie gesagt, die Amateurfunker sind die Open Source Gemeinde schlechthin) Winlink www.winlink.org) eine Mailadresse zu betreiben und damit Wetterdaten und Emails abfragen zu können. Natürlich ist es auch möglich, sämtliche Seefunk-Aussendungen zu hören, aber eben nicht mitzusprechen (was, wie gesagt ohnehin eigentlich nie nötig ist). Das heißt im Großen und Ganzen, dass eigentlich fast alle Blauwassersegler, die von Funk an Bord sprechen, eigentlich von Amateurfunk sprechen.Denn mit dieser Anlage kann man sowohl offizielles Wetterfax, wie auch Grib-Daten und eine extreme Vielzahl von Wetterinformationen an Bord holen, man kann sogar die Textpassagen von Webseiten herunterladen, sofern man die genaue Internetadresse (URL) weiß, man kann einen Blog betreiben (online-Logbücher schreiben), e

Mails empfangen, Positionsreporte schicken und in diversen "Netz" (Funkrunden von Seglern und Segelfreunden) rund um die Welt sprechen (siehe Funkrunden wie Intermar (www.intermar-ev.de bietet die kostenlose Wetterbegleitung durch Amateurfunker in Deutschland und viel Infos zum Thema Amateurfunk an Bord oder seelotse.com- auf der Seelotsen-Seite gibt es Infos zum Amateurfunk an Bord und einen Life-Stream, der die tägliche Funkrunde für Internetbenützer zum Mithören macht.) Man kann auch über Gespräche mit Amateurfunker bereits Bekanntschaften machen, bevor man überhaupt im fremden Land angekommen ist.Da Amateurfunk wie anfänglich beschrieben aus traditionellen Gründen extrem viel mit Anlagen- und Antennenbau zu tun hat, ist es leider für den Segler, der nun eigentlich von Vorhinein nichts mit dem Hobby Funk zu tun hatte und den Funk nicht als Hobby sondern als Möglichkeit des Datenempfangs betreiben möchte, leider nicht ganz einfach, das ganze "Funklatein" zu verstehen. Im Funknetz läuft fast alles auf freiwillige Basis, es geht soweit, dass kein Gewinn mit dem Amateurfunk gemacht werden darf. (Alle Stationen, die gewerblich auf Funk arbeiten, müssen eigene Frequenzen bei der Funküberwachung beantragen und für die zugeteilten Frequenzen bezahlen - deshalb ist zum Beispiel auch das oben genannte Sail Mail kostenpflichtig, es arbeitet auf eigenen, gekauften Frequenzen). Diese Tatsache heißt leider auch, dass es nur wenige gewerbliche Betriebe gibt, die einem Segler beim Kauf und der Ausstattung einer Amateur-Funkanlage an Bord helfen (sonst beißt sich die Katze ja in den Schwanz).Als angehender funkender Blauwassersegler hilft nur eins: sich darauf einlassen und versuchen, aufzuschnappen was man aufschnappen kann Ich habe mich dazumal einfach rein gestürzt, habe einen Kurs und die Prüfung gemacht und eine Anlage besorgt, habe sie auch irgendwann zum Laufen gebracht und begonnen, mit den Funkern zu reden. Und plötzlich geht einem der Knopf auf und man versteht, worum es geht und wie sehr die Anlage an Bord nützt. Man fängt an, den Funk mehr und mehr zu nützten und ins eigene Funker Dasein "hineinzuwachsen", bis ich mittlerweile der Meinung bin, dass der Amateurfunk eine der wichtigsten Anlagen bei uns an Bord geworden ist, da nur dieser Funk extrem zuverlässige Wetterinformationen und die Verbindung zur Außenwelt liefert.Während man grundlegende Informationen zum Thema Funk an Bord sucht, stößt man meist auch auf Begriffe wie SSB, HF, Ham,... Und denkt, es handelt sich um alle möglichen, verschiedenen Dinge. Deshalb hier eine kurze und "nicht Fach deutsche" Begriffserklärung: HF steht für Hochfrequent, damit ist die KW - Kurzwelle gemeint. UHF steht für Ultrahoch Frequenz, womit die UKW - Ultrakurzwelle gemeint ist (VHF ist das selbe in englischer Sprache). SSB beschreibt eine Sendeart, also so etwas wie FM und AM am Autoradio. AFU steht für Amateurfunk, Ham Radio ist das selbe in englischer Sprache. Transiver ist der Name eines Funkgerätes, das sowohl senden als auch empfangen kann. Resiver ist ein Empfänger (ein Kurzwellenradio zum Beispiel), Transmitter ist ein reines Sendegerät.

Ohne Funk oder ohne Zulassung/ Lizenz an Bord:

Viele angehende Segler scheuen die Funkprüfung und entscheiden sich, eine Amateur- oder Seefunkanlage ohne Funkprüfung an Bord zu fahren. Das ist möglich und auch nicht illegal, solange man sich nicht am Amateurfunk aktiv beteiligt. Jeder darf mithören und über bezahlte Frequenzen außerhalb des Amateurfunkbereiches als zahlendes Mitglied von Sail Mail auch Daten senden (e Mail, Wetterberichte anfordern, Positionsreport). Der Gedanke, ohnehin nicht mit fremden Funkern tratschen zu wollen und trotzdem die Wetterdaten empfangen zu können, klingt anfänglich auch ganz verlockend. Doch sind die Daten-Empfangs-Möglichkeiten von Sail Mail viel begrenzter als von der Amateurfunker Vereinigung Winlink, nur ein

Bruchteil der Wetterberichte stehen zur Verfügung und die weltweite Abdeckung von Winlink ist besser (da eben der große Kreis von Amateurfunkern dahinter steht). Segelt die Yacht abseits der gängigen Routen, kann eine Datenverbindung durch bezahlte Anbieter schwierig werden. So wissen wir zum Beispiel von einer befreundeten Yacht, dass 2012 keine Abdeckung durch Sail Mail in der Nordwest Passage war. Amateurfunker hingegen „lieben" Funkverbindungen in außergewöhnliche Gebiete und werden versuchen, Yachten in extremen Gebieten möglichst gut zu erreichen.Als weiteres Problem kommt dazu, dass man sich als "Nicht-Funker" in der Regel nicht genug mit der Anlage befasst und in vielen Fällen die Anlage niemals richtig ins Laufen bekommt. Man hat nicht die Möglichkeit, andere Amateurfunker um Rat zu fragen und wie bereits oben erwähnt findet man kaum eine fertige, richtig ein gestellte Anlage für das Boot am Markt. Wir haben Blauwassersegler getroffen, die zwar eine Amateurfunkanlage an Bord fuhren, aber eigentlich keine Ahnung hatten, was für Möglichkeiten das Gerät bringen könnte. Es ist aber schade, wenn man über tausend Euro in eine Anlage investiert und diese später niemals richtig nützt oder ordentlich ins Laufen bringt. Nach Cept1 Kurs und Prüfung ist man als frischgebackener Amateurfunker zwar noch lange nicht soweit, dass man problemlos eine Amateurfunkanlage an Bord riggt und alle neuen Möglichkeiten nützt, aber man hat ein grundlegendes Verständnis für die Welt der Kurzwelle entwickelt, auf dem man aufbauen kann. Eine große Gemeinschaft an erfahrener und hilfsbereiter Funker steht hinter einem mit Fachwissen und Hilfe.Eine weitere, wenn auch sehr teure Möglichkeit ist natürlich immer noch, auf den Funk zu verzichten und Wetterdaten über IRIDIUM Satelliten Telefon zu empfangen. Da ich aber per Funk arbeite und selbst das Iridium über meinen Funkzugang in die Welt des Cyberspace verwende, kann ich hier keine Auskunft geben, was Iridium ohne Amateurfunk alles kann.

AMATEURFUNK AN BORD

Bei der Vorbereitung zu längeren Segelreisen hören viele Segler zum ersten Mal über die Möglichkeit von Amateurfunk an Bord und stehen meist schon bald vor einem Rätsel. Nicht nur, dass der Betrieb von einer Amateur Funkanlage eine Lizenz benötigt, auch scheinen die Geräte teuer und schwer an Bord zu installieren. Alles ums Thema Funk an Bord wirkt kompliziert, Seefahrts- Schulen geben oft keine, mitunter sogar falsche Auskunft (wie ich erleben musste), oder bieten überteuerte Amateurfunkkurse an und viele Nichtamateure wirken überzeugt in ihren Aussagen, dass Amateurfunk altmodisch und an Bord unnötig sei und moderne Crews Satelliten Telefon an

Bord bevorzugen.Dennoch halten sich Amateurfunkanlagen an Bord vieler Fahrten Yachten und sind täglich im Einsatz. Zu Recht, gehören sie doch zu den wichtigsten Instrumenten an Bord von weit reisenden Yachten und bieten ungemein viele Möglichkeiten an. Möglichkeiten, welche die Sicherheit der Yacht und Crew direkt beeinflussen und die Reise zu einem bemerkenswert schönen Abenteuer machen werden. Denn bis heute lassen sich über keine andere, vergleichbare Weise derart gute Wetterberichte an Bord empfangen, ohne dabei Kosten zu verursachen oder von diversen Anbietern abhängig zu machen. Und umfassende Wetterberichte sind nur ein Vorteil, welchen der segelnde Amateurfunker genießt: denn das weltweite Netz von Amateurfunkern ist groß und in der Regel werden segelnde Amateurfunker freudig von ihren Kollegen in fernen Ländern empfangen, können Verbindung mit anderen segelnden Amateurfunkern aufrecht erhalten, haben durch ihr Gerät e Mail Empfang an Bord und können Positionsreporte senden. Ganz zu Schweigen von der Sicherheit, bei Problemen gehört zu werden und Hilfe zu finden.Doch als Segler, die früher weder mit Funk oder Elektrotechnik zu tun hatten, noch besonderes Interesse in Elektronik oder Elektrik haben und deren Budget eng ist, wissen wir, dass die

Entscheidung, Amateurfunker zu werden und das Boot mit einer kompletten Funkausrüstung auszustatten, nicht gerade leicht erscheint. Dennoch können wir jeden, der sich für Amateurfunk an Bord entscheidet, zu dieser Entscheidung gratulieren.

Ausbildung und Amateurfunk-Prüfung: Obwohl ich ein Mensch bin, der gerne Prüfungen und die Sinnhaftigkeit vieler Lizenzen und Befähigungsnachweise hinterfragt, will ich jeden Segler, der sich eine Amateurfunkanlage an Bord installiert auch dazu animieren, Kurs und Prüfung abzulegen. Ich machte die Erfahrung, dass ich durch den Kurs nicht nur ein grundlegendes Verständnis für die bis dahin für mich „kryptische" Materie aufbauen konnte. Durch den Kurs beim Amateurfunkverband (Versuchssendeverband) habe ich auch sehr hilfsbereite Menschen kennengelernt und bekam prompt Hilfe beim Einbau und Instandsetzung der Anlage. Durch die abgelegte Prüfung und das somit erhaltene Rufzeichen kann eine Amateurfunkanlage außerdem besser genützt werden, was für Funkpiraten nicht zutrifft.Die Kosten für den Kurs und Unterlagen waren mit 90,- Euro (2008/09) nicht der Rede wert für eine umfassende Ausbildung. Einzig muss für eine Amateurfunk Ausbildung auf diesen Weg genügend Zeit eingeplant werden: der Kurs dauerte ein halbes Jahr. Doch empfand ich es als sehr gut, dass die Ausbildung zum Amateur Funker auf diesen Zeitraum verteilt war, denn damit gab es genug Zeit, sich in die Materie zu vertiefen und die Grundlagen nicht nur zu lernen, sondern auch zu verstehen beginnen. Denn für Nichtelektroniker gibt es einiges Neues zu lernen und ich bin mir sicher, dass ein teurer Schnellkurs ungleich schwieriger ist.Und damit komme ich gleich zum Lerninhalt, über den ja bis heute etliche Märchen kursieren. Zu aller erst: Morsen ist nicht mehr Inhalt der deutschen Amateurfunkprüfung und kein Teil des Kurses. Wer dennoch morsen lernen will, kann sich später damit befassen, denn es gibt genügend Amateurfunkern, die der Taste mächtig sind.Die Prüfung wird in drei verschiedenen Teilen abgehalten: Technik

Betriebstechnik und Rechtliche Bestimmungen

. Ein Prüfungskomitee hält die mündliche Prüfung ab, dadurch genügt es nicht, auf den Kurs zu verzichten und nur die Antworten auf die Prüfungsfragen auswendig zu lernen, es wird auf Verständnis geprüft.Gerade um den technischen Teil der Prüfung sind viele Gerüchte im Umlauf: im Abschnitt Technik werden viele grundlegende Bauteile von Funkgeräten und die grundsätzliche Betriebsweise erklärt, es ist jedoch nicht nötig, ein Gerät selber bauen zu können, an bestehenden Geräten herumzubasteln oder vor den Augen der Prüfer eine Antenne zu bauen. Dies würde zweifellos den Umfang einer Funkprüfung übersteigen.Im Lehrstoff der Betriebstechnik wird das Verständnis für Funkwellen, Aussendung über Funkwellen, Verbreitung von Funkwellen und Verbreitungsbedingungen behandelt. Gerade dieser Teil ist für angehende Funker sehr interessant, auch deshalb, weil dieses Wissen auch Licht in alle Bereiche des Seefunks bringt.Ich zum Beispiel habe noch vor der Amateurfunkprüfung die SRC Lizenz gemacht (Short range certificat, das kleine Funkzeugnis für reguläre UKW Bordanlagen). Bei diesem vergleichsweise kurzen und teuren Kurs lernte ich zwar ausführlich, in welcher Weise Mayday Anrufe gemacht werden, fühlte mich aber nach erfolgreicher Ablegung der Prüfung keinen Deut klüger und konnte nach wie vor nicht verstehen, was Funkwellen, Frequenzen, Kanäle oder Navtex eigentlich ist. Nicht so nach dem Amateurfunkkurs. Heute weiß ich, dass es für mich bedeutend leichter gewesen wäre, zuerst Amateurfunker zu werden und später die SRC Prüfung zu machen (für die ich auch keinen teuren Kurs mehr benötigt hätte...)Da in der heutigen Zeit Funkwellen in vielen Bereichen eine große Rolle spielen (vom Mobiltelefon bis zu medizinischen Geräten) ist der rechtliche Teil gerechtfertigt und durchaus interessant – und ohnehin auf das wesentliche beschränkt.Im

Ganzen kann ich behaupten, dass nach Kursbesuch und mit etwas Lernwille die Prüfung für jeden zu schaffen ist. Ich habe vor meiner Funkausbildung weder Interesse noch Verständnis über Elektronik gehabt und hatte dennoch keine Schwierigkeiten, die Grundlagen zu erlernen.Nachdem die Prüfung bestanden ist, kann beim Fernmeldeamt das Amateurfunk-Rufzeichen angefordert werden. An Bord wird üblicherweise ein Amateurfunkgerät mit 100W Ausgangsleistung montiert – die kleinste und somit billigste Amateurfunkklasse mit etwas über 1,- Euro Kosten pro Monat. Die knappen 20 Euro pro Jahr sind auch für Segler auf kleinsten Budget normalerweise kein Problem. Auch ist es gut, zuerst einen Kurs zu Besuchen und sich erst dann um eine geeignete Anlage umzusehen. Ich gehe heute sogar davon aus, dass es am Besten wäre, noch einige Zeit vor dem Ablegen einen Kurs zu besuchen und anschließend einem Funkverband beizutreten, um mit Hilfe von Funkfreunden und einer Clubanlage mit Amateurfunk vertraut zu werden. Ich selbst habe Kurs und Prüfung bis zum letzten Tag hinausgeschoben – die Prüfung erst direkt vor dem Ablegen angetreten. Das funktioniert zwar, doch brachte es mir den Nachteil, dass ich anfänglich die Anlage an Bord nicht gut nutzen konnte: einerseits, weil es einige Zeit benötigt, sich daran zu gewöhnen, mit fremden Menschen über Funk zu reden, andererseits, weil ich nicht genug mit der technischen Anlage vertraut war, Zusatzgeräte nicht richtig einstellen konnte. Natürlich hätte es unterwegs genügend Amateurfunker gegeben, die mir ohne weiteres mit der Einstellung meiner Anlage geholfen hätten, doch wenn man nicht redet, weiß leider auch niemand, dass man Hilfe braucht!Funkanlage und Zubehör:Im Generellen besteht eine passende Funkanlage für ein Segelboot aus einem Funkgerät, einem Antennentuner und der Antenne, die in der Regel aus einem isolierten Stag oder einer Peitschen Antenne gemacht wird. Um komfortabel e Mail-Empfang zu haben und somit auch Wetterdaten direkt anfordern zu können, ist zusätzlich ein Pactor- Modem interessant, welches zwischen Ich zum Beispiel habe noch vor der Amateurfunkprüfung die SRC Lizenz gemacht (Short range certificat, das kleine Funkzeugnis für reguläre UKW Bordanlagen). Bei diesem vergleichsweise kurzen und teuren Kurs lernte ich zwar ausführlich, in welcher Weise Mayday Anrufe gemacht werden, fühlte mich aber nach erfolgreicher Ablegung der Prüfung keinen Deut klüger und konnte nach wie vor nicht verstehen, was Funkwellen, Frequenzen, Kanäle oder Navtex eigentlich ist. Nicht so nach dem Amateurfunkkurs. Heute weiß ich, dass es für mich bedeutend leichter gewesen wäre, zuerst Amateurfunker zu werden und später die SRC

Prüfung zu machen (für die ich auch keinen teuren Kurs mehr benötigt hätte...)Da in der heutigen Zeit Funkwellen in vielen Bereichen eine große Rolle spielen (vom Mobiltelefon bis zu medizinischen Geräten) ist der rechtliche Teil gerechtfertigt und durchaus interessant – und ohnehin auf das wesentliche beschränkt.

Im Ganzen kann ich behaupten, dass nach Kursbesuch und mit etwas Lernwille die Prüfung für jeden zu schaffen ist. Ich habe vor meiner Funkausbildung weder Interesse noch Verständnis über Elektronik gehabt und hatte dennoch keine Schwierigkeiten, die Grundlagen zu erlernen.Nachdem die Prüfung bestanden ist, kann beim Fernmeldeamt das Amateurfunk-Rufzeichen angefordert werden. An Bord wird üblicherweise ein Amateurfunkgerät mit 100W Ausgangsleistung montiert – die kleinste und somit billigste Amateurfunkklasse mit etwas über 1,- Euro Kosten pro Monat. Die knappen 20 Euro pro Jahr sind auch für Segler auf kleinsten Budget normalerweise kein Problem.Auch ist es gut, zuerst einen Kurs zu Besuchen und sich erst dann um eine geeignete Anlage umzusehen. Ich gehe heute sogar davon aus, dass es am Besten wäre, noch einige Zeit vor dem Ablegen einen Kurs zu besuchen und anschließend einem Funkverband beizutreten, um mit Hilfe von Funkfreunden und einer Clubanlage mit Amateurfunk vertraut zu werden. Ich selbst habe Kurs und Prüfung bis zum letzten Tag hinaus geschoben , die Prüfung erst direkt vor dem Ablegen angetreten. Das funktioniert zwar, doch brachte es mir den Nachteil, dass ich anfänglich die Anlage an Bord nicht gut nutzen konnte: einerseits, weil es einige Zeit benötigt, sich daran zu gewöhnen, mit fremden Menschen über Funk zu reden, andererseits, weil ich nicht genug mit der technischen Anlage vertraut war, Zusatzgeräte nicht richtig einstellen konnte. Natürlich hätte es unterwegs genügend Amateurfunker gegeben, die mir ohne weiteres mit der Einstellung meiner Anlage geholfen hätten, doch wenn man nicht redet, weiß leider auch niemand, dass man Hilfe braucht!

Funkanlage und Zubehör:

Im Generellen besteht eine passende Funkanlage für ein Segelboot aus einem Funkgerät, einem Antennentuner und der Antenne, die in der Regel aus einem isolierten Stag oder einer Peitschen Antenne gemacht wird. Um komfortabel e Mail-Empfang zu haben und somit auch Wetterdaten direkt anfordern zu können, ist zusätzlich ein Pactor-Modeminteressant,welches zwischen Funkanlage und Bord-PC arbeitet. Allgemein ist es jedoch auch ohne Pactor möglich, Wetter Fax per Funk auf den PC zu erhalten und, mit der richtigen Software (zum Beispiel PSK- Mail, siehe http://www.intermar-ev.de/) sogar e Mail-Empfang zu haben. Da ich allerdings ein Pactor-

Modem an Bord habe, habe ich nicht genügend Erfahrung mit diversen anderen Möglichkeiten und kann darüber nur eingeschränkt berichten. Ich bin allerdings mit dem Pactor- Modem höchst zufrieden und würde mich immer wieder dafür entscheiden.Am Markt bieten verschiedene Hersteller geeignete Amateur Funkgeräte an. Die bekanntesten sind wohl Icom, Yaesu und Kenwood. An Bord geeignete Geräte sind für 12V Betrieb ausgeführt und haben eine Ausgangsleistung von 100W. Sollte das Gerät öfter lange Aussendungen mittels Pactor machen können, ist eine gute Kühlung wichtig, weshalb nicht unbedingt die kompaktesten Geräte auch die geeignetsten sind. Ich habe mich beim Kauf für das Icom 7200 entschieden und bin mit meiner Wahl auch sehr zufrieden, wenn auch dazugesagt werden muss, dass das Gerät keine FM- Modulation hat. Viele lokale Funkverbindungen arbeiten über FM- Modulation, das heißt, dass ich bei solchen Nah Verbindungen nicht mitmachen kann. Dies spielt für mich persönlich eine untergeordnete Rolle, da ich hauptsächlich über weitere Distanzen und in SSB- Modulation funke. Das Icom 7200 ist aber besonders gut gekühlt und robust gebaut, Eigenschaften, die ich für wichtig erachtet habe.Diverse Hersteller bieten in der Regel dazu passende Antennentuner an. Sogenannte Smart-Tuner sind dabei die komfortabelste Lösung: der Funker muss die

Einstellung nicht selbst vornehmen, das Gerät tunt die Antenne per Knopftruch von selbst. Passt der Antennentuner zum Funkgerät, wird die Antenne automatisch getunt, sobald der Funker zu sprechen beginnt. Ich habe gemeinsam mit dem Funkgerät den passenden Antennentuner Icom AT140 gekauft. Auch damit bin ich sehr zufrieden, der leistungsstarke Antennen Tuner schafft auch meine etwas eigenwillige Antennen Konfiguration (mehr dazu später). Außerdem passt es mit meinem Icom 7200 Funkgerät zusammen: bei drücken der Tune- Taste am Funkgerät oder des Sendeknopfs am Mikrofon erledigt das System das Tunen automatisch.Aus purer Unwissenheit habe ich mich bei der Auswahl des Pactor-Modem für das Pactor III usb entschieden. Mit meiner jetzigen Erfahrung kann ich aber jeden empfehlen, das ein Bluetooth-Gerät dem usb-Gerät vorzuziehen ist. Durch die kurze Entfernung zwischen Antenne und Pactor-Modem auf einem Segelboot kann es in der USB-Leitung zwischen Laptop (oder Bord-PC) und Pactor- Modem zu Störungen kommen. Diese Störungen unterbrechen die Verbindung zwischen PC und Funkgerät und lassen den Computer abstürzen. Durch eine Verbindung mittels Bluetooth ist diese Fehlerquelle ausgeschaltet. Zwar kann das Pactor III usb-Modem auch auf Bluetooth umgerüstet werden, diese Umrüstung erfordert aber gute Kenntnisse im Löten und sollte nicht von einem Laien (wie mir) durchgeführt werden.Soweit ich weiß, ist zur Zeit (Stand mit Winter 2011/12) ein neues und noch leistungsstärkeres Pactor IV Modem am Markt erschienen, womit ich persönlich aber noch keine Erfahrungen sammeln konnte. Bei der Auswahl des Pactor- Gerätes ist allerdings wichtig zu wissen, dass weltweit (oder zumindest im Bereich des geplanten Fahrgebietes) genügend Gegenstationen erreichbar sind. Pactor arbeitet nämlich über die Stationen von vielen Amateurfunkern an Land, die auf freiwilliger Basis ihre Anlage ständig laufen lassen. Lizenzierte Amateurfunker steht dabei das weltweit erreichbare Amateurfunknetz Winlink2000 (http://www.winlink.org/) zur Verfügung, mit dessen Hilfe viele Wetterdaten und Informationen für jedes Seegebiet der Erde per Mausklick abrufbar sind. Auch können Positionsmeldungen gesendet werden, die nicht nur Freunde und Familie zuhause verzückt, sondern auch bei Seenot eine nützliche Sicherheit bieten.Wer keine Amateurfunk-Zulassung hat und dennoch Funkanlage und Pactor- Modem an Bord hat, kann auf das kostenpflichtige Service von kommerziellen Pactor- Anbietern (zum Beispiel www.sailmail.com) zurückgreifen, diese sind jedoch meist weniger umfangreich als Winlink2000.Um nun auch Aussendungen machen zu können, benötigt die Funkanlage nun auch eine geeignete Antenne. Dazu dient in der Regel ein isoliertes Achterstag oder eine Peitschen Antenne. Als „Gegengewicht" ist eine passende Erdung im Schiff nötig. An Bord von Stahlyachten ist dies kein Problem, der Tuner wird einfach mit einer Seite an den Rumpf verbunden. Um Probleme zu vermeiden, wird in vielen Büchern empfohlen, sämtliche Erdungen von Geräten möglichst an einer Stelle am Stahlrumpf zusammen zu legen. Da bei uns an Bord der Antennentuner wie auch das Funkgerät unter dem Kartentisch montiert ist (die Antenne ist direkt oberhalb am Steuerhausdach angebracht) konnten wir diese Anforderung auch umsetzten. Holz- Ferrozement und Kunststoffboote haben es da schon ein bisschen schwieriger, doch können sie sich mit Hilfe von speziellen „Erdschwämmen" oder Kupferbeschichtungen abhelfen.Bei der Installation der Anlage sollte darauf Wert gelegt werden, hochwertige Kabel und Verbindungen zu verwenden, da die Anlage nur so gut Aussenden und Empfangen kann, wie Kabeln, Verbindungen und Antenne es zulassen. Aber alles wichtige zu diesem Thema lernt der angehende Amateurfunker ohnehin im Amateurfunk-Kurs.Für Pactor- Betrieb, Wetter Fax, PSK- Mail benötigt man an Bord außerdem einen PC. Egal, ob es sich um einen fest eingebauten Bord-PC oder um einen Laptop handelt, jedes Gerät kann verwendet werden.

Einzige Ausnahme sind leider noch Apple-Anlagen. Für den Betrieb mit Pactor gibt es derzeit leider keine passende Software. Wer einen Mac an Bord hat, kann darauf jedoch auch ein Windows Betriebsprogramm spielen und so die passende Software starten. Da ich dennoch meinen Mac an Bord nicht missen möchte, haben wir das Problem gelöst, indem wir zusätzlich ein kleines (billiges) Netbook an Bord mitfahren, welches ausschließlich für Amateurfunk und Navigation genützt wird.

Weitere Informationen und Adressen: Interessant und auch für Laien verständlich ist das Buch „Amateurfunk an Bord" von Rüdiger Hirsche, erschienen bei Delius Klasing. Außerdem findet der Interessierte viele Informationen zum Thema Amateurfunk an Bord auf der Homepage vom deutschen Verband Intermar-ev, zu finden unter http://www.intermar-ev.de/ . Übrigens, die Mitgliedschaft beim Verein ist äußerst lohnend für jeden Segler (besonders im gesamten Atlantik, Nordmeer und Mittelmeer, aber auch anderen Seegebieten) die Funker von Intermar leisten hervorragende Arbeit und begleiten uns unter anderem über Funk mit professionellen Wetterberichten. Die familiäre, freundliche Stimmung während der Funkrunden hilft außerdem angehenden Amateurfunkern, sich ans Funken zu gewöhnenDie Homepage von Winlink2000 http://www.winlink.org/ liefert viele Informationen über Pactor- Betrieb, beinhaltet Links und Downloads über interessante Softwares und zeigt die gesendeten Positionsmeldungen diverser Yachten auf einer Weltkarte. Unterwegs wird die kostenlose Mitgliedschaft bei Winlink nahezu essentiell. Die amerikanische Seite von Sailmail http://www.sailmail.com/ ist mit Winlink vergleichbar, jedoch bietet sie gegen eine Mitgliedschaft auch eingeschränktes Service für Nichtamateure. Auch auf dieser Seite findet der Interessierte viele Informationen bezüglich Amateurfunk an Bord.Will man ohne Pactor-Modem und ohne Intermar-PSK-Mail Wetterdaten auf Kurzwelle empfangen, findet man dazu auf der Homage von Martin Rost eine verständliche Erklährung: http://www.maroki.de/pub/technology/ kw_weath.htmlWer gerne einmal bei einer lockeren, geselligen Form von Segler-Netz mithören möchte, ohne einen passenden Kurzwellen Empfänger zu haben, kann sich auf der Internetseite des Atlantiknetz schlau machen und beim Live-Stream mithören: http://www.14313.de/- die Seite des Seelotsen.Generelle Informationen über Amateurfunk bieten die Internetseiten der offiziellen Amateurfunkverbände: bei Uns http://www.oevsv.at/ , in Deutschland http://www.darc.de/ und in der Schweiz http://www.uska.ch/ Zum Schluss bleibt mir nur noch zu sagen: trau dich drüber! Ich - OE5YCL - freue mich drauf, in Zukunft mal „on air" mit dir zu tratschen!

Kommunikation an Bord
SSB SEILANTENNE IM EIGENBAU

Nach der Anschaffung einer Amateurfunkanlage kam für uns die schwierigste Frage, welche Antenne setzen wir ein. Isoliertes Achterstag, Peitsche(Angelruten Antenne) oder Seilantenne sind die Möglichkeiten. Aufgrund der Kosten und des Platzangebotes haben wir uns für den Eigenbau einer Seilantenne entschieden. Der Aufbau ist so simpel dass er selbst durchgeführt werden kann. Bei der Auswahl des Seils ist wichtig dass sich der Mantel des Seils von Kern lösen lässt, also genau das was wir uns bei unseren Fallen und Schoten nicht wünschen. Meist erfüllen die günstigsten Baumarktschoten dieses Kriterium mit Bravur. Genauso gut kann man ausrangierte alte Schoten verwenden. Der Litzen Draht wird an einem Ende mit Epoxy versiegelt um Wassereintritt in die zukünftige Antenne zu verhindern. Soll die Antenne als Notfallantenne dienen kann die Länge entsprechend verändert werden um auf bestimmten Bändern ohne Tuner besser senden zu können. Der äußere Mantel des Seils wird einen halben Meter vom Ende vorsichtig mit einem kleinem Schraubendreher oder Nagel durchstoßen ohne ihn zu verletzen und durch dieses Loch zieht man das Kerngeflecht aus Mantel heraus. Nun hat man eine Ende mit zwei Teilen, einmal einen halben Meter Kern und einmal einen halben Meter Mantelgeflecht. Nun verbinden wir den Litzen Draht mit dem Kerngeflecht. Das ist der erste schwierigere Teil der Angelegenheit weil die Verbindungsstelle nicht zu dick werden darf um später durch den Mantel hindurchgezogen werden zu können. Wir haben die den Draht auf einer Länge von rund einem halben Meter längs auf den Kern gelegt und ihn mit starken Klebeband fixiert (Klebestreifen Man benötigt:

-

10m preiswertes Kunststoffseil min. 12mm dick

-

7-8m isolierter Litzen Draht (flexibler Kupferdraht) im Querschnitt von 1qmm

-

Epoxy

-

Lötzinn und Lötkolben längs drauf legen und herumwickeln dann bleibt die Verbindung relativ dünn) Dieser Teil muss eventuell variiert werden da der Aufbau jedes Seils unterschiedlich ist. Dann geht die eigentliche Arbeit auch schon los, das Einziehen des Antennendrahtes in unser Antennenseil. Dazu wiederholt man die Prozedur des Kern heraus ziehens am zweiten Ende wie schon vorhin und befestigt den leeren Antennenmantel an einer Mauer oder am Boot um das ganze Seil möglichst strecken zu können.

Für die Arbeit benötigt man zwei Personen, einer der den Kern herauszieht und einer der vorsichtig den Antennendraht nachführt und das zweite Ende hält.In folgendem Bild erkennt man den durch den Seilmantel eingezogenen Antennendraht. Nun ist ein wenig Kraft und behutsames Nachziehen und eventuelles Nachschieben des Mantels erforderlich um den Draht in das Seil zu bekommen. Wir haben drei Anläufe gebraucht bis es geklappt hat, darum nicht verzagen. Mann muss soviel Antennendraht überstehen lassen wie man benötigt um den Tuner zu erreichen. Die Verlegung des Antennenkabels möglichst weit weg von metallischen Teilen am Boot führen oder mit Kunststoffanstandshaltern fixieren. Das Ende des Kupferkabels welches zum Tuner geht unbedingt mit Lötzinn verzinnen um einen besseren Übergang herzustellen.Wir haben an beiden Ende ein Auge in die Seilantenne gemacht und es mit einem Fall vom Heck unseres Schiffes in den Mast gezogen. Dabei muss Acht gegeben werden einen möglichst Großen Abstand zur Verstagung und anderen Metallteilen einzuhalten. Ebenso wichtig ist zu beachten dass nur der gesamte Draht vom Tuner weg bereits abstrahlender Teil ist.Dies ist eine simple Antennenform welche man für sehr wenig Geld selber bauen kann. Jede Antennenform hat ihre Befürworter und der subjektive Vergleich unter Amateurfunkern führt oft zu Ungereimtheiten. Die optimale Funktion der Amateurfunkanlage hängt nicht nur von der Antennenart ab und deshalb kann man mit kleinem Budget durchaus einen Selbstbau wagen und sich von der Funktion am eigenen Schiff überzeugen. Als weitere kostengünstige Alternative bietet sich der Einsatz einer Peitschen Antenne an welche aus einer Angelrute hergestellt wird. Danke Bella und David für euren Beitrag. Wir wünschen euch weiterhin eine schöne Reise und hoffen, euch bald wieder mal „on air" zu hören

DIE AUSWAHL DES DINGIS

Unsere Dingis sind Transportverbindung vom Ankerplatz zum Ufer, Lastesel, Ausflugsboot, Tauchboot, Angelboot, Taxi, Hilfsboot fürs Setzten von Landleinen, Buxier- und Schlepphilfe bei etwaigen Motorproblemen und Arbeitsboot (wie etwa für kleine Lack-Ausbesserungsarbeiten an der Bordwand) in Einem. Sie werden viel und gerne genützt, sind fast täglich im Einsatz. Zu aller Schande allerdings können sie (...wenn sie nur könnte...) oft über lieblose Behandlung und rauen Umgang klagen und bekommen obendrein so gut wie nie die Aufmerksamkeit einer Wartung. Da kommt mir doch glatt in den Sinn, dass sie bei all diesem Einsatz doch wenigstens einen Bericht verdient haben.Klar durchgesetzt hat sich bei uns an Bord – wie bei so vielen anderen Yachten auch – das Schlauchboot, das „RIB". Zwar waren wir mit unserem ersten Dingi, einem Segel barem Optimisten, doch ziemlich zufrieden, doch hielt dieser die Belastungen seines Dingi- Alltags nicht besonders lange durch. Nach zweijährigem Einsatz als Ruderboot war an ein Segeln mit dem Opti nicht mehr zu denken, er wäre vermutlich unter Segel auseinander geflogen, da alle Verbindungshölzer aus dem Leim gingen und das ganze Bötchen weich gefahren war. Schade, denn das Segeln am Ankerplatz in den Tropen hat uns öfter mal Spaß gemacht, obwohl es uns einmal in eine recht gefährliche Situation gebracht hatte, als uns die Tide weiter ins offene Meer gezogen hatte als gedacht und eine Winddrehung und die wunderbar schlechten Am-Wind-Eigenschaften des Optis uns stundenlanges Aufkreuzen abverlangte, um wieder an die Küste zu kommen. Und so erlitt der Optimist bald schon halbherzige Reparaturen mit GFK-Matten, wiederholtes Sinken und Bergen am Ankerplatz oder Steg und schließlich seinen Untergang in der Chesapeake Bay, als ein unerwarteter Gewittersturm das nachgeschleppte Dingi versenkte und wir wohl oder übel die Leine kappen mussten. Doch müssen wir sagen, dass wir ohne Frage die vielen Vorteile des Festrumpf- Dingis geschätzt haben. Festrumpf-Dingis sind und bleiben die besten Ruderboote, sie können bedenkenlos über Steine und Felsen gezogen werden und halten Vandalismus und unlauter Benutzung durch Tiere (unser, am Strand liegendes Dingi wurde sogar einmal von einem Schein als Sonne Lliege misshandelt) durch. Doch das Beste an ihnen ist wohl die Tatsache, das Festrumpf- Dingis offensichtlich bei Dieben nicht besonders hoch im Kurs stehen und vornehm weiß strahlende RIBs von Langfingern bevorzugt werden. Ich denke, was mich am meisten an unserem Festrumpf- Dingi genervt hatte, war das ständige „An rumpeln" am Yacht Rumpf, sobald das Boot vor Anker zu schwoien begann. Selbst das Ausstatten des Dingis mit einer Fender Leiste brachte nur teilweise Erfolge. Auch war das Festrumpf- Dingi weder für Tauchausflüge noch als Buxier- oder Schlepphilfe bei Motorproblemen zu gebrachen und so manches Ausbringen von Heckanker oder Landleinen wurde zum kippeligen Balance-Akt. Das von deutschen Seglern manchmal recht geliebte Banana- Boot hatte bei uns an Bord nicht besonders lange Chancen. Klar, ich muss hier schon zugeben, dass zu dieser Zeit bereits ein „Schlauch" an Bord war und das unförmige Banana, das nur den kleinen Außenborder verträgt, schon alleine deshalb kaum zum Einsatz kam. Und wozu auch ein zusammenlegbares Boot, wenn man genug Platz am Vordeck hat. An der Reling wollten wir das Beiboot ohnehin nicht fahren. Aber zugegeben, für kleine Yachten, deren Crews aus irgend einem Grund in Unfrieden mit Schlauchbooten sind, ist die Entscheidung zum Banana durchaus logisch. Und so ist es nun nicht verwunderlich, dass wir an Bord von der Pearl zwei Schlauchboote haben, wobei eines davon eigentlich immer Einsatzfähig am Vordeck liegt. Bei der Wahl des Schlauchbootes ist in erster Linie wichtig, kein zu kleines Boot zu wählen. Unserer Erfahrung nach ist das 3-Personen -RIBs mit zirka 2,60m Länge die Mindestgröße für eine zwei Personen Crew auf Langfahrt. Denn das Dingi muss neben den zwei Crew-Mitgliedern auch Lebensmittel, Wasserkanister, Fahrräder oder ähnliches Transportieren. Für den Transport der Taucher Ausrüstung von zwei Personen wird es allerdings schon recht knapp und meist lassen diese kleinen Dingis auch kaum mehr als 3 oder 4 PS Außenborder zu, wodurch sie sich kaum für weitere Ausflüge nutzen lassen oder gar als Hilfsantrieb bei Motorproblemen einsatzfähig sind. Viele Fahrtensegler schwören bei der Materialauswahl ihrer Dingis auf Hyperlon, da es bei hoher UV-Belastung länger halten sollte als andere Materialien. Da wir mit unseren Schlauch jedoch bisher nur in nördlichen Breiten und weit entfernt von tropischen Sonnenbelastungen unterwegs sind, können wir dazu keine Angabe machen. Soviel muss aber gesagt: unser gebraucht gekauftes Dingi, welches schon alleine durch sein Alter sicherlich nicht aus Hyperlon gebaut wurde, ging mit ihren Voreignern einmal um die Welt und dient nun uns seit Jahren. Es sieht zwar schon etwas mitgenommen aus und sollte möglichst nicht mit weißen Hosen benützt werden (es ist schwarz und verliert an Farbe), doch hat es noch keine Löcher in den Schwimmkörpern (nur eines am Boden, verursacht durch eine grobe Strandung auf Steinen). Das besagte, gebrauchte Dingi ist 2,80 lang und hat keinen Festrumpf-Boden, sondern einen einbaubaren Sperrholzboden. Damit waren wir bisher relativ zufrieden, in Verbindung mit dem 8 PS Außenborder kommt das Boot relativ leicht ins Gleiten und ist stabil genug. (Mittlerweile bräuchte das Boot allerdings einen neuen Holzboden, da der alte langsam zu morsch wird). Eine gute Lösung für Yachten, die ihr Dingi nicht ständig am Vordeck fahren, sondern zusammengelegt verstauen wollen. Neben dem gebrauchten Dingi und den 8 PS Außenborder haben wir ein kleineres, 2,60m langes, grünes Schlauchboot und einen gebrauchten 3PS Außenborder an Bord. Diese Dingi wurde von uns neu über ebay gekauft und dürfte, laut dem Typenschild, aus russischer Produktion sein. Während der kleine Außenborder aufgrund seiner handlichen Größe sehr oft in Einsatz kommt, ist das grüne Dingi nur teilweise in Einsatz. Dennoch sind wir über den Zufall, den wir zwei Dingis an Bord zu verdanken haben, sehr froh. Dies liegt hauptsächlich in der Wahl unseres Fahrgebietes. Denn hier im kalten Nordmeer machen zwei Beiboote durchaus Sinn. Schon einmal mussten wir erleben, dass plötzlich auftretende Fallwinde unser im Wasser schwimmendes Dingi losgerissen und ans Ufer geblasen haben. Ohne einen Ersatzboot hätten wir das Beiboot wahrscheinlich aufgeben müssen, da es undenkbar war, bei kalten 5°C Wassertemperatur das Dingi schwimmend zurück zu holen. Wir hätten wohl oder übel den Ankerplatz ohne Beiboot verlassen müssen und im nächsten Hafen um ein neues Dingi Ausschau zu halten. Der zweite Grund für zwei Dingis im arktischen Gewässer ist etwas abenteuerlicher: in Gebieten, in denen Eisbären vermutet werden müssen ist es beim Landgang ratsam, in Entfernung zum Hauptdingi ein zweites Dingi an Land zu deponieren, wobei dieses durchaus auch zusammen gelegt in seiner Tasche sein kann. Sollte ein Eisbär während der eigenen Abwesenheit zu großes Interesse an dem Dingi entwickeln und dabei Schaden anrichten, so bleibt man nicht ohne Transportmöglichkeit zurück zum Schiff am einsamen Strand zurück. Auch bei nicht reparabler Beschädigung durch Eis ist so ein Ersatzboot bei der Hand. Eine Vorsichtsmaßnahme, die allerdings bei Festrumpf- Dingis nicht nötig ist.Wie ich bereits erwähnt habe, hat sich bei uns an Bord eingebürgert, dass ein Dingi immer

Einsatzbereit am Vordeck liegt. Dies hatten wir allerdings nicht von Anfang an so geplant. Ein Grund, (neben der Preisfrage) weshalb wir uns vor Start dieser Reise gegen ein Schlauchboot mit Festrumpf entschieden haben. Wir dachten, es wäre uns wichtig, besonders für Übersegler in schwierigen Seegebieten die Dingis ordentlich ins Bootsinnere verstauen zu können. Nun hat sich aber an Bord von der Pearl heraus gestellt, das das Dingi am Vordeck nicht im Weg ist, sondern viel mehr noch zur sicheren Arbeit am Vordeck beiträgt. Durch die traditionelle Rumpfform unserer Yacht haben wir soviel Platz am Vordeck, dass das gut fest gelaschte Dingi Halt bei Arbeiten am Vordeck bringt und, bei Sturz vor Verletzung schützt (soll nicht passieren, kommt aber vor, wie ich aus Erfahrung weiß...). Nun habe ich bisher beschrieben, wie unsere Dingis aussehen und nach welchen Gesichtspunkten wir sie gewählt haben. Wie sieht nun aber unser „Traum Dingi" nach heutigem Standpunkt aus? Unser nächstes Dingi wird - sollten wir es uns leisten können - höchstwahrscheinlich ein Schlauchboot mit Festrumpf-Boden werden. Wir lieben es, mit dem Dingi Erkundungstouren fahren zu können und gute Eigenschaften zum Motoren und Rudern sind uns wichtig. Natürlich werden wir darauf achten müssen, dass das Dingi nicht zu schwer sein sollte, denn wir heben es in der Regel täglich an Deck, schleifen es über den

Strand oder heben es die Felsen hoch. Die Größe wird sicherlich wieder irgendwo bei 2,80m liegen, denn diese Größe scheint uns für zwei Personen optimal. Als alte Metallboot-Fans träumen wir natürlich am meisten von einem Schlauchboot mit Aluminium-Rumpf, wie sie in Kanada auf den Markt sind und von Arktis-Fahrern gerne genützt werden. Eine interessante Kombination: die Robustheit eines Alu-Rumpfes in Verbindung mit den Vorzügen eines Schlauchbootes – das klingt doch wirklich optimal!Mal sehen, vielleicht fahren wir irgendwann unser Traum Dingi am Vordeck, bis dahin allerdings hoffe ich, dass unsere beiden „Gummienten" noch lange Jahre ihren Dienst schaffen

KOSTEN UNTERWEGS

„Der Wind ist kostenlos!" Diese Aussage stimmt wohl nicht ganz. Und auch wenn die Ausgaben an Bord jeder Langfahrtyacht sehr individuell sind, manche Kosten an Bord hat wohl jeder Segler auf Langfahrt zu tragen!Wie so ziemlich alle Fahrtensegler haben auch wir uns lange gescheut, einmal das Thema„Geld;und Blauwasser Segeln an zu schneiden.Nicht,weil wir Millionäre sind,die sich keinen Kopf machen müssen.Nein aber weil es mehr als schwierig ist allgemein gültige Einschätzungen über die Ausgaben und die Kosten von Blauwassersegeln zu machen. Zu verschieden sind die Bedürfnisse von Segler zu verschieden ihre Boote und

Bootskosten, zu verschieden die Reviere und die damit verbundenen Ausgaben.Dennoch gehört das Thema unvermeidlich dazu und kommt auch immer wieder als Frage an uns (und an viele segelnden Freunde). Je nach dem, mit welchem Segler man nun darüber spricht, sind die Aussagen über die Kosten einer Langfahrt auch extrem verschieden. Die einen erzählen von wenigen Hundert Euro, die Kosten vom Bordhund eingeschlossen, andere haben weit über Tausend Euro als ihr Minimum erfahren. Kein Wunder, dass die meisten Segler nun mit der grundehrlichen und richtigen Aussage antworten: "Eine Langfahrt wird alles Geld, dass dafür zur Verfügung steht, auffressen!" Nur leider hilft diese Antwort den wenigsten Ratsuchenden weiter.Auch wir gehören zu den Segler, die nicht klar beantworten können, wie viel Geld "man" nun eigentlich für längerfristiges Blauwassersegeln braucht, aber wir werden hier versuche, etwas Licht in die Angelegenheit zu bringen, indem wir die verschiedenen Kosten auf Langfahrt beleuchten. Lebenskosten und Versicherungen.Um sich die Frage, wie viel Geld man selbst für eine weite Reise benötigen wird, einmal näher zu bringen, muss man sich zuerst mal die eigene Situation ansehen. Zunächst kann man sich ausrechnen, was die Grundbedürfnisse so kostet. Einfach mal mitschreiben, was man so an Lebensmittel verdrückt und einen kleinen Polster dazu rechnen (für die Mehrkosten in verschiedenen Ländern). Sonstige persönliche Ausgaben werden unterwegs sicher geringer - fallen aber nicht weg. Schöne Schuhe oder Kleider werden in den Hintergrund rücken, hin und wieder benötigt aber auch der sparsamste Segler neue Klamotten, will einem Einheimischen eine besonders schöne Schnitzerei abkaufen, braucht einen neuen Akku für die Fotokamera,...Dazu kommen eventuelle Versicherungen. Die kann man auch noch recht leicht nachfragen, indem man sich Angebote einholt. Hier sei erwähnt, dass staatliche Krankenversicherungen und Kreditkarten-Reiseversicherungen nicht für Fahrtensegler zugeschnitten sind und langfristig unterwegs eigentlich nichts bringen.Damit sind diese zwei Größen (Lebenskosten und Versicherungen) in der Rechnung , auf die wir hier nicht weiter eingehen wollen.

Reisekosten.

Die nächste Größe sind die zusätzlichen Reisekosten: viele Länder lassen sich das Reisen entlang ihrer Küsten gut bezahlen: Cruising-Permits sind sehr oft teuer. Gerade entlang viel geschätzter Fahrtensegel-Reviere sind diese Kosten nicht zu verachten, oft genug im Bereich von hundert Dollar und teilweise darüber per Land. Auch über diese Kosten kann sich ein interessierter Segler selbst informieren, zum Beispiel auf bei den Länder-Infos der Noonsite, ein interessantes und ausgiebiges Infopool für

Fahrtensegler. Nicht übersehen: zu vielen Cruising-Permits kommen Visa Kosten per Crew und Schiff, extra Kosten für Verlängerungen. Manche Länder verlangen einen "Agent" für die Abwicklung der Papiere - wieder extra Kosten. Je nach geplante Segelreviere können zusätzliche Transit-Kosten anfallen (Wir haben schon vor vierzehn Jahren 550 US$ für den Panama-Kanal Transit bezahlt). Doch die Reisekosten betreffen nicht nur Papierkram, sondern auch Hafenkosten. Wahrscheinlich darf man mittlerweile schon in vielen typischen Segelrevieren mit Hafenkosten von 1,5 bis 2 US$ pro Fuß Bootslänge und pro Tag rechnen (und ja, manche Häfen lassen sich nicht mit der Länge über Deck abspeisen). Natürlich gibt es Länder, die hier billiger sind (wie zum Beispiel die meisten nördlichen Destinationen), aber auch hier kann man sich über Internet selber ein Bild machen: einfach mal nach Yachthäfen in den geplanten Gebieten googeln und ihre Preislisten suchen. Damit ist auch ganz klar, dass sich viele Fahrtensegler nur das Liegen vor Anker leisten können oder wollen. Das ist auch gut und Leben an Bord auf einer Blauwasserreise ohnehin oft schöner, doch manchmal geht es nicht ohne Hafen, es gibt keinen Ankerplatz oder man muss einen heranziehenden Sturm im Hafen abwarten und statt dem geplanten kurzen Abstecher von einem Tag wird eine Hafenwoche. Für

Ankerplatz-Liebhaber muss erwähnt werden, dass an sehr vielen Ankerplätzen dennoch Gebühren anfallen können: fürs Dingi. Denn an genügend Plätzen kann man sein Dingi nirgends als an einem Steg festmachen, einen Steg, der oft genug 1 bis 5 Dollar kostet. Mit einiger Raffinesse kann man sich davon ab und an drücken.Weitere Reisekosten sind Eintritte (Nationalparks, Museen,...), eventuelle Mietauto-Ausflüge oder Landreisekosten, Restaurant Besuche, geführte Touren,.... Auch wieder sehr persönlich. Wer sparen muss, muss keine derartigen Ausgaben habe. Als Fahrtensegler muss man sich aber im Klaren sein, ob man reist, nur um zu segeln, oder auch, um die Länder zu erleben. Will man die Länder sehen, wäre es schade, für diesen Posten kein Geld einzurechnen. Aber auch hier geht viel billig: Touren mit den öffentlichen Bussen, Wandern, ...Bootskosten Für Segler kommt nun noch ein sehr schwerwiegender Kostenpunkt dazu: Bootskosten (Wartungskosten, Reparaturkosten, Aufbesserung s Kosten, Betriebskosten, Verschleiß Kosten):Viele Blauwassersegler versuchen, den Leitspruch "KISS - Keep it simple stupid" ernst zu nehmen, um so Geld zu sparen. Soll heißen, alle Technik, auf die verzichtet werden kann, bricht auch nicht und fordert keine Kosten unterwegs. Wartungskosten und/oder Reparaturkosten. Dies sind Kosten, die ordentlich ins Gewicht fallen, speziell, wenn sich die Crew nicht selbst helfen kann. Es ist nicht ungewöhnlich, dass die ersten Reparaturen und Austausch-Käufe bereits nach der ersten Atlantik-Überquerung (also während der ersten Monate unterwegs) anfallen: gebrochene Selbststeuerungen, ein oder zwei zerrissene Segel, ein defekter Kühlschrank (jedes dieser vermeintlich kleinen Probleme ist zwischen 500 und 1000 Euro wert, wenn man sich nicht selbst helfen kann und in der Karibik seine Bestellung abgibt). Deshalb kann man angehende Blauwassersegler am Besten den Tipp geben, weniger aber dafür hochqualitative Produkte an Bord zu nehmen. Viel Yacht-Zubehör ist offensichtlich mehr für Yachten, die in Häfen liegen,gebaut,auch wenn dessen Preise anderes vermuten lassen.Auch Kiss-Seglern würde ich raten,bis 2000 Euro pro Jahr extra für Gebrechen ein zu rechnen.Wenn es übrig bleibt,ist es ja auch kein Problem. Wartungs-Kosten fallen ebenfalls hoch an:je nach Unterwasserfarbe (und die ist in vielen Ländern schlecht) muss die Yacht alle 1 bis 3 Jahre aus dem Wasser. Wenn die Crew die Arbeit selbst ausführt (Antifouling streichen), kann man unterwegs mit Trockendock Kosten um die 1000 bis 1500 Euro rechnen. Vorausgesetzt, es kommt zu keinen längeren Steh Zeiten (Osmose Behandlung, Rostprobleme,...) und vorausgesetzt, man hatte die Zeit, sich für einen nicht zu teuren Platz umzusehen. (Beispiel:

Krankosten in Grönland für ca. 40 Fuß Yacht rund 3000 Euro - ohne Lackkosten oder Zinkanoden)Wartungskosten fallen auch am Motor an: wer sich hier nicht selbst helfen kann, muss die Arbeiten von Werft oder Motorwerkstätten unterwegs einplanen. Wartungskosten sind: Ölwechsel, Filterwechsel, Ventile einstellen, Kühlflüssigkeiten Wechsel, Impeller, große Servicekosten,... Sich am Motor auszukennen, kann damit die Bordkasse sehr schonen. Das ist auch der Grund, weshalb ich hier keine Preise nennen kann. Wir warten und reparieren unseren Motor selbst und haben bisher nur Kosten für Öle, Filter, usw. (Jürgen hat gerade in den vergangenen Wochen die Ventile neu eingestellt, das Getriebe überholt, die Motorlagerung erneuert,...) Wer allerdings denkt, er könne Geld sparen, indem die Motorwartung schlichtweg nicht gemacht wird, muss mit sehr hohen Folgekosten rechnen: Reparatur und Motoraustausch kann der Reise ein Ende bereiten!Weitere Wartungskosten unterwegs fallen (je nach Yacht und Eigner) für Rettungsmittel und Decks Ausrüstung an. Auch darüber kann ich keine Zahlen geben, weil wir diese Kosten nicht haben.Je nach dem, in welchen Zustand die Yacht am Start der Reise war, können Reparaturkosten in die Höhe schießen. Braucht die Yacht unterwegs ein neues Rigg, neue Segel, einen neuen Motor? Oder müssen

Sanierungsarbeiten vorgenommen werden: Sandstrahlen, Osmose Behandlung, Deck-Sandwich-Sanierung,...?Kosten, die wahrscheinlich irgendwo bei 5000 Euro anfangen und nach oben wenig Grenzen haben. Diese Kosten treffen schlecht ausgerüstete Yachten ziemlich sicher, wobei nicht davon ausgegangen werden darf, dass man bei guter Startausrüstung nicht trotzdem die eine oder andere Misere erlebt: Motorschaden, Rigg Probleme, ... Wenn man die Reise nicht bei derartigen Problemen als beendet erleben will, ist ein "Polster" für Notfälle ratsam.Zu den Reparatur- und Wartungskosten kommen "Nach Rüstung s Kosten". Kosten, für Aufbesserungen oder Abänderungen der Ausrüstung. Meist erleben selbst sehr gut ausgerüstete Yachten diese Kosten, für uns an Bord der Pearl sind dies wahrscheinlich die höchsten Nebenkosten. Das liegt daran, dass sich unsere Reiseziele mit Dauer der Reise ändern und so verschiedene Ausrüstung s Gegenstände plötzlich dazukommen (Beispiele möglicher Aufbesserung s Kosten: ein besserer Anker fürs Revier, eine Heizung, Schären Nägel, Sonnensegel,Landleinen, Generator, Iridium,...)Nicht zu verachten sind die laufenden Betriebskosten: Fast jeder Segler, den wir treffen, ist mehr Stunden unter Motorkraft unterwegs, als ihm lieb ist. Kaum jemand rechnet seine Motorstunden zusammen, oder spricht gar gerne davon. Doch überraschte sich ein uns bekannter Segler selbst damit, am Ende seiner vierjährigen Weltumsegelung entlang der Passat-Routen auf zirka 1000 Motorstunden per Jahr gekommen zu sein (es wurde allerdings der Diesel auch des öfteren am Ankerplatz für Stromerzeugung verwendet). Als Vergleichswert lief unser Motor bisher zirka 500 Betriebsstunden per Jahr (die Flussfahrt mit eingerechnet, alles in nördliche Seegebiete mit wechselhaften Winden und vielen Wartezeiten auf "richtigen Wind", inklusive die vielen Motorstunden beim Suchen von Ankerplätzen in nicht kartografierten Buchten, laufender Motor beim Ankern). Bei unserem Dieselverbrauch von ca. 3 Liter pro Stunde kommen wir damit auf ungefähr 2500 Euro Dieselkosten im Jahr (natürlich in unserem Fall ohne Heizungskosten, die obendrauf empfindlich indie Geldtasche greifen). Und auch wenn man es sich vornimmt: nur noch die allerwenigsten Segler verweilen wirklich über Tage oder gar Wochen in einer Flaute, ohne den Motor zu starten und weiter zu ziehen. Manche Seegebiete lassen langes Warten auch gar nicht zu, die Kosten für Reparaturen nach Schwerwetter sind nämlich meist auch nicht toll...Zu laufende Betriebskosten zähle ich auch Benzinkosten für den Außenborder, Gas zum Kochen (und hin und wieder auch die neuen Flaschen), Lacke, Schmiermittel, Öle,

Spraydosen, Schrauben, Schäkel, (wer will) Reinigungsmittel, ...Weitere Bootskosten sind die Verschleiß Kosten: sie fallen sporadisch an und können mit guter Pflege der Ausrüstung und mit Voraussicht und Preisschauen im Zaum gehalten werden. Vermeiden lassen sie sich allerdings nicht. Verschleiß Kosten wie Austausch von Fallen oder Schoten, Ankergeschirr, Batterien,... Während unserer Jahre unterwegs waren bisher zum Beispiel neue Batterien und ein neues Großschot nötig. Einfach mal die Zubehör Kataloge schmökern (und nicht die möglichen höheren Preise anderer Länder vergessen...)Wenn dann alles zusammengerechnet wird und man noch einen kleinen Polster für Unvorhergesehenes aufrechnet (Dingi Verlust, Ankerverlust, Trosse in der Schraube, Krankenhausaufenthalt ...) hat man ziemlich die Kosten für eine Welt Besegelung zusammen. Zwischenzeitliche Heimreisen nicht eingeschlossen! Kosten, die je nach Revier von einigen hundert Euro bis weit über tausend Euro pro Monat ausfallen!

SEEKRANKHEIT

Atemtechnik gegen Seekrankheit?"Mit speziellen Atemtechniken kann eine Seekrankheit verhindert oder zumindest abgemildert werden. Das haben Forscher vom Imperial College London in Versuchen mit Freiwilligen herausgefunden. Wer auf schlingernde Bewegungen mit Übelkeit und Schwindel reagiert, sollte versuchen, genau entgegen dem intuitiven Atemrhythmus ein- und auszuatmen. Versuche in einem Flugsimulator haben gezeigt, dass man dazu neigt, während der Rückwärts Bewegung ein- und während der Vorwärts Bewegung auszuatmen. Um Beschwerden entgegenzuwirken, muss der Atemrhythmus umgekehrt werden. Wer zusätzlich schneller oder langsamer atmet, als es der Rhythmus der Umgebung vorgibt, kann die Symptome weiter lindern. Das hat einen einfachen Grund: Bei Einatmen heben sich der Bauch und die Organe leicht nach oben, während sie beim Ausatmen absinken. Wer in einem Wellental ausatmet, verschärft die Botschaft "es geht abwärts" noch zusätzlich."- So der Artikel aus dem Gesundheitsmagazin der Gebietskrankenkasse

GESUNDHEIT,

Da darf man ja gespannt sein, ob die Lösung dieses alten Schreckgespenst aller Seefahrer so einfach und nahe liegt. Ein Schreckgespenst, dass jeden, der zur See geht, treffen kann und schon seit Anbeginn der Seefahrt Seeleute zur blanken Verzweiflung getrieben hat.Was ist Seekrankheit, wie äußert sie sich?Dabei handelt es sich eigentlich gar nicht um eine Krankheit, sondern viel mehr um Fehlersignale im Gehirn, welche durch die widersprüchlichen Informationen der Sinnesorgane, aufgrund der unkontrollierten Bewegung, ausgelöst werden. Und diese Fehlersignale äußern sich auf sehr unangenehme Weise: was mit leichtem Magendruck, empfindlichen Geruchssinn, Unwohlsein und Schläfrigkeit beginnt, kann schnell zu Kopfschmerzen, Brechreiz und Erbrechen bis zum Dehydrieren sowie Lethargie bis zur Depression werden. Und das Schlimme daran ist, auch ein leerer Magen kann die Übelkeit nicht bekämpfen oder eindämmen, der Brechreiz geht unbeeindruckt weiter: die Mundhöhle beginnt zu brennen von der vielen Säure, die ihren Weg nach oben sucht.Doch kann man Segler, die ihre Pein mit der Seekrankheit haben, auch aufmuntern: nach einiger Zeit auf See gewöhnt sich im Durchschnitt der Körper an die Bewegungen und die Symptome der Seekrankheit lassen nach. Und bis es soweit ist, und die Crew auf Seebeinen steht, gibt es, abseits von Medikamenten, einige Tipps, wie man das Übel möglichst gering hält und die Kurve ohne großen Dramen an Bord kratzt!Kleine Tipps bei ersten Anzeichen.Schon bei den ersten, auch noch so kleinen Anzeichen, ist der beste Platz für den Betroffenen an Bord die Pinne beziehungsweise das Rad. Die Konzentration auf Meer und Horizont, die frische Luft und der Platz im Cockpit können helfen, üblere Folgen einzudämmen. Dabei ist wichtig, dass der Betroffene weder Fernglas noch Peilkompass in die Hände bekommt, der Blick durch beides verschärft jedes drückende Gefühl in der

Magengegend. Die Navigation mit Karte und Bücher, vielleicht auch noch im Inneren des Bootes, wäre jetzt fatal und muss von einem weniger betroffenen Crewmitglied übernommen werden. Auch der Drang, Harn zu lassen, der bald nach den ersten Anzeichen kommen wird, sollte in dieser Situation an Deck mit einem Eimer oder einfach über die Seite (sofern es das Wetter zulässt) erleichtert werden, noch nie ist ein Segler, der die ersten Symptome der Seekrankheit verspürt, ohne "Grüner Nase" wieder aus dem schaukelndem Bauch der Yacht ins Cockpit zurückgekehrt, nachdem er den kleinen und als stickig empfundenen Raum der Bordtoilette aufgesucht hat.Arbeiten am Vorschiff müssen von Crewmitglieder ohne Beschwerden durchgeführt werden, da die Yacht am Bug die stärksten Bewegungen vollführt. Doch ist es wichtig, dass sich der Betroffene nicht seiner Lethargie hingibt, sondern Arbeiten an Bord ausführt und sich so physisch und physisch ablenkt, sofern diese Arbeiten nicht über Kopf sind, kein Kartenlesen beinhalten und möglichst im Cockpit ausgeführt werden können.Ist die Seekrankheit noch nicht zu weit fortgeschritten, bekommen manche Segler Hunger auf Saures. Saure, Vitamin C reiche Lebensmittel, die nicht zu schwer im Magen liegen und dennoch diesem eine Aufgabe geben, sind nun angesagt. Bei uns an Bord haben jetzt möglichst saure Granny

Smith Äpfel ihre Saison. Das Knabbern von Salz Gebäck lenkt ab und beschäftigt, während ein Blättchen Ingwer unter der Zunge seine Wirkstoffe gegen Seekrankheit abgibt. Immer wieder erzählen Crews auch von ihrer Liebe zu Kartoffelchips oder Salzstangen während der ersten Tage auf See, auch wenn wir dies - aus Mangel an diesen Produkten an Bord - nicht wirklich bestätigen können.Mir persönlich hilft jetzt Kaugummi oder sehr starke Husten Bonbons, der frische Geschmack im Mund lenkt von dem Gedanken an den schlechten Magen ab und hilft, auf den frischen Geschmack zu konzentrieren.Zwischendurch gibt es Suppe und trockenes Brot, Reiswaffeln und Knäckebrot.Wahrscheinlich reagiert jeder Mensch verschieden auf gewisse Lebensmittel Gruppen. Und so kann sich jeder, der mit Seekrankheit kämpft einen Kopf darüber machen, welche Lebensmittel in der Situation Übelkeit hervorrufen könnten. Ich zum Beispiel reagiere sehr oft auf Milch und Milchprodukte mit Seekrankheit. Schon der Gedanke an Milch oder Käse im Wellengang bereitet mir ein flaues Gefühl in der Magengegend (obwohl ich Milch und Käse im Alltag sehr gerne esse). So sind diese Lebensmittel für mich auf See gestrichen. Verstärkt sich das dumpfe Gefühl im Magen und die Symptome der Seekrankheit weiter, sollte überlegt werden, ob die Schiffs Bewegungen gemildert werden können, entweder, indem ein etwas ruhigerer Kurs gefahren oder die Geschwindigkeit im Schiff reduziert werden kann. Sollte die Segelyacht unter Motor laufen, um Meilen zu machen, müssen die Segel gehisst und die Geschwindigkeit der Maschine gedrosselt werden. Angstgefühl kann Seekrankheit verstärken. Deshalb muss spätestens jetzt ein Gespräch geführt werden, fühlt sich der Betroffene unwohl oder ängstlich über die Segelverhältnisse, die Lage im Schiff oder die bevorstehende Etappe, kann die restliche Crew auf die Bedürfnisse des Leidenden eingehen und versuchen, Unterstützung zu leisten oder die Ängste zu mildern. Vielleicht kann man die Etappe sogar abändern. Oder es genügt, dem kranken Segler klar zu machen, dass die Route mit Bedacht gewählt wurde und alles in Ordnung ist. Sollte ein neues Crewmitglied an Bord sein, ist dieses Gespräch wichtig, damit sich die restliche Crew auf die Situation an Bord einstellen kann.Legt sich ein seekrankes Crewmitglied im Bootsinneren nieder, so ist der beste Ruheplatz nach Möglichkeit der Salon Boden, die Hundekoje oder die Heckkoje, auf keinen Fall das Vorschiff, da hier die Bootsbewegungen am unerträglichsten sind. Auf frische Luft sollte geachtet werden, stickige Luft verstärkt das Unwohlsein, Eimer mit Erbrochenen müssen schnell entleert und ausgewaschen sein, um die Leiden nicht auf die ganze Crew ausbreiten zu lassen.Medikamente gegen Seekrankheit Natürlich sind auch verschiedene Medikamente gegen Seekrankheit am Markt erhältlich. In manchen Ländern sind diese Medikamente im Supermarkt zu kaufen, anderswo sind sie rezeptpflichtig. Sollte ein Crewmitglied bereits an Seekrankheit leiden, ist es meist zu spät für die Einnahme von Medikamenten, sie werden noch bevor sie wirken können mit dem Mageninhalt über die Seite gebrochen. Für leichte Fälle kann spezieller Kaugummi mit Wirkstoff helfen, bei schwerer Seekrankheit helfen jetzt nur noch Zäpfchen oder Pflaster. Wir haben bisher die besten Ergebnisse mit dem Wirkstoff Dimenhydriant (50mg) erzielt. Bei uns an Bord haben bisher die Tabletten „Neo-Emerdyl" von Montavit mit Abstand am Besten gewirkt, weshalb wir bei einem Landbesuch stets unsere Vorräte aufbessern. Präparate auf Basis von Ingwer erzielten bei uns an Bord leider nie die erhoffte Wirkung. Wie bei allen chemischen Keulen haben auch Medikamente gegen Seekrankheit Nebenwirkungen und sollten nicht als harmlose Pillen betrachtet werden. Viele Segler stöhnen über Müdigkeit und Benommenheit nach der Einnahme von Medikamenten gegen Seekrankheit, daher sollten neuen, dem Betroffenen nicht bekannte Medikamenten vorsichtig und wenn möglich nicht von der gesamten Crew begonnen werden. Nach wenigen Tagen auf See kann meist die Einnahme der Medikamente beendet werden, da sich der Körper an die Schaukelei gewöhnt hat und die Symptome der Seekrankheit vermindern bis verschwinden.Sollte ein Segler intensiv an Seekrankheit leiden, muss darauf geachtet werden, dass er genügend Flüssigkeit zu sich nimmt und in warme Decken eingewickelt wird. Er sollte im Cockpit stets den Sicherheitsgurt tragen, gerade beim Erbrechen über die Seite kann plötzlicher Schwindel gefährlich werden. Für ihn ist nur noch die Hoffnung wichtig, dass sich der Körper in ein paar Tagen an die Bewegungen gewöhnt und die Leiden von alleine verschwinden.Als kleiner Tipp: nach einem feuchtfröhlichen Abend das Ablegen am Besten um einen Tag verschieben, Alkohol verstärkt die Symptome der Seekrankheit und "Kater im Seegang" gehört zu den schlimmsten Seeerfahrungen, die ich erleben durfte ;

MÜLL AN BORD

An den Stränden dieser Welt liegt genug Müll herum, Segler dürfen dazu nicht auch noch beitragen!Viele Segler an Bord einer Blauwasseryacht begeben sich auf die Ozeane nicht zuletzt darum, um mit der Natur zu leben und die Schönheit und Einzigartigkeit der Welt zu entdecken. Diese schöne und berauschende Art, die Natur kennenzulernen, lässt und aber auch bald erkennen, wie verwundbar unser blauer Planet ist und welchen Schaden wir durch unseren rücksichtslosen Umgang mit unserer Umwelt anrichten. Traurig wandern so manche Crews über vermüllte, einsame Sandstränden entlang wunderschöner Anker Buchten, Bestürzung macht sich breit, wenn wiedermal ein Schildkröten-Kadaver mit Plastik Strangulierung um den Hals am Strand gefunden wird, oder wenn Seelöwen mit eingewachsenen Plastikmüll auf warmen Steinen in der Sonne faulenzen. Oft verunziert Schwemmgut aus Plastik ganze Küsten Landstriche und schier unglaubliche Gegenstände werden vom Anker beim einholen ans Tageslicht geholt (unser größter Fisch: ein versenktes Moped, dass sich in unsrem Ankergeschirr verfangen hatte!). Und dabei handelt es sich nicht um Übertreibungen von mir, jeder, der schon eine Zeit abseits gereinigter Strände unterwegs war, wird mir diese und weitere Müllberichte bestätigen können.So verwundet es nicht, dass sich früher oder später fast alle Segler an Bord Blauwasseryachten ihre Gedanken zum eigenen Müll machen. Wie geht man mit dem eigenen Müll um, wie kann man sicher sein, nicht selbst Teil dieses Trauerspieles zu sein und dem Ozeanen den nötigen Respekt entgegenzubringen, anstatt sie als große Gratis-Müllkippe der Welt zu betrachten?Der erste grundlegende Schritt, um das Müllproblem auf Yachten klein zu halten, ist die Vermeidung von

Müll. Klar, denkt sich nun der eine oder andere, als käme man nicht selbst darauf, aber dennoch will ich diesen Gedanken nicht aus diesem Bericht verbannen. Zu sehr haben wir uns an die Bequemlichkeiten einer westlichen Wegwerfgesellschaft gewöhnt, zu selbstverständlich ist es, kaputte Gegenstände durch neue zu ersetzen und Angebote hinterher zu jagen ohne genau zu überlegen, ob die angebotenen Artikel jemals ernsthaft benötigt werden, oder sich am Ende einfach nur in wenig genutzten Müll verwandeln. Dabei ist es oft leichter und günstiger als gedacht,ein kaputtes Teil wieder in Schuss zu bekommen und noch lange Zeit zu verwenden. Gerade in vielen der weniger reichen Länder lassen sich meist gute Reparatur Werkstätten finden und mit dem kleinen Einsatz von etwas Geduld und wenig Geld kann man sich viele Probleme mit nachgesendeten Teilen ersparen.Auch beim Einkauf von Lebensmittel lässt sich mancherorts etwas Müll vermeiden. Gerade beim Einkauf auf lokalen Märkten oder bei Bauern selbst, werden die Menschen durchwegs froh darauf reagieren, wenn eigene Behälter für die erworbenen Lebensmittel mitgebracht werden und man sich die mitgebrachte Dose füllen lässt anstelle von den Verkäufern ein Plastiksack zu erwarten. Quer durch die Hafenstadt und zur Yacht lassen sich die gekauften Köstlichkeiten ohnehin besser im

Rucksack transportieren als sie in Weg werf Taschen zu schleppen.An Bord selbst müssen Lebensmittel und gekaufte Ware ordentlich verstaut werden. Dabei lohnt es sich in vielerlei Hinsicht, die Lebensmittel aus den gekauften Verpackungen auszupacken und in verschiedene wasserdichte Plastikbehälter an Bord zu stauen. Viele Probleme werden so erst gar nicht entstehen: der gekaufte Müll wird nicht mit hinaus auf Meer genommen, Probleme mit Schädlinge und Kakerlaken sind leichter im Griff zu halten und Verderbnis durch Feuchtigkeit wird vermieden. So kann ein großer Teil des Mülls an Bord noch gleich in dem Hafen an Land befördert werden, in dem er auch gekauft wurde. Doch Vorsicht, in manche Gebieten, speziell auf manchen der viel befahrenen Inseln entlang der Barfußroute, bieten sich immer wieder mal Einheimische an, gegen ein paar Dollar Bezahlung den Müll der Yachten zu übernehmen. Aus den Augen - aus dem Sinn, möchte sich vielleicht der eine oder andere Segler denken, doch zu bedenken gilt, dass so mancher bezahlter Müll-Entsorger den eben übernommenen Müll einfach ins Meer wirft, sobald er außer Sicht ist.Ist es offensichtlich, dass die Insel oder das Land, in dem man verweilt, keine ausreichende Müllentsorgung führt und den gesamten Abfall ins Meer schüttet, ist es wahrscheinlich besser, den eigenen Müll an Bord zu sammeln und bei

Gelegenheit einmal ein Lagerfeuer damit zu entzünden. Das ist zwar nicht die beste Lösung, aber immerhin weniger bedenklich, als die Plastiksack und Verpackungen früher oder später im Meer schwimmend zu treffen. Unterwegs wird an Bord von Blauwasseryachten meist eine gemäßigte Mülltrennung vor genommen:Plastikabfälle müssen auf alle Fälle ordentlich ausgewaschen (Wasser dafür gibt es ja genug und so erspart man sich den Gestank von Müll) und in einem Müllsack, am besten in einer Backskiste oder anderen Stau Kiste, an Deck gesammelt werden, bis sich eine Möglichkeit der Entsorgung ergibt. Ein auf Davids verzurrtes Dingi kann hier auch zum vorübergehenden Müllboot werden. Dosen werden normalerweise versenkt, dazu die Dosen aber auf keinen Fall achtlos über Bord werfen, sie müssen bis zum Rand mit Wasser gefüllt werden, damit sie auch sicher untergehen und nicht früher oder später an einer Küste angeschwemmt werden. Biomüll fliegt in hohen Bogen über Bord und sollte auch Papiermüll anfallen, ist dieser immer gut fürs nächste Lagerfeuer am Strand zu gebrauchen und wird meist bis dahin in einer trockenen Ecke im Schiff gesammelt.Sollten beim Yacht-Putz wieder einmal Gegenstände, Kleidungsstücke und ausgediente Sachen ausgemustert werden, sollte man daran denken, dass viele der nicht mehr benötigten Sachen noch Einheimische oder Fischer Freude bringen können und noch lange nicht in der Müllkippe landen müssen. Manchmal bereitet man mit seinen alten T-Shirts, Kanister und Angelhaken noch soviel Freude, dass als Dankeschön ein schöner Fisch oder Krebs seinen Weg vom Fischerboot ins Cockpit findet!

WACHRHYTHMUS UNTERWEGS

Endlich abgelegt, gilt es, sich in den Bordrhythmus zu finden und Erholung und Schlaf zwischen den Wachstunden zu finden, um genügend Energie und Aufmerksamkeit für die Aufgaben an Bord zu erhalten und die Schönheit des Segelns erleben zu können.Als wichtig erschien uns immer, uns so gut es ging an die Wach Einteilung an Bord zu halten und den Partner möglichst nicht seiner Freiwache zu berauben und zu lernen, die Stunden der Entspannung effizient zu nützen, die Bücher zur Seite zu legen und schon am Abend bei der ersten Freiwache eine Mütze voll Schlaf zu hohlen.Da Blauwassersegler meist mit kleiner Crew unterwegs sind, wird sich ergeben, dass sich die Wachzeiten intensiv gestalten und die Sicherheit der wachhabenden Crew vor die Segelleistung in der Nacht gestellt wird. Als Paar unterwegs, haben wir für uns erlebt, dass eine Zeiteinteilung von drei Stunden für unsre Bedürfnisse am passendsten ist. Drei Stunden Wache sind überschaubar und können ohne Einschlafen geschafft werden, während die

Freiwache bei drei Stunden Schlaf ausreichend Erholung finden kann. Zu Abend, bevor die erste Einteilung beginnt, verbringen wir meist noch eine gemeinsame ruhige Stunde im Cockpit am Ruder, bereiten das Boot für die Nacht vor, reden über Kurs und Wetterlage, genießen einen Becher Tee und teilen unsre Gedanken im Licht der Dämmerung, bis die Zeit reif ist, dass der Erste in die Koje verschwindet. Nun liegt es an der Wache, die Yacht in die Nacht zu führen und dem Partner einige ruhige Stunden zu gönnen. Dabei haben wir gelernt, dass das eigene Verhalten an Bord die Erholungsphase der Freiwache sehr beeinflussen kann. Nur bei genügend eigener Vorsicht an Deck kann der Partner in der Koje sorgenfrei Schlaf finden. So ist es bei uns an Deck üblich, bei Arbeiten alleine und Nachts am Vorschiff den Gurt anzulegen und so sicher zu stellen, dass die Yacht bei Mann über Bord nicht mit dem ahnungslos schlafenden Partner alleine in die Nacht segelt. Segeln wir durch raues Wetter, muss die Freiwache zu jeder Arbeit am Vordeck geweckt werden, sodass keiner von uns unbeobachtet den sicheren Bereich des Bootes verlässt. Außerdem ziehen wir vor, einen Segelwechsel bei Wachübernahme und vielleicht schon etwas verfrüht gemeinsam zu erledigen, anstatt zu lange zu warten und alleine am Vordeck herumzuturnen. Auch wenn immer wieder Geschichten über Segler erzählt werden, die sich gemeinsam schlafen legen und die Yacht auf sich gestellt fahren lassen, achten wir besonders auf die Wache und suchen ohne Ausnahme alle 10 Minuten den Horizont nach Lichtern ab. Aus Beobachtungen wissen wir, es dauert nicht länger als 15 Minuten, dass sich die Wege mit einem Schiff kreuzen, nachdem am Horizont ein Licht entdeckt wird. Ist die Wache von Müdigkeit geplagt, hilft eine Eieruhr.In Küstennähe muss es selbst verständlich sein, dass jeder Wachhabende Herr der Navigation ist und nicht auf die Einträge des Anderen ansteht. Eine gegenseitige Kontrolle vermeidet außerdem Fehler, die bei Übermüdung schon mal passieren können. So hat sich bei uns eingebürgert, dass bei jedem Wachwechsel die Position in die Karte eingezeichnet wird, so können sich alle Crewmitglieder der Karte vertraut machen und eventuelle Kurs Änderungen können kurz besprochen werden.Zur Hundewache, die anstrengendste Zeit im Verlauf der Nacht, ist eine Thermos-Kanne Kaffee und etwas Trockenfisch zum Knabbern immer eine Willkommene Freude. Wird die Yacht per Hand gesteuert, lohnt es, sich mit dem Himmel zu beschäftigen und seinen Kurs nach den Sternbild zu segeln. Der wiederholte Kontrollblick auf den beleuchteten Kompass wird nämlich viel zu schnell zur Plage für die Augen und bald kämpft der Segler mit dem Schlaf. Auch hält es wach, sich in

Tagträume zu verstricken, seine Gedanken fliegen zu lassen und über Dinge nach zu denken, die einem Interesse und Freude bereiten. Phantasievolle Menschen sind hier meiner Meinung nach im Vorteil, da die Zeit wie im Flug vergeht, während man über hübsche Geschichten träumt. Auch Hörbücher eignen sich ausgezeichnet für die Nachtwache. Die erzählten Geschichten halten wach, ohne dabei die Augen vom Horizont zu lenken. Meist ist davon abzuraten, den Partner zu längeren Schlafzeiten verhelfen zu wollen, ein gleichmäßiger Rhythmus ist auf Dauer besser. Der Körper kann sich schneller umstellen und in Notfällen, wenn mehr Hände an Deck gebraucht werden, ist ein stark übermüdeter Segler, der seine Wache über verlängerte Zeit durchgehalten hat, nur noch wenig zu brauchen.Für die Freiwache hingegen ist es wichtig, das Maximum seiner Ruhezeit in Schlaf umzusetzen. Ein tiefes Vertrauen zu seinen Segelpartner ist dazu unweigerlich ein wichtiger Grundstein. Dazu gehört auch das Wissen, dass der Partner an Deck keine riskanten Dummheiten mach und nicht ungesichert an den Segeln arbeitet. Funktioniert das Einschlafen nicht auf Befehl, kann Autogenes Training eine tolle Hilfe zum schnellen Schlaf werden. Ohne viel Aufwand zu betreiben konnte ich mir einige Atemübungen aneignen, die mich auch in polternden Wellen und schreienden Winden nach wenigen Atemzügen in ruhigen Schlaf versetzen - ein wahrer Segen und gerade bei kleiner Crew ein echter Sicherheitsgewinn.An Bord von Blauwasser Yachten ist Nachtsegeln ein Teil vom Erlebnis und kann eine wahre Bereicherung sein. Immer wieder trifft man auf Segler, die die Nachtwache als unumgängliches Übel ihres selbst ernannten Lebensstiels sehen, eine traurige Ansicht, übersehen diese Menschen doch die Schönheit der Nacht und die Gelegenheit, tief in sich selbst zu fühlen und das Leben in den friedlichen und ruhigen Nachtstunden zu genießen. Wir haben die Nachtwache immer als einen angenehmen Teil der Reisen verstanden und selbst wenn man unser Schiff ohne Mühe steuern könnte, klinken wir sie gerne wieder mal aus um bei einer Tasse Kaffee und den Wegweisern der Sterne die Nacht zu bewundern.Die letzte Wache der Nacht kümmert sich stets darum, dass der Brotteig, der während der Nachtstunden geknetet wurde, ins Backrohr wandert. Das gemeinsame Frühstück zum Wachwechsel bei früher Morgenstunde ist damit gesichert und gibt neue Kräfte für den kommenden Tag.Ich rate jeden Fahrtensegler, sich das Herz zu nehmen und zu versuchen, die Nachtwache als Bereicherung zu entdecken und den folgenden Morgen zu zelebrieren

IMPFUNGEN VOR DEM ABLEGEN

Zur Vorbereitung einer Segelreise gehören auch für die Gesundheit einige Vorsorgen getroffen.Hat man erst eine Vorstellung davon, welche Länder man bereisen wird, muss man sich nun über dortige Verhältnisse klar werden und schon früh genug im voraus diverse Impfungen antreten. Einen guten Überblick dazu gibt die Internetseite des Institutes für Reisemedizin, IRI, beziehungsweise das Zentrum für Reisemedizin ,www.reisemed.de , aber auch der Hausarzt kann helfen. Grundsätzlich versuchen wir, den Weg zwischen Leichtsinn und übertriebenen „vollpumpen" mit Impfstoffen zu finden. Weshalb wir versuchen, alle unnötigen Vorsorge Impfungen zu vermeiden. Unumgänglich ist jedoch die Vorsorge gegen Gelbfieber und Hepatitis. Da die Hepatitis-Impfung bei Uns in Teilimpfungen gespritzt wird, ist es gerade hier nötig, schon bald vor dem Reisestart zum Arzt zu gehen, um die nötigen zeitlichen Abstände zwischen den einzelnen Impfungen einhalten zu können.Führt die Reise in tropische Gebiete, ist Malaria ein Thema. Da es keine Impfungen gegen Malaria gibt, bietet der Markt hier verschiedene Präparate. Dabei handelt es sich um eine Gruppe an Medikamenten, die zum Schutz tägliche eingenommen werden kann oder um Tabletten, die die Krankheit erst nach Ausbruch bekämpft. Da Segler sich oft über Jahre in

Gebieten mit möglicher Malaria-Ansteckung aufhalten, muss man den Sinn der täglichen Einnahme von Vorsorgepräparaten in Frage stellen. Tabletten, die nach Ausbruch der Krankheit helfen müssen aber unbedingt an Bord sein.Nicht nur Impfungen und eine gut sortierte Bord-Apotheke helfen, die Gesundheit der Crew zu gewährleisten, besonders wichtig ist der persönliche Umgang mit Risikofaktoren und das eigene Verhalten in fremden Regionen Wichtige Tipps an Bord und in fremden Ländern:

•

Vorsicht mit der Sonne, ausreichend Sonnenschutz verwenden, auch für Augen und Kopf

•

Alles gegen Mückenbisse unternehmen: lange Kleidung tragen, Kojen mit Mückengitter schützen, Mückensprays verwenden

•

"Eine Hand für dich und eine Hand fürs Schiff", Unfälle können auf See ein ernsthaftes Problem darstellen

•

auch und speziell an Land herrscht Unfallrisiko, der Segler ist in vielen Fällen den Stress fremder Großstädte nicht gewöhnt und hat daher erhöhtes Unfallrisiko im Straßenverkehr (zum Beispiel mit dem Fahrrad)

•

erhöhte Sorgfalt beim Trinkwasser, an Bord ebenso wie an Land

- erhöhte Sorgfalt bei Lebensmittel, möglichst Eis und bereits geschältes Obst meiden, keinen rohen Fisch oder rohes Fleisch an Land essen

- Vorsicht bei selbst geangelten Fisch in Korallengebieten, zuerst herausfinden, ob es im Gebiet Probleme mit Fischvergiftungen gibt.

- beim Schnorcheln und Tauchen die Finger von den Korallen lassen, sie können schwer heilende Wunden hinterlassen

- persönliche Hygiene hoch halten, besonders bei der Benutzung öffentlicher Dusch- und Toilettenanlagen (Hafenanlagen), nicht Barfuß laufen und immer Hände gut waschen

- in den Tropen generell an Land nicht barfuß laufen

- Baden in stehenden Süßwassergewässern vermeiden

- bei Über Nacht Törns die Wacheinteilung einhalten, da Müdigkeit zu einem erhöhten Unfallrisiko führen kann

- genügend Trinken, zum Beispiel "Suntea"

- Durchfälle kritisch beobachten und nicht auf die leichte Schulter nehmen

- geprüfte Kondome verwenden, kein (ungeschützter) Geschlechts Verkehr mit fremden Menschen

BUTTER KONSERVIEREN

Speziell in tropischen Segelrevieren wird der Genuss von frischer Butter am Morgenbrot an Bord vieler Yachten zur Seltenheit, nur wenige Segler wissen von der Möglichkeit, Butter in Gläser einzukochen. Wir zeigen, wies geht!In manchen Ländern (speziell im Pazifik) kann Butter in Konserven gekauft werden. Doch ist Konservenbutter leider nicht überall erhältlich und Qualität und Geschmack variieren. Deshalb sollte in der Regel vor einem großen Proviant Einkauf eine einzelne Dose gekauft und verkostet werden. Findet man keine Dosenbutter oder mundet die erhältliche Dosenbutter nicht, kann Butter relativ leicht selbst in Gläser gekocht werden. Zugegeben, zu Beginn war ich selbst etwas skeptisch, was das Einkochen von Butter betrifft, da man in der Regel nach Erhitzen von Butter reines Butterschmalz erhält. Doch der Test an Bord hat gezeigt: mit etwas Einsatz funktioniert es und die Butter bleibt cremig..Einkochbutter ist ohne Kühlschrank über einige Monate haltbar und bleibt auch in tropisch heißen Revieren fest.

Zusätzlich bietet Butter im Glas den Vorteil, geöffnet im Wasserbad für bis zu zwei Wochen gut gelagert werden zu können.

Und so funktioniert´s:

1.

Kleine Einmachgläser (maximal ¼ l Inhalt) mit Schraubdeckel gut auswaschen und in kochendem Wasser sterilisieren (für ca. 5 bis 10 Minuten umgestülpt in frischem Wasser kochen), zur Seite stellen und darauf achten, dass die Dichtfläche und die Innenseite des Deckels nicht mehr berührt wird. Butter kann zwar in alle Gläser Größen eingekocht werden, doch kleine Gläser empfehlen sich, da die Einkochbutter nach dem Öffnen in heißer Umgebung ebenso wie frische Butter nur noch beschränkt haltbar ist.

2.

In der Zwischenzeit die gekaufte Butter in einen Topf geben. Wie immer beim Proviantieren sollte vor dem Großeinkauf ein Testkauf gemacht werden, um zu schmecken, ob die Butter auch mundet. Je nach Land kann Butter sehr unterschiedlich sein. An Bord von der Pearl bevorzugen wir gesalzene Butter, weshalb wir nur mit gesalzener Butter Erfahrung beim Einkochen haben. Es sollte aber mit süßer, ungesalzener Butter ebenso funktionieren.

3.

Die Butter auf die Flamme stellen. In der Regel

schmilzt Butter sehr schnell. Sobald als möglich mit einem Schneebesen zu rühren beginnen. Um cremige, wohlschmeckende Einkochbutter zu erhalten, muss die flüssige Butter stets gut gerührt werden. Sollte die Butter zu spritzen beginnen, muss die Temperatur etwas zurück genommen werden, um Verbrennungen zu vermeiden.Auch sollte das Einkochen von Butter nur in Häfen oder an ruhigen, nicht rollenden Ankerplätzen unternommen werden, da Verbrennungen mit heißem Fett zu schwerwiegenden Verletzungen führen können

4.

Die Butter zum Kochen bringen. Die flüssige Butter beginnt zu schäumen und wird dabei an der Oberfläche hellgelb. Während des gesamten Vorgangs die Butter fest rühren. Da der Schmelzpunkt von Butter sehr niedrig ist, nicht auf voller Flamme kochen, Bestandteile der Butter (gesättigte Fettsäuren) könnten verbrennen und dabei krebserregende Stoffe zurück lassen.Nach einigen Minuten (zirka 10 Minuten ab Beginn des Kochens) starken Kochens beginnt der Kochschaum weniger zu werden.Wird die Butter zum Verzehr geöffnet, kann sie „römisch" gelagert werden. Das heißt, das geöffnete Butterglas wird ohne Deckel umgestürzt in einem Behälter mit Wasser gelagert. So bleibt die Butter ohne Kühlschrank selbst in tropischen Revieren für bis zu zwei Wochen frisch und Streich fähig. (Das Wasser ungefähr in Glashöhe füllen und alle paar Tage wechseln!)Dieser Trick wurde bereits im antiken Rom zur Lagerung von Butter angewendet und funktioniert selbstverständlich auch mit frisch gekaufter Butter!Wird die Butter nicht verwendet bevor sie ranzig wird, ist sie nicht mehr zum Verzehr geeignet und sollte über Bord gehen!

5.

Sobald die Butter zu schäumen nachlässt (nicht aufhört...), kann sie in die vorbereiteten Gläser gefüllt werden. Dabei ist das Zusammenarbeiten von zwei Crewmitglieder empfehlenswert: einer bleibt beim weiterhin leicht kochenden Buttertopf und rührt, der zweite füllt die heiße Butter in Gläser. Beim Einfüllen darauf achten, dass ungefähr ein Zentimeter Rand im Glas frei bleibt. Sobald die Butter in den Gläsern ist, beginnt sich die Butter in cremige Butter und Butterschmalz zu separieren.

6.

Um diesen Vorgang des Separieren entgegen zu wirken, muss die abgefüllte, heiße Butter alle paar Minuten (mindestens alle 10 Minuten, besser alle 5 Minuten) gut geschüttelt werden. Da die Gläser anfangs sehr heiß sind und teilweise flüssige Butter beim Schütteln austreten kann, sollte ein sauberes Geschirrtuch zum Anfassen der Gläser verwendet werden. Nach jedem Schütteln separiert sich die Butter erneut, solange sie warm ist. Das ist in Ordnung, weiterhin alle paar Minuten schütteln. Um das Abkühlen zu beschleunigen, können die Gläser, sobald sie lauwarm sind, auf Eis gestellt werden. Achtung: nicht voreilig auf Eis stellen, da die Temperaturunterschiede die Gläser sprengt! Beim Erkalten wird die Butter plötzlich fest und behält von nun an ihre cremige Form!

Bord Rezepte

Das Konservieren von Kräutern, Gewürzen und feinen Gemüse Köstlichkeiten in Speiseöl kann die Pantry auch in entlegenen Gebieten aufbessern und erleichtert das Kochen während unbequemer Seeschläge. In Speiseöl kann Verschiedenstes eingelagert werden: Kräuter und Gewürzmischungen, feine Pilzmischungen, aber auch Gemüse Antipasti. Je nach Gemüse, Stückgrößen und Vorbereitung des Gemüses sind die Konserven unterschiedlich lange haltbar. Wird das Gemüse klein gehackt, vorab gebraten oder getrocknet, ist die Konserve für das Einlagern ohne Kühlschrank gut geeignet. Frisches Stückgemüse in Öl beginnt je nach Wärme im Boot nach ein oder zwei Wochen zu Gären und verändert dabei ihren Geschmack. Deshalb eignet sich das Einlagern von frischem Stückgemüse besser für Boote mit Kühlmöglichkeit, wo sie länger haltbar sind und als Delikatesse zur Jause gereicht werden können. An Bord der Pearl leben wir ohne Kühlschrank, weshalb bei uns vor allem das Einlagern zur Haltbarmachung wichtig ist. Vor

allem das Einlagern von Knoblauch in Öl ist bei uns an Bord üblich. Der eingelagerte Knoblauch bleibt über viele Monate haltbar und erleichtert das Kochen, da nicht nach jedem Knoblauch Gericht das lästige Abwaschen der Knoblauch Presse anfällt! Außerdem sind ausgewachsene oder ausgetrocknete Knoblauchknollen nun Geschichte an Bord! Aber auch fein gehackte Chilischoten, Zwiebel-Kräutermischungen und ähnliche Gewürzöle sind bei uns an Bord beliebt.Es gibt generell zwei verschiedene Arten, in Öl einzulegen:Das Einlegen von getrockneten Gewürzen in kaltes,hochqualitatives Öl zur Erzeugung von Gewürzölen, oder das Einlegen frischer Kräuter und gehackte Gemüsen in heißes Speiseöl zur Haltbarmachung des Einlegegutes. Bei der hier vorgestellten Haltbarmachung handelt es sich um die zweite der genannten Varianten: Das Einlegen in heißes Speiseöl zur Haltbarmachung des Einleguts. Natürlich erhält man auch bei dieser Variante wohlschmeckendes Gewürzöl, welches die Pantry aufwertet, jedoch ist dies lediglich das Nebenprodukt.Und so wird´s gemacht - das Beispiel „Knoblauch in Öl":•Gesammelte und gewaschene Schraubdeckel - Gläser in kochendem Wasser einige Minuten sterilisieren. Dabei auch die Deckel auf Rost kontrollieren und ins kochende Wasser geben. Auf einem frischen Geschirrtuch trocknen lassen.
•Den frischen Knoblauch putzen und möglichst

klein hacken. Für diese Arbeit hat sich bei uns an Bord ein handbetriebener Zerkleinerer der Firma Tupperware bewährt. Der Knoblauch kann aber auch mit dem Messer gehackt oder mit einer Knoblauchpresse zerkleinert werden.
•Die sauberen und ausgekühlten Gläser werden nun bis zu 3/4 mit dem zerhackten Knoblauch gefüllt. Je nach Gusto können dem Knoblauch dabei auch verschiedene Gewürze beigemischt werden (Chili, Curry, Kräuter der Provence,…) Da der Knoblauch später bei Verwendung in der Regel an geröstet wird, sollte allerdings auf Gewürze, die beim Anbraten den Geschmack verändern (wie zum Beispiel Paprikapulver) verzichtet werden. Darauf achten, dass nicht zu viele Lufteinschlüsse in den gefüllten Gläsern sind.
•Nun muss das Speiseöl erhitzt werden. Um keine schädlichen Tran Fett Säuren beim Erhitzen des Öls zu erzeugen , muss Öl mit hohem Schmelzpunkt ausgewählt werden.Öle, die sich gut für diese Erhitzung eignen sind in der Regel billige Pflanzenöle wie Rapsöl, Sonnenblumenöl, Mais Öl. Kaltgepresste feine Öle wie Olivenöl, Leinsamen Öl,Nussöl und ähnliches eignet sich nicht für diese Behandlung und sollten besser frisch für Salate verwendet werden. Das Erhitzen des Öls fordert einiges an Fingerspitzengefühl.Desto heißer das Öl beim Einfüllen ist, desto besser wird der Knoblauch haltbar, doch ist es gefährlich, das Öl zu

verbrennen. Mit etwas Teig (hier Tortillas) kann man testen,ob das Öl auch wirklich heiß ist.

•Nun muss das Öl in die vorbereiteten Gläser eingefüllt werden. Vorsicht, das heiße Öl spritzt und schäumt sobald es auf den Knoblauch gegossen wird und man kann sich leicht böse Verbrennungen einhandeln! Aufgrund von Luftpolstern zwischen den Knoblauch Stücken wird das Öl nicht bis an den Glasboden fließen, deshalb muss mit einem sauberen Löffel nachgeholfen werden. Vorsicht, das Glas ist nun wirklich heiß! Mindestens einen Zentimeter Rand frei lassen.

•Mit einem sauberen Tuch (Küchenrolle) den Glasrand säubern. Die noch heißen Gläser verschließen und beschriften.Gelagert wird der eingelegte Knoblauch an einem dunklen Platz. Da der Knoblauch für einige Zeit arbeitet und dabei etwas Öl aus den Gläsern gedrückt werden kann, ist es empfehlenswert, die Gläser in einem Plastikbehälter zu stauen. Auch ändert eingelegter Knoblauch sehr bald seine Farbe - er wird grün. Diese Farbe hat allerdings nur mit den Inhaltsstoffen des Knoblauchs zu tun und ist kein Hinweis für Verderb. Sollten sich „Schlieren" und Fäden in den Gläsern bilden, kann das einen Schimmel Befall zeigen,der Inhalt dieser Gläser sollte nicht mehr verwendet werden. Um Schimmel zu vermeiden, stets mit sauberen Löffel in die Gläser fahren. An Bord hat so eingelegter Knoblauch bis zu acht

Monate gehalten, dann war bisher auch das letzte Glas aufgebraucht, ohne Verderb zu zeigen!

KRÄUTER LAGERN

Man kann hierzu alle frischen Gewürzkräuter nach belieben verwenden, die Basis ist das, was als "Suppengrün" gehandelt wird, also Sellerie, Petersilie, Petersilienwurzel, Schnittlauch, Karotten, Lauch usw..Wenn man auf eine größere Menge derartiger frischer Kräuter Zugriff hat, und eine geeignete Mischung zusammengestellt hat, wird alles zerkleinert, und mit 20 Gewichts% Salz gemischt.Dann nimmt man Schraubgläser, und füllt das Gemisch (kalt) hinein. Ich verwende hierfür eher kleine,flache Gläser mit etwa 150 ccm Inhalt. Das ist dann ohne Kühlung mindestens ein Jahr haltbar. Später verblasst die ursprünglich frische Farbe, der gute Geschmack bleibt aber viel länger erhalten. Wirklich verderben wird das aber nie. In der Küche verwendet man das je nach Mischung für pikante Gerichte jeder Art. Man gibt die Kräutermischung anstelle der Salzzugabe vor dem Kochen dazu. Damit hat man nicht nur das Salz, sondern gleich auch viel Geschmack im Topf. Auch zum Abschmecken nach dem Kochen ist es verwendbar. Nun gibt es einen Nachteil, den ich nicht verschweigen möchte: Aus einer Zeit, als ich zwar in einem Boot mitgefahren bin, aber (noch) nicht gekocht habe, weiß ich, dass man die Salzzugabe in Form von Seewasser zugeben kann, anstatt reines Frischwasser zu verwenden. Also etwa um Nudeln oder Kartoffeln zu kochen. Das geht dann leider nicht, sonst wird es zu salzig. Anmerkung von Claudia: Danke noch mal für den Tipp. Den Nachteil, kein Salzwasser verwenden zu können halte ich persönlich ohnehin für unbedeutend, da es eigentlich nur selten vorkommt, dass eine Segelyacht in Gebieten reist, in dem sorglos mit Salzwasser gekocht werden kann. Denn leider sind unsere Meere zu sehr mit Umweltproblemen belastet und die Verwendung von Meerwasser an Bord ist zur sicheren Quelle für Schwermetalle und Schadstoffe geworden.

SHAKE & BAKE FORM

Die perfekte Bord-Kuchenform!Mit gefüllten Taschen kommen wir zurück an Bord - bei einem Heimbesuch kaufen wir nicht nur Kleinigkeiten für Pearl, die wir im Reiseland nicht bekommen, wir werden meist auch mit dem einen oder anderen Geschenk von unseren Familien oder Freunden verwöhnt. Und dieses mal war eines dieser Geschenke eine ganz spezielle Kuchenform, die ihren Weg bis zu uns an Bord fand: „See Nomaden Koch und Back-Buch„ von Mir,Nachdem gerade ich ein Feind von Überflüssigen an Bord bin, hab ich natürlich gleich einen Testversuch in der Küche zu Hause gestartet,bevor die Kuchenform ihren Weg in meine Reisetasche fand. Und siehe da:

der erste Testkuchen klappte gleich recht wunderbar.Mittlerweile gehört die Backform zu meinen Bordutensilien, und ich habe meine Freude damit - oder besser gesagt, wir haben unsere Freude daran: ich am einfachen Kuchenbacken ohne extra Geschirr, und Jürgen an den vielen Kuchen, die es seither zum Nachmittagskaffee gibt! Das besondere an der „See Nomaden Koch und Back-Buch„ „Kuchenform: einfach rein mit den Zutaten, zusammen schrauben, kurz schütteln, auseinander schrauben und ab in das Backrohr - wie gemacht für die Pantry ! Jeder Kuchen klappt ohne Mixen und patzen,kein extra Geschirr ist nötig - klappt auch im Dieselherd oder im Gasofen.alle trockenen Zutaten in eine Formhälfte geben, die kleingeschnittene Banane dazugeben und mit einem Löffel unterrühren. In der zweiten Formhälfte die zerlassene und über kühlte Butter und die Eier geben, die trockenen Zutaten darüber schütten, zuschrauben und schütteln. In einer Backformhälfte den Kuchen im Rohr für 40 min backen.

Weihnachtskuchen

125g (braunen) Zucker,
125g Mehl,
1/2 EL Kakaopulver,
1/2 EL Lebkuchengewürz,
1TL Backpulver,
1 Dose Kondensmilch

oder 200ml Sahne,
1 Ei,
ein kleiner Schuss Rum
Alle Zutaten in die Shake&Backe Backform
geben, die beiden
Teile zusammen schrauben, schütteln,
aufschrauben, den
Rand säubern und für ca. 40 min. im Rohr
backen.
125g Zucker,
125g Mehl,
1 Dose
Mandarinen Stücke,
1TL Zimt,
1TL Backpulver,
2 Eier,
125g Butter

Advent-Kuchen mit Mandarinen und Zimt
Den Butter schmelzen und in die Form geben,
Eier und alle
weitere Zutaten dazugeben, Form verschließen
und kurz
schütteln.
Backform öffnen, den Rand etwas säubern, im
Rohr auf voller
Stufe zirka 40 min. backen. Aus der Form
stürzten und
abkühlen lassen.
125g Zucker,
125g Mehl,

1TL Backpulver,
2 Eier,
125g geschmolzene Butter
Ananaskuchen mit Kokosraspeln
Und hier ein paar einfache Rezepte:
Bananen-Kokos-Kuchen
125g Zucker,
125g Mehl,
50g Kokosraspeln,
1 Banane,
1TL Backpulver,
2 Eier,
125g zerlassene Butter
Zutaten in der Backform zum Teig schütteln,
dann 75g klein
geschnittene Ananastücke darunter heben.Mit
4EL Kokosraspel, 1EL Zucker, etwas Mehl und
weiche Butter in einer Schüssel zu Streusel
mischen, auf den Kuchenteig verteilen und bei
voller Hitze ca. 40 min. in einer Backformhälfte
backen.

KONSERVEN AN BORD

Der Umgang mit Dosen- und Glaskonserven an
Bord
Für so manchen Segler ist die Vorstellung, sich
mit
Lebensmittel aus der Dose zu ernähren, nicht
besonders
anreizend, gerade auch deshalb, weil wir vom
Leben an Land
gewöhnt sind, stets alle nötigen Lebensmittel

frisch einkaufen
zu können.Dennoch kenne ich keine Crew auf Langfahrt, die sich
nicht früher oder später mit Dosenkonserven eindeckt und,
langsam aber sicher, die Bilge oder ein extra dafür aufgespartes Schapps füllt. Was auch kein Wunder ist, kann man sich doch so gut wie in allen Ländern entlang der Segelrouten dieser Welt mit Konservendosen eindecken.Freilich, die Qualität und der
Preis von Konserven schwankt in verschiedenen Ländern oft ganz gewaltig, doch die lange Haltbarkeit von Konservendosen
kann zu billigen und schmackhaften Proviant verhelfen. Doch Vorsicht, nicht überall ist der Inhalt von Dosen gleich wie zuhause und ein "Probekauf" einer vermeintlich billigen Konserve kann vor alt und rostig werdenden Dosen am Boot bewahren. Das soll heißen, zuerst eine Dose kaufen und mit nach Hause aufs Boot nehmen, aufmachen und kochen und dann erst entscheiden, ob man sich wirklich mit diesem Lebensmittel eindecken will. Dies gilt speziell bei Fertiggerichten, handelt es sich um eingelegtes Gemüse oder Fisch ist diese Vorsichtsmaßnahme oft nicht nötig.Viele Yachten stauen Konserven gerne in der Bilge, da sie in der Regel viel Gewicht ins Schiff bringen und so möglichst tief gestaut werden sollten. Dieser, meist feuchte Platz ist jedoch nur nach

arbeitsintensiver Vorbereitung der Dosen geeignet. Denn Konservendosen rosten viel schneller als erwartet. Sollten Dosen also in der Bilge (oder einen anderen feuchten Platz, zum Beispiel nicht isolierte, "schwitzende" Schapps) gestaut werden, müssen sie erst Rost grundiert, also über lackiert werden. Nicht jedermanns Sache, weshalb es sich vielleicht lohnt, einen trockenen Stau Platz zu suchen.Egal, ob die Konserven für längere Zeit als Proviant mitgenommen werden oder nur eine begrenzte Zeit an Bord durchhalte müssen, jeder Smutje sollte sich beim Stauen die Arbeit machen, alle Dosen mit wasserfestem Stift auf ihren Inhalt samt Ablaufdatum zu beschriften und, sind die Dosen in Länder gekauft, die Probleme mit Kakerlaken haben, die Papieretiketten zu entfernen. Denn ziemlich jede weitgereiste Yacht kann von eigenwilligen Kochorgien erzählen, bei denen Dosen mit nicht bestimmbarem Inhalt - weil abgelösten Etiketten – geöffnet werde mussten und nur mit viel Phantasie ein schmackhaftes Essen mit Kondensmilch, Dosen Gulasch, Fruchtmus und Ravioli gekocht werden konnte! In vielen Ländern bieten Glaskonserven eine bessere Qualität und einen besseren Geschmack als Dosenkonserven. Dunkel und ohne Zwischen Räume gestaut spricht nichts gegen Glaskonserven an Bord, im Gegenteil, die Gläser können teilweise sogar zum Einkochen von eigenen Konserven wieder verwendet werden, solange ihre Deckel noch in Ordnung und nicht rostig sind. Besonders wichtig im Gebrauch von Konserven ist darauf zu achten, dass die Konserven vor dem Öffnen das typische Vakuum haben und auf keinen Fall aufgebläht sind, oder beim Öffnen mit einem Pfiff Luft aus der Konserve entweicht.Selbst wenn die Konserve weder durch ihren Geruch noch ihre Farbe darauf hindeutet, dass sie verdorben ist, muss der Inhalt von aufgeblähten Dosen auf jeden Fall über die Seite entsorgt werden. Denn es könnte sich dabei um die meist tödlich endende Lebensmittelvergiftung Botulismus handeln. Viele Glaskonserven haben heute einen Deckel, der in der Mitte eine Sicherheitsmulde hat, welcher das Vakuum im Glasinhalt anzeigt. Ausgebeulte Deckeln bedeuten, dass das Lebensmittel verdorben ist! Da wir als Segler mitunter auch deshalb reisen, um die Natur und das Meer zu erleben, sollten wir auch bei der Auswahl der Lebensmittel Konserven über ihren Inhalt bezüglich unserer Umwelt nachdenken. So ist es sicherlich besser, anstelle von Tunfisch Dosen auf anderer Fischarten zurückzugreifen und darauf zu achten, dass die Lebensmittel mittels Delfin-schonender Fangmethoden gefangen wurden. Anstelle Tunfisch Dosen an Bord zu haben hat man ja in vielen Gebieten auf unseren Weltmeeren die Chance, mittels einer

Schleppangel selber einen kleinen Tunfisch oder Bonido zu fangen und frisch zu genießen, zu trocknen oder ein zu kochen. Auch ist zu erwähnen, dass - entgegen vieler Vermutungen - die Qualität von konservierten Lebensmittel durchaus hoch sein kann. So wurde zum Beispiel bei Dosentomaten festgestellt, das sie ´vielfach einen höheren Vitamingehalt als frische Tomaten aus dem Supermarktregal vorweisen. Klingt unglaublich, ist aber leicht zu erklären: Dosentomaten werden erst kurz vor ihrer Verarbeitung und im reifen Zustand gepflückt. Außerdem entfällt in der Regel der weite Transportweg, vielerorts werden die Tomaten von umliegenden Bauern an die Konserven Fabrik geliefert, wo sie, frisch uns ohne langen Lagerzeiten, verarbeitet werden. Diese Tatsache ist auch bei anderen Konservengemüsen bewiesen worden. Werden fertige Lebensmittel in Dosen gekauft, wie zum Beispiel Stew, Bohnen mit Speck, Suppen oder Sugos, sollte ein Blick auf die Inhaltsstoffe geworfen werden. Man muss nicht unbedingt ein Sprachgenie sein, um verschiedene, unnötige Zusatzstoffe mit chemischen Namen lokalisieren zu können. Sicher ist, dass die Haltbarmachung durch Einkochen in Konserven schon seit langer Zeit praktiziert wird und auch ohne chemischen Zusätzen gut funktioniert, weshalb man immer wieder auch Dosen ohne künstliche Konservierungsstoffe finden kann, denen man den Vorzug geben sollte.Auch versuchen wir an Bord , Konserven von kleineren Firmen den großen Ernährungsmultis wie Nestle, Kraft und Co, vorzuziehen,da wir in vielerlei Hinsicht mit der Vormachtstellung solcher Multis nicht einverstanden sind und die Ernährung der Weltbevölkerung nicht zunehmend in die Hand großer Aktiengesellschaften wissen möchten. Aber dass ist wahrscheinlich eine andere Geschichte!

WENN DIE NUDEL ZU LAUFEN BEGINNEN.

Getreideschädlinge: wie man sie von Bord hält oder wieder los wird! Auch wenn wir am liebsten dieses Thema aus unseren Köpfen verdrängen und nichts damit zu tun haben wollen, so wie es schon immer in der Geschichte der christlichen Seefahrt war, haben wir auch heute noch unzählige "blinde Passagiere" an Bord. Die Nudeln beginnen zu laufen, die Reis Dose wird immer voller obwohl keiner nach gefüllt hat und das Mehl verklumpt. Der Smutje ist der Verzweiflung und dem Ekel nahe und die Crew flucht. Die Aufgabe des von Schädlingen befallenen Proviants ist da natürlich die erste und einfachste Möglichkeit, das Ungeziefer los zu werden, doch an vielen Küsten dieser Erde nützt das simple Überbord-Werfen der Lebensmittel nichts, da beim nächsten Einkauf die Mitnahme neuer "Passagiere" quasi vorprogrammiert ist, oder aber die Vorräte am

Ankerplatz nicht nachgefüllt werden können. Vermeidung von Schädlingen an Bord Um möglichst verschont zu bleiben, gibt´s ein paar Tipps, die man beachten kann.Schon beim Einkauf beginnen erste Vorbereitungen.Jede Packung muss bereits im Geschäft einzeln und genau untersucht werden. Hinweise auf Schädlingsbefall in Nudeln,Reis, Bohnen und Co sind unter anderem kleine Löcher in der Verpackung, feiner Brösel am Packung s Boden, verklumptes Mehl oder Fäden in den Packungen. Manchmal kann man in Plastik Verpackungen sogar die Käfer selbst entdecken. Sind mehrere Packungen von Insekten befallen, kann davon ausgegangen werden, dass das gesamte Lager des Geschäfts ein Schädlingsproblem hat und die Suche nach einem anderen Lebensmittelhändler ist am Besten. Noch bevor gekaufte Lebensmittel an Bord gebracht werden, sind möglichst alle Kartons zu entfernen, da sich hier Insekten versteckt halten können. Falls das Gewässer in dem die Yacht liegt, sauber genug ist, kann gekauftes Obst und Gemüse ins Wasser getaucht werden (nicht im schmutzigen Hafenwasser!) .Bekämpfung ein geschleppter Insekten Trotz aller Vorsicht wird man Ungeziefer an Bord einschleppen. Um die Ausbreitung der Schädlinge an Bord zu verhindern, müssen alle originalen Papier – und Karton Verpackungen entfernt werden. Am Besten, man verpackt die

Lebensmittel in mehreren luft- und wasserdichten Plastikcontainer. Kleine Verpackungseinheiten sind vorzuziehen, denn auch in den Plastikbehältern werden sich Insekten verbreiten ohne so den gesamten Bordvorrat zu befallen. Wichtig ist, dass kein Papier an Bord länger als unbedingt nötig im Boot gestaut wird. Selbst Dosenetiketten müssen entfernt werden, da dahinter Kakerlaken ihre Eier abgelegt haben könnten. Gibt es nun auf der Yacht trotz allen Vorsichtsmaßnahmen Probleme mit befallenen Lebensmittel und ist der Vorrat an Insekten freien Lebensmittel nicht groß genug, versucht man nun,die Plage in den Griff zu bekommen. Gut zu wissen ist dabei, dass viele Vorratsschädlinge direktes Sonnenlicht nicht mögen und daher in einer in die Sonne gestellten Schüssel Richtung Boden krabbeln. Gibt man nun beispielsweise befallene Nudeln in ein grobmaschiges Sieb (Nudel Sieb) und stellt darunter eine Schüssel, werden viele der Tierchen in die Schüssel fliehen, die man anschließend über Bord entleeren kann. Bei mehrmaliger Wiederholung entsorgt man so den Großteil der lästigen Schädlinge.Um Fruchtfliegen, Motten und Kakerlaken an Bord zu bekämpfen, helfen Gekko. An Land gefangene Gekko leben an Bord von Insekten und sind nebenbei nett anzusehen. Sie machen keinen Mist und, falls ein Gekko verendet, trocknet er aus. Nebenbei haben Kinder befreundeter Yachten und auch einheimische Kinder einen Spaß daran, für ein kleines Taschengeld auf Gekko Jagt zu gehen.Natürlich gibt es auch allerlei Insektizide und Giftfallen in aller Herren Länder zu kaufen, doch sollten viele dieser Nervengifte mit Vorsicht verwendet werden, da nicht alle Länder ähnlich strenge Reglementierungen und Giftstoff-Obergrenzen wie unser Heimatland haben und so teilweise Mittel verwendet werden, die in Westeuropa aufgrund ihrer Gesundheitsgefährdung längst verboten sind. Die Wirksamkeit dieser chemischen Hilfen ist sehr oft zeitlich beschränkt, da einige Insekten sich innerhalb weniger Generationen weiterentwickeln und resistent gegen diverse chemische Keulen werden. Gerade Kakerlaken bleiben so ein großes Thema in der Blauwasser Kommune und alles ist daran zusetzen, sie erst gar nicht an Bord zu bekommen.

TRINKWASSER AN BORD

Konservierung und Entkeimung Sauberes Trinkwasser ist für jeden Menschen lebenswichtig,wenn auch nicht selbst verständlich. Trinkwasser muss gerade auch an Bord weit reisender Yachten mit besonderer Sorgfalt behandelt werden.Um das gestaute Trinkwasser sauber und einwandfrei an Bord zu halten, ist es grundlegend, sich Gedanken über die möglichen Verschmutzungen des gestauten Wassers zu machen.Drei Kategorien

der Wasserverschmutzung und ihre Bekämpfung
Als mechanische Verunreinigung versteht man kleine Teilchen und Partikel wie zum Beispiel Rost, Kalk oder Sand, die ins Wasser über Leitungen oder Sammelbehälter gelangen. Grundsätzlich besteht keine Gesundheitsgefährdung durch mechanische Verunreinigung, sie bietet jedoch Mikroorganismen einen guten Nährbogen und können obendrein Probleme und Schäden an Pumpen undderen Membranen verursachen, weshalb es ratsam ist, diese Verunreinigungen noch während des Auftankens der Bordtanks über entsprechende Filteranlagen auszufiltern, da sich diese Partikel durch Filter einfach entfernen lassen. Chemische Verunreinigung, die vor allem durch Industrierückstände oder Rückstände aus der landwirtschaftlichen Bearbeitung ins Trinkwasser gelangen,sind zum Beispiel Nitrat oder Chlor. In Mitteleuropa kann davon ausgegangen werden, dass die Werte dieser Chemikalien im Trinkwasser nicht die entsprechenden Höchstgrenzen überschreiten und keine Gesundheitsgefährdung besteht (Vorsicht jedoch bei Kleinkinder).An Bord von Blauwasseryachten tankt man jedoch Trinkwasser auch in Länder, die weniger strikte Auflagen haben und teilweise ungehemmt Pflanzenschutzmittel einsetzen, sodass Belastungen im Trinkwasser hoch genug sein können, dass Beeinträchtigungen der

Gesundheit entstehen können.Auch an Bord kann chemische Verunreinigung des Trinkwassers entstehen: bei Verwendung von Tanks, Leitungen oder Armaturen, die nicht für Trinkwasser geeignet sind.Der Einbau von Aktivkohlefilter oder Filter, die auf Basis der Umkehrosmose arbeiten, kann helfen. Am besten ist eine derartige Filteranlage direkt vor der Entnahme positioniert, da so auch chemische Teilchen, die in den Leitungen ins Wasser gelangen ausgefiltert werden. Besonderes Augenmerk ist auf die Wechselintervalle der Filterpatronen zu legen, da überbelastete Filter dazu neigen, die ausgefilterten Schadstoffe wieder in hohen Dosen ins Wasser ab zu geben.Verunreinigen durch Mikro Organismen ist besondere Aufmerksamkeit zu schenken, da mit Bakterien und Vieren verseuchtes Trinkwasser im Extremfall sogar zu lebensbedrohlichen Erkrankungen führen kann. Bekannte Mikroorganismen sind zum Beispiel Salmonellen, Legionellen oder Heliobakter. Mikroorganismen gelangen auf verschiedene Wege ins Schiff: Schon das Wasser in den Zuleitungen kann verunreinigt sein, die Zapfschläuche der Häfen kann mit Keimen belastet sein oder das Wasser stammt aus fragwürdigen Brunnen oder Quellen. Aber auch an Bord finden Bakterien und Vieren oft optimale Brutbedingungen und können sich in kürzester Zeit auf eine gefährliche Menge vermehren.Zum Glück gibt es eine Vielzahl von Waffen gegen Mikro Organismen im Trinkwasser und der Segler sollte diese Möglichkeiten auch richtig nützen. Die Bekämpfung der Verschmutzung durch Mikroorganismen teilt man in die chemische und die physikalische Reinigung. Chemisch kann man sich mit Chlor oder Silberionen abhelfen, auf den Einsatz von Wasserstoffperoxid sollte man verzichten, sie töten Mikro Organismen nicht zuverlässig ab und sind daher in Europa nicht mehr zugelassen. Der Unterschied in Chlor und Silberionen liegt darin, das Chlor Mikroorganismen abtötet, während Silberionen deren Vermehrung verhindern.Die beiden Chemikalien können gezielt eingesetzt werden: das heißt, wird vermutet, dass das getankte Trinkwasser durch Mikroorganismen verunreinigt sein kann, muss das Wasser durch Zugabe von Chlor Präparaten chemisch reinigt werden. Nun darf aber nicht davon ausgegangen werden, dass das getankte Wasser für längere Lagerung im Tank frei von Mikroorganismen bleibt. Chlor verhindert ihre Vermehrung nicht. Wird das Wasser für längere Zeit gebunkert, ist es wichtig, es mit dem Einsatz von Präparaten auf Basis von Silberionen haltbar zu machen. Auch wenn die Yacht für einige Zeit verlassen wird, ist es ratsam, die Tanks mit Frischwasser zu füllen und mit einem geeigneten Mittel auf Silberbasis zu behandeln.Bei der physikalischen Reinigung durch Keramikfilter oder Osmose Membranen wird das Wasser - vereinfacht erklärt – durch Filter kleinster Maschen weite gedrückt. Oder es wird an UV Lichtquellen vorbei geleitet, welches die Zellkerne der Mikroorganismen zerstört. Diese Reinigungsarten werden in Bord üblichen Wassermachern verwendet. Tanks und Trink Wasseranlage an Bord Viele Blauwasseryachten haben bereits zwei komplett voneinander getrennte Tanks verbaut. Um daraus einen Vorteil zu ziehen, sollten die verschiedenen Tanks generell auch an verschiedenen Zapfstellen getankt werden. Neben der richtigen Reinigung des Trinkwassers sollte an Bord jeder Yacht auch die gesamte Wasseranlage gewartet werden.Die Tanks, die Leitungen und die Pumpen sollten in regelmäßigen Abständen mit Sauerstoff abspaltenden Reinigungsmittel gereinigt werden, um die Bildung des so genanten Biofilms zu unterbinden. Auch an den, oft lieblos in den Backskisten herumliegende, Schlauch zur Füllung der Tanks muss bei dieser Reinigung gedacht werden. Generell sollten in der Yacht nur Trinkwasser feste Schläuche und Tanks verbaut werden - keine Gartenschläuche verwenden! Die meisten Tanks haben größere Wartungsluken, die auch hin und wieder genützt werden sollen, wenn man die Tanks inspiziert und sie wenn nötig per Hand reinigt. Die Dosierung s Angaben von chemischen

Wasserreinigungsmittel müssen sorgfältig beachtet werden und,wie schon beschrieben, müssen verwendete Filter rechtzeitig getauscht werden.

REISGERICHTE AN BORD

Reis, rund um den Globus ein gefragtes Lebensmittel an Bord.

Texas-Reis

1-Topf Gericht, lecker und schnell Klein geschnittene Zwiebeln und Gemüse (was du halt gerade hast Karotten, Zucchini, Sellerie, Paprika...) in einem Topf an schwitzen, eine Tasse Reis dazu geben und kurz anbraten.Das ganze wird dann mit Wasser aufgegossen und ein Suppenwürfel rein - umrühren und auf kleiner Flamme köcheln lassen bis der Reis das Wasser aufgenommen hat.Wenn er noch nicht ganz durch ist einfach mehr Wasser rein und weiter köcheln. Du kannst zusätzlich zum Suppenwürfel auch andere Gewürze rein geben, Curry, Soja,Muskat oder Kümmel, Knoblauch... ganz nach deinen Vorlieben. Bei sehr klebrigen Reis hilft vorher auswaschen.Curry-Tofu mit Früchten und Reis von Elsbeth Reis, Tofu, Sojasauce, Curry scharf oder mild, Salz, Pfeffer,1 EL Mehl, 1 dl Weißwein, 1 Dose Fruchtsalat, Halbrahm oder Rahm Reis kochen, Tofu in kleine Stücke schneiden und mit Sojasauce, Curry, Salz, Pfeffer nach Belieben marinieren (ca.15 Min. einziehen lassen) . In der Bratpfanne gut anbraten, 1Esslöffel Mehl

darüber verteilen und gut mischen, mit etwas
Weißwein ablöschen, den Saft einer Dose
Fruchtsalat und Halbrahm oder Rahm dazu
geben und alles gut mischen, zum Schluss den
Fruchtsalat darunter mischen

Reis Kugeln auf Tomaten

etwas aufwendiger, aber sehr lecker! 200 g Reis
in 1/2l Wasser weichkochen, 2 geschnittene
Zwiebel, 2 Eier, 80 g Brösel, 50g Parmesan,
Thymian, Pfeffer, 2 EL Olivenöl, 2
Knoblauchzehen zerdrückt, 30g Butterschmalz
(an Bord hab ich Öl genommen), ½ kg
Tomatenwürfel oder 1 Dose Tomaten Den
abgekühlten Reis in eine Schüssel geben und
Parmesan unterrühren, Eier und Brösel
unterheben, salzen, pfeffern und mit Thymian
würzen. Kneten. In Olivenöl die Zwiebel
zugedeckt dünsten, Knoblauch und Pfeffer
dazugeben und salzen, Tomaten dazugeben und
dünsten. Reis Kugeln auf Gemüse geben und
genießen.

Risotto Rosso

1 lt Gemüsesuppe, 360 g Rundkornreis, 80 g
Butter, 1 EL Olivenöl, 2 rote Zwiebel, 2 rote
Rüben,, 2 Karotten, 150 ml
Rotwein, Kümmel gemahlen, Meersalz, Pfeffer,
Zwiebel fein hacken, Karotten und Rüben
raspeln, Butter und Öl erhitzen, Zwiebel, rote
Rüben und Karotten hell an schwitzen, Reis
zugeben, kurz dünsten, mit Rotwein ablöschen
und unter langsamer Zugabe der Gemüsesuppe

und ständigem Rühren cremig einkochen. Mit Salz, Pfeffer und Kümmel abschmecken. Event. Mit 1 El Sauerrahm vermengen und anrichten. Safran Risotto mit Meeresfrüchten 360 g Rundkornreis, 250 g Meeresfrüchte od. Fest Fleischige Meeres- oder Anglerfische, 1 Zwiebel, 80 g Butter, 1 l Suppe, 100 ml Weißwein, 5 cl Wermut, 2 g Safran Fäden, 50 g Parmesan, Olivenöl, Parmesan, Salz, Pfeffer ,Zwiebel in feine Würfel schneiden, in wenig Olivenöl an schwitzen, Reis und Safran zugeben und kurz dünsten, mit Weißwein und Wermut ablöschen, heiße Suppe unter ständigem Rühren zugeben, Risotto bei schwacher Hitze weich dünsten. Fischstücke mit Salz und Pfeffer würzen und wenig Olivenöl kurz anbraten, die kalte Butter ins Risotto einrühren, Parmesan und Fisch einrühren, mit Salz und Pfeffer abschmecken Pudding-Milchreis mit Rum 150 g Rundkornreis, 500ml Milch, Vanille Pudding, 3EL Zucker, Rum, Früchte oder Fruchtkompott Reis mit doppelter Menge Wasser (oder ein Teil Wasser, ein Teil Milch), Rum und Vanillezucker dünsten, fertigen Pudding und Fruchtkompott dazu mischen. Funktioniert auch sehr gut mit Roter Grütze! ...,

Biografische Information der Deutschen National-
Bibliothek Die Deutsche National-Bibliothek
versichert diese Publikation in der Deutschen
National-Bibliothek detailliert bibliografisch
Daten sind im Internet über http//dubdub.de
abrufbar.

Herstellung und Verlag:
BoD – Books on Demand,
Norderstedt
ISBN 978-3-7392-4406-8

9 783739 244068